广西北部湾经济区蓝皮书
BLUE BOOK OF
GUANGXI BEIBU GULF ECONOMIC ZONE

广西北部湾经济区开放开发报告（2016~2017）

THE REPORT ON THE OPENING UP AND DEVELOPMENT OF
GUANGXI BEIBU GULF ECONOMIC ZONE (2016-2017)

广西北部湾发展研究院 / 编

社会科学文献出版社
SOCIAL SCIENCES ACADEMIC PRESS (CHINA)

图书在版编目(CIP)数据

广西北部湾经济区开放开发报告 . 2016~2017 / 广西北部湾发展研究院编 . -- 北京：社会科学文献出版社，2017.12（2018.1重印）
（广西北部湾经济区蓝皮书）
ISBN 978-7-5201-1900-9

Ⅰ.①广… Ⅱ.①广… Ⅲ.①北部湾-经济开发区-经济发展-研究报告-广西-2016-2017 Ⅳ.①F127.67

中国版本图书馆CIP数据核字（2017）第297855号

广西北部湾经济区蓝皮书
广西北部湾经济区开放开发报告（2016~2017）

编　　者 / 广西北部湾发展研究院

出 版 人 / 谢寿光
项目统筹 / 周　丽　王楠楠
责任编辑 / 刘宇轩　王春梅

出　　版 / 社会科学文献出版社·经济与管理分社（010）59367226
　　　　　　地址：北京市北三环中路甲29号院华龙大厦　邮编：100029
　　　　　　网址：www.ssap.com.cn
发　　行 / 市场营销中心（010）59367081　59367018
印　　装 / 北京京华虎彩印刷有限公司

规　　格 / 开　本：787mm×1092mm　1/16
　　　　　　印　张：19.5　字　数：259千字
版　　次 / 2017年12月第1版　2018年1月第2次印刷
书　　号 / ISBN 978-7-5201-1900-9
定　　价 / 89.00元

皮书序列号 / PSN B-2010-181-1/1

本书如有印装质量问题，请与读者服务中心（010-59367028）联系

▲ 版权所有 翻印必究

主要编撰者简介

吕余生 广西北部湾发展研究院院长,广西社会科学院二级研究员,广西"八桂学者",享受国务院特殊津贴专家。

蒋 斌 广西北部湾发展研究院办公室负责人,广西社会科学院副研究员。

陈禹静 广西社会科学院工业经济研究所副研究员。

张 磊 广西社会科学院台湾研究中心助理研究员,硕士。

马 静 广西社会科学院科研处硕士。

摘 要

2016～2017年报告共分五部分。一是"总报告",对2015～2016年广西北部湾经济区的开放开发成效进行回顾,对2017年广西北部湾经济区的开放开发态势进行分析并提出加快北部湾经济区升级版建设的建议。二是"开放合作篇",主要介绍广西北部湾经济区重点产业园区、广西北部湾港、中马钦州产业园区、东兴国家重点开发开放试验区这些重要开放开发合作平台2015～2016年开放开发情况,并对其2017年发展态势进行分析。三是"专题研究篇",主要对广西参与"一带一路"建设、广西北部湾经济区城镇化质量水平提高问题进行探讨,在探讨广西参与"一带一路"建设时,重点介绍了北部湾区域建设自贸区、开放开发等方面的经验。四是"经济区各地市篇",主要介绍了广西北部湾经济区的南宁、钦州、北海、防城港、崇左、玉林六市2015～2016年开放开发情况及2017年发展态势。五是"附录",包括广西北部湾经济区2015年下半年及2016年大事记,2015年、2016年北部湾经济区经济运行情况。

关键词: 广西北部湾经济区　开放开发　重点园区

Abstract

This annual report is composed of five sections. Section one "General Report". It contains the review of achievements of opening-up and development in Guangxi Beibu Gulf Economic Zone from 2015 to 2016, and also gives the prospect to the future development and suggestions for accelerating the construction of upgraded Guangxi Beibu Gulf Economic Zone. Section two is reports on "Opening-up and Cooperation", it mainly introduces situation of opening-up and cooperation of major industrial parks such as Guangxi Beibu Gulf Port, China-Malaysia Qinzhou Industrial Park and Guangxi Dongxing National Key Experimental Zone as important platforms in Guangxi Beibu Gulf Economic Zone from 2015 to 2016 as well as prospect of which in 2017. Section three is reports on "Special Studies", if focuses on the discussions on Guangxi participating in the construction of "the Belt and Road" and how to improve the quality and level of urbanization in Guangxi Beibu Gulf Economic Zone. Section four introduces the "Development of Cities", by focusing on Nanning, Qinzhou, Beihai, Fangchenggang, Chongzuo, and Yulin to analyze their opening-up and development situation from 2015 to 2016 and prospect of 2017. The Key Events of second half of 2015 and 2016, as well as economic indicators of Guangxi Beibu Gulf Economic Zone in 2015 and 2016 are included in the section five.

Keywords: Guangxi Beibu Gulf Economic Zone; Opening-up and Development; Key Industrial Parks

目 录

Ⅰ 总报告

B.1 打造北部湾经济区升级版 继续引领广西开放发展
——广西北部湾经济区2015～2016年开放开发回顾与
2017年发展态势……… 吕余生 陈禹静 马 静 / 001
   一 2015～2016年北部湾经济区开放开发成效……… / 002
   二 2017年北部湾经济区发展态势……………………… / 016
   三 加快北部湾经济区升级版建设的建议 ……………… / 019

Ⅱ 开放合作篇

B.2 广西北部湾经济区重点产业园区2015～2016年开放开发
情况及2017年发展态势 ………………………… 蒋 斌 / 057
B.3 广西北部湾港2015～2016年开放开发情况及
2017年发展态势
…………………… 广西壮族自治区北部湾经济区和东盟开
放合作办公室路港管理处 / 071
B.4 中马钦州产业园区2015～2016年开放开发情况及
2017年发展态势
……… 中国—马来西亚钦州产业园区管委会经济发展局 / 088

001

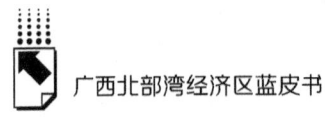

B.5 东兴国家重点开发开放试验区2015~2016年开放开发
情况及2017年发展态势
.... 东兴国家重点开发开放试验区管委会 / 103

Ⅲ 专题研究篇

B.6 广西参与"一带一路"建设的思考 .... 吕余生 / 114
B.7 广西北部湾经济区城镇化质量水平提高研究
.... 广西北部湾发展研究院课题组 / 134

Ⅳ 经济区各地市篇

B.8 南宁市2015~2016年开放开发进展及2017年发展态势
.... 南宁市北部湾（广西）经济区规划
建设管理委员会办公室 / 159
B.9 钦州市2015~2016年开放开发进展及2017年发展态势
.... 钦州市北部湾（广西）经济区规划
建设管理委员会办公室 / 174
B.10 北海市2015~2016年开放开发进展及2017年发展态势
.... 邵雷鹏 / 185
B.11 防城港市2015~2016年开放开发进展及2017年发展态势
.... 张 磊 / 197
B.12 崇左市2015~2016年开放开发进展及2017年发展态势
.... 崇左市北部湾（广西）经济区规划
建设管理委员会办公室 / 209
B.13 玉林市2015~2016年开放开发进展及2017年发展态势
.... 玉林市北部湾（广西）经济区规划
建设管理委员会办公室 / 229

Ⅴ 附 录

B.14 2015年下半年及2016年大事记 …………… 梁丽敏 / 240

B.15 2015年北部湾经济区经济运行情况
………………… 广西壮族自治区北部湾经济区和
东盟开放合作办公室 / 275

B.16 2016年北部湾经济区经济运行情况
………………… 广西壮族自治区北部湾经济区和
东盟开放合作办公室 / 285

B.17 后 记 ……………………………………………… / 295

皮书数据库阅读**使用指南**

CONTENTS

I General Report

B.1 Building the Upgraded Beibu Gulf Economic Zone, Continually
Leading the Development of Guangxi
—Review of 2015-2016 and Prospect of 2017 for Guangxi Beibu
Gulf Economic Zone / 001

    1. Achievements of Opening-up and Development in BGEZ
(2015-2016) / 002

    2. Development Trends of BGEZ in 2017 / 016

    3. Suggestions for Accelerating the Construction of Upgraded BGEZ / 019

II Opening-up and Cooperation

B.2 Opening-up and Development Situation of Major Industrial
Parks in BGEZ and their Development Trend in 2017 / 057

B.3 Opening-up and Development Situation of Guangxi Beibu Gulf
Port from 2015 to 2016 and Its Development Trend in 2017 / 071

CONTENTS

B.4 Opening-up and Development Situation of China-Malaysia Qinzhou Industrial Park and Its Development Trend in 2017 / 088

B.5 Opening-up and Development Situation of Dongxing National Key Experimental Zone and Its Development Trend in 2017 / 103

III Special Studies

B.6 Strategic Thinking of Guangxi Participating in the "Belt and Road" / 114

B.7 Study on Improving the Quality and Level of Urbanization in BGEZ / 134

IV Development of Cities

B.8 Opening-up and Development Situation of Nanning from 2015-2016 and Its Development Trend in 2017 / 159

B.9 Opening-up and Development Situation of Qinzhou from 2015-2016 and Its Development Trend in 2017 / 174

B.10 Opening-up and Development Situation of Beihai from 2015-2016 and Its Development Trend in 2017 / 185

B.11 Opening-up and Development Situation of Fangchenggang from 2015-2016 and Its Development Trend in 2017 / 197

B.12 Opening-up and Development Situation of Chongzuo from 2015-2016 and Its Development Trend in 2017 / 209

B.13 Opening-up and Development Situation of Yulin from 2015-2016 and Its Development Trend in 2017 / 229

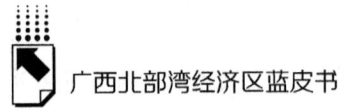

V Appendix

B.14 Key Events of Second Half of 2015 and 2016　　　　／ 240
B.15 Economic Indicators of BGEZ in 2015　　　　／ 275
B.16 Economic Indicators of BGEZ in 2016　　　　／ 285

B.17 Postscript　　　　／ 295

总 报 告

General Report

B.1
打造北部湾经济区升级版 继续引领广西开放发展

——广西北部湾经济区2015~2016年开放开发回顾与2017年发展态势

吕余生 陈禹静 马 静*

摘　要： 2015年，广西北部湾经济区（简称经济区）经济运行继续保持良好势头，经济区GDP增速高于全区以及西江经济带和桂西资源富集区，经济区经济发展引领全区。2016年，广西经济运行压力加大，经济区经济运行呈现触底—回升—放缓—回升的"W"形走势，经

---

* 吕余生，广西北部湾发展研究院院长，广西社会科学院二级研究员，广西"八桂学者"，享受国务院特殊津贴专家；陈禹静，广西社会科学院工业经济所副研究员；马静，广西社会科学院科研处硕士。

济区 GDP 增速继续高于全区平均水平，部分重要领域和关键环节改革取得突破进展，整体经济实力快速提升，总体功能布局不断优化。2017 年，广西将围绕打造北部湾经济区升级版，引领广西加快发展，成为核心增长极，更好发挥战略引擎作用。

关键词： 北部湾经济区升级版　开放发展　引擎作用

一　2015～2016年北部湾经济区开放开发成效

在中国—东盟"黄金十年"取得显著成绩的基础上，北部湾经济区继续发挥政策的综合优势，寻找产业升级发展的新抓手，努力打造北部湾经济区升级版，不断增强经济综合实力，优化总体功能布局，提升区域发展战略地位。

（一）经济发展继续引领全区

1. GDP 增速高于全区

2015 年广西北部湾经济区（六市合计）GDP 为 7996.27 亿元，同比增幅为 9.0%，占全区的比重为 47.59%，比全区高 0.9 个百分点；2016 年经济区 GDP 为 8808.95 亿元，同比增幅为 10.2%，占全区的比重为 48.28%，比全区高 0.9 个百分点。

2. 财政拉动效应明显

2015 年，广西北部湾经济区（四市合计）财政收入 948.34 亿元，同比增长 10.6%，增幅比全区高 2.7 个百分点，比上年高 1 个百分点；占全区的比重为 40.6%，比上年高 0.9 个百分点，对全区财政收入增长的贡献率为 53.2%，比上年高 6.7 个百分点。四市实现公共财政预算收入447.06亿元，同比增长7.7%，比全区高1.2个百分点，占全区的比重为29.51%，比上年高0.3个百分点。2016年，经济区四市财政收入达1009.87亿元，同比增长6.5%，比全区高1.3个百分点，占全区的比重为41.15%，迈上千亿元台阶。

3. 三次产业稳步增长

2015年广西北部湾经济区第二、三产业的增速高于全区。其中，第一产业增加值为810.72亿元，同比增长3.9%，对全区第一产业增长的贡献率为33.7%；第二产业增加值为2530.54亿元，同比增长9.8%，比全区高1.7个百分点，对全区第二产业增长的贡献率为38.0%；第三产业增加值为2526.07亿元，同比增长10.0%，比全区高0.3个百分点，对全区第三产业增长的贡献率为40.4%。2016年，经济区四市三次产业结构比为13.53∶43.33∶43.14。

（二）开放合作取得新进展

1. 中国—东盟港口城市合作网络加快建设

成功组织召开中国—东盟港口城市合作网络第一次工作会议，重要合作项目顺利推进：钦州市顺利启动开工中国—东盟物流信息中心、中国—东盟航线和航线服务项目及水上训练基地项目，物流信息中心的机房和信息系统完成建设；钦州市与马来西亚关丹市建立了轮流举办"两市双日"活动机制；北部湾港与马来西亚关丹港实现了物流信息的互联互通。2017年，中国—东盟信息港股份有限公司与新加坡国际电子贸易签署战略合作备忘录；赞同发起成立中国—东盟港口城市合作网络理事会的倡议，形成合作网络常态化工作机制。

2. 中越跨境经济合作区建设继续推进

2015年11月，彭清华书记率广西代表团访越，与越方签署了中越合作建设项目协议书，包括中越友谊关—友谊口岸国际货运专用通道建设、中越浦寨—新清跨境货物专用通道、水口—驮隆中越界河二

桥、中国峒中—越南横模口岸桥建设等。东兴园区已完成产业发展规划、总体规划和控制性详细规划编制，园区征地、路网建设、招商引资等各项工作有序推进。中越北仑河二桥主桥拱顺利合龙。综合服务区国门楼、标准厂房、罗浮西路等项目加快建设。凭祥园区弄怀中卡海关监管货场、凭祥边境贸易货物物流监管中心投入运营；友谊关—（越南）友谊口岸国际货物专用通道基本建成；凭祥边境贸易货物物流中心（中越跨境）专用通道（往浦寨）加快建设。

3. 北部湾经济区成立10周年系列活动和泛北合作论坛成功举办

2016年3月20日，广西北部湾经济区在南宁召开成立10周年工作座谈会。在座谈会上，自治区彭清华书记、陈武主席对北部湾经济区升级发展指明了方向，对经济区的发展重点提出了新的要求。第九届泛北部湾经济合作论坛的成功举办，务实推动了中国—东盟城市港口合作网络和中国与中南半岛经济走廊的建设，促进泛北经济融合发展，激发合作新合力。

4. 南向通道建设稳步推进

渝桂新南向通道项目对接重庆、贵州并经广西出海出边直至连通新加坡，于2015年11月签署协议，2016年初开始启动。通过建立共商机制，完善陆路交通网络、港口码头基础设施、物流基地建设等多种措施，推进合作框架协议的签订，构建广西北部湾和新加坡、重庆连接的21世纪海上丝绸之路的海陆贸易线路。"南向通道"的重点是合作开展多式联运、合作打通交通瓶颈、合作开展通关一体化、合作开展物流服务、合作开展信息服务等。

5. 摩拉港的收购运营进展顺利

在文莱政府支持下，广西北部湾国际港务集团于半年内完成了对摩拉港的全面调研，制订了商业发展计划书。在2016年9月，与文莱方签订了关键性条款协议，完成了合资合同、公司注册等所有准备工作，顺利接管摩拉港工作，占股51%，被文莱方称为"北部湾速度"。2017年2

月21日，广西北部湾国际港务集团正式完成对文莱摩拉港集装箱码头的接管工作，"文莱—广西经济走廊"的旗舰项目顺利落地。

6. 印尼通用五菱汽车整车生产项目务实推进

2015年，上汽通用五菱汽车在印尼投资9万亿印尼盾（约合6.77亿美元），2017年7月正式投产运营，成为第一个在印尼投资建厂的中国汽车品牌企业。上汽通用五菱汽车在印尼落地建厂，以打造本地化产品为目标，具备年产12万辆整车的能力。目前已有美国耐世特，德国曼胡默尔，中国五菱工业、宝钢等15家供应商企业入驻印尼零部件园区。这是中国汽车品牌首次在印尼独立建厂，也标志着上汽通用五菱迈出了"造船出海"的第一步。

7. 加快推进关丹港15万吨级码头建设

2015年4月，广西完成对关丹港的股权收购，对关丹港进行升级改造，建设新的深水码头港区，提高港口吞吐能力及效率，2017年实现两个15万吨级码头建成投产，努力将关丹港打造成中马"两国双园"加快发展的支撑项目和我国与东盟共建"21世纪海上丝绸之路"的示范项目。

8. 启动中国·文莱玉林健康产业园建设

2017年2月，广西与文莱合作建设中国·文莱玉林健康产业园，拟规划占地3000亩，拟投资30亿元人民币，已明确列入"文莱—广西经济走廊"建设的先期项目。该产业圈合作建设清真药品、保健食品生产基地，打造面向东盟的健康养生集聚区。

（三）产业发展呈现新趋势

1. 中船钦州修船造船项目正式投产

2015年2月，广西北部湾投资集团有限公司、中国船舶全资子公司中船澄西船舶修造有限公司和上海船厂船舶有限公司拟共同对中船广西船舶及海洋工程有限公司增资。中船大型修造船基地港池开挖。2016年，中船项目部分完成验收并已开展船舶修理工作，中船钦州修船造船项目建设在全力加速。

2. 北海10万吨级LNG天然气专用码头建成投产

位于北海铁山港区的广西液化天然气（LNG）码头规划为1个26.6万立方米LNG船舶位、一个工作船舶位及相关配套设施，设计年吞吐能力610万吨。该项目是北海第一个液化天然气（LNG）专用码头。2016年3月，广西液化天然气首艘油气船靠泊铁山港LNG专用码头，这标志着广西第一个LNG项目正式投入使用。

3. 斯道拉恩索广西北海林浆纸一体化项目正式投产

北欧在中国的最大单体投资项目——广西北海林浆纸一体化项目于2016年6月16日正式投产，液体包装纸、高档纸板产品产量可达45万吨。该项目由瑞典和芬兰的合资企业斯道拉恩索集团和广西林业集团合资共同建设，总投资为16亿欧元（约120亿元人民币），占地2702亩。

4. 石墨烯产业发展取得初步成效

2016年12月7日，广西率先发布全国首个石墨烯系列地方标准，标志着广西实施石墨烯产业化发展重点战略取得显著成果。其发布的五项地方标准明确了石墨烯三维构造粉体材料、崩解率等技术语言，规范了石墨烯产业的生产装备和检测方法，为广西石墨烯产业的发展提供了科学依据。

（四）平台建设继续拓展

1. 重点产业园区经济集聚能力增强

2015年，经济区14个重点产业园区完成工业产值（含贸易额）6729.81亿元，完成年度目标6600亿元的101.97%，同比增长13.39%。完成固定资产投资1354.44亿元，同比增长15.75%，其中工业投资完成额为911.71亿元，同比增长15.60%。招商引资签约工业项目228项，签约总投资499.75亿元。产值超亿元企业累计达

490个，从表1中可以看出，超过1000亿元园区2个（广西凭祥综合保税区、南宁高新技术产业开发区）；500亿~1000亿元园区5个[防城港大西南临港工业区、广西钦州保税港区、北海铁山港（临海）工业区、南宁经济技术开发区、北海工业园区]；100亿~500亿元园区5个（钦州石化产业园、广西－东盟经济技术开发区、南宁六景工业园区、防城港企沙工业区、玉林龙潭产业园）；100亿元以下园区1个（中马钦州产业园区）。园区工业快速发展，成为广西工业发展的新增长极，2015年园区规上工业产值占全部规上工业比重达63%，对规上工业产值的贡献率达71.8%。

2016年，经济区14个重点产业园区经济平稳发展，完成工业产值（含贸易额）7240.12亿元，同比增长7.58%。完成固定资产投资1551.38亿元，同比增长14.54%，其中工业投资完成额为1075.31亿元，同比增长17.95%。实现财政收入323.66亿元，同比增长2.42%。产值超亿元企业累计达504个，其中超1000亿元园区1个，500亿~1000亿元园区6个，100亿~500亿元园区5个，100亿元以下园区2个（见表1）。

中马钦州产业园区进入项目建设收获期，钦州平台凸显集聚效应。2015年，中马钦州产业园区总投资达226亿元。截止到2016年，已有56家企业入园，其中20家已经投产或运营。其中，新引进入园项目40个，总投资240亿元。中马钦州产业园区继续深化改革创新。《中国—马来西亚钦州产业园区条例（草案）》通过自治区政府常务会议审定，实行"一站式"服务。推动建立中马两国口岸部门通关合作机制，实行"两国一检"通关模式。创新园区开发模式，以资本为向导，成立战略性新兴产业直投资金和产业投资基金，成功引入嘿哈科技、首创新能源、中科嘉宏等高科技项目，与香港华亿集团签订战略合作框架协议，适时推动建设华亿中国—东盟教育信息港大厦、华亿智慧产业社区、钦州教育信息化PPP等多个项目，共同推动中国—东盟教育装备产业发展。

表1　2015～2016年广西北部湾经济区重点产业园区发展情况

单位：亿元，%

园区	年份	产值(含贸易值)	同比增长
广西-东盟经济技术开发区	2015	226.75	23.58
	2016	279.51	23.27
南宁六景工业园区	2015	182.03	-1.52
	2016	174.56	-4.10
南宁高新技术产业开发区	2015	1000.84	24.10
	2016	912.83	-8.79
南宁经济技术开发区	2015	622.28	20.23
	2016	724.91	16.49
北海工业园区	2015	629.44	33.12
	2016	750.12	19.17
北海铁山港(临海)工业区	2015	629.28	2.12
	2016	731.31	16.21
防城港大西南临港工业区	2015	730.62	12.94
	2016	816.88	11.81
防城港企沙工业区	2015	177.51	43.38
	2016	222.33	25.25
钦州石化产业园	2015	488.30	77.07
	2016	456.70	-6.47
钦州港综合物流加工区	2015	—	—
	2016	30	—
中马钦州产业园区	2015	14.80	—
	2016	20.8	40.54
广西钦州保税港区	2015	708.50	43.13
	2016	774.14	9.26
玉林龙潭产业园	2015	125.08	63.29
	2016	150.03	19.95
广西凭祥综合保税区	2015	1194.37	1.85
	2016	1196	0.14
合计	2015	6729.81(其中贸易额为1902.87亿元)	13.39
	2016	7240.12(其中贸易额为1970.14亿元)	7.58

资料来源：《广西北部湾经济区统计月报》(2015年12月和2016年12月)。

2. 保税物流体系不断完善

(1) 钦州保税港区

2015年，钦州保税港区港口吞吐量完成2688万吨，同比增长32.94%，集装箱吞吐量为94.17万标准箱，同比增长34.15%，固定资产投资为8亿元，同比增长93.47%，入园企业248家、注册资本38.77亿元，其中新增落户企业90家、新增注册资本19.8亿元，到岸进口酒类135.88万升、原油137.4万吨、汽车1756辆（首次突破四位数大关，货值6547.87万美元）[①]。钦州保税港区从整车进口、国际商品直销、冷链物流、招商引资向建设、港航及通航业务等特色业务快速拓展。汽车整车进口公司，如广西恒基众星、广西博时等先后入驻，区内已建成7万吨汽车专用滚装码头。首批进口乌拉圭牛肉标志着园区进口肉类指定口岸正式开通运用。2016年7月，直升机首飞成功，直升机起降点正式启用。2016年11月，进境水果指定口岸正式通过国家考核验收，钦州保税港区已具备此项业务的资质和条件。钦州保税港区作为集装箱干线的地位逐步凸显，2016年，进出口集装箱完成208030标准箱，同比增长2.46倍，首次突破20万标准箱大关[②]。集装箱主要来自越南、印度尼西亚、马来西亚、中国香港等国家和地区，主要进口货物为汽车、葡萄酒、锰矿、氧化锌粉等，主要出口货物为磷酸、磷酸氢钙、白卡纸、钢材等。钦州保税港区积极推动H986项目建设与新查验设备应用，全力支持钦州保税港区国际商品直销中心顺利开业，指导红酒交易中心仓库扩建工程，钦州港口岸联检大楼、果子山边地贸易口岸联检大楼已顺利建成。

[①]《钦州保税港区2015年港口吞吐量完成2688万吨 增长32.94%》，云南网，http://sj.yunnan.cn/article-special-feature13-2016-03-22-4241859.html。

[②]《钦州保税港区凸显集装箱干线港优势与地位 进出口集装箱突破20万标箱》，人民网，http://gx.people.com.cn/nz/2016/1229/c371363-29531439.html。

(2) 凭祥综合保税区

凭祥综合保税区以"培育和建设具有东盟特色、高附加值商品保税加工基地"为目标,主要发展保税物流、加工贸易和跨境电商等业务,2015年,进出口总额完成186.59亿美元,在全国综合保税区中排名第12[①]。截至2015年,共有145家企业入区,3家越南企业入区设立办事处,20多家境外企业正在申请入区,涵盖贸易、物流、加工、服务、报关报检、金融、展览、文化等。随着产业领域不断的扩大,辐射带动效应不断增强。

2016年是凭祥综合保税区全面实施管理体制机制改革的第一年,以园区扩容提量增效升级为目标,突出抓好"保畅通、强物流、抓二期、优服务、招商引资"5项重点工作。凭祥综合保税区不断加大招商引资力度,上海中万环球有限公司发展跨境电子商务,越南河内乳制品股份公司投资建厂生产酸奶,雅迪电动车开展出口装配业务等,跨境电商、跨境展示、跨境检测维修、跨境劳务等一批跨境现代服务项目会陆续入园。2016年凭祥综合保税区首次签发中国—秘鲁自贸区优惠原产地证书,首次对出口乌克兰的活性干酵母签发了普惠制原产地证书,签证货值为6150美元。

(3) 南宁综合保税区

2015年11月,南宁保税物流中心升级为南宁综合保税区,分为出口加工区、保税物流区、监管作用区三个功能区,主要发展保税加工、保税物流、保税服务等业务,重点引进电子信息、先进机械装备制造为主的进出口加工企业。目前,南宁综合保税区(一期)总建筑面积34.44万平方米,总投资25亿元。引进的中国邮政东盟跨境电商监管中心项目是我国第一个设立在综保区内的国际邮件互换局,

---

① 《广西凭祥综合保税区管理体制改革成效显现》,广西新闻网,http://news.gxnews.com.cn/staticpages/20161130/newgx583e4135-15730462.shtml。

实现了广西区内各海关特殊监管区正式验收前项目引进"零"的突破。南宁综合保税区正在重点洽谈的项目或企业30多个，已入区、拟入区的项目22个，占地面积约2平方公里。

（4）北海出口加工区

2015年，北海出口加工区完成固定资产投资42亿元，同比增长16.4%；外贸进出口12.35亿美元，同比增长14%；加工贸易进出口11亿美元，同比增长18.1%；完成保税物流货值8亿美元；实际利用外资2940万美元，到位资金7.03亿元[①]。2016年园区发展态势良好，积极加快转型，升级为北海综合保税区，完成工业总产值373.1亿元，同比增长16.4%，完成外贸进出口9.2亿美元，占北海市外贸进出口的30.67%。不断引导园区企业转型升级，2016年琛航电子、绩迅电子、泰达电子公司被授予再制造试点企业；建兴和德昌公司新增高端自动化生产线。坚持多举措招商引资，2016年实际利用外资1.05亿美元，超额完成年度任务704%；到位资金10亿元，共引进项目9个，总投资11.8亿元。其中总投资8亿元的香港云芯固态硬盘项目已顺利入驻，填补了北海此类产品空白[②]。

（5）特殊监管区整合优化加快推进

南宁综合保税区（一期）通过了国务院联合验收组正式验收。协调北海出口加工区、钦州保税港区、凭祥综合保税区推进整改和优化，将《广西海关特殊监管区域土地利用情况》和整改方案一起，由自治区人民政府报海关总署。钦州保税港区于2017年9月完成全部围网工程。凭祥综合保税区二期（筹）工程已于2016年8月26日启动建设。

---

① 《2015年北海出口加工区经济稳步增长》，《北海日报》2016年1月18日。
② 《北海出口加工区2016年完成工业总产值373亿元》，《北海日报》2017年2月21日。

（五）基础设施建设升级发展

1. 加快推进铁路、高速公路项目

合浦—湛江铁路建设稳步推进。2015年12月22日，合浦至湛江铁路项目广西段在合浦县正式开工建设，是《广西东兴重点开发开放试验区建设总体规划》中的重要基础设施。该项目全长115公里，其中广西段63.5公里，按照250公里时速标准修建。2017年一季度实现全面开工建设。中越快速铁路防城港至东兴段项目于2016年底动工。

贵港—合浦高速公路是广西高速公路网规划修编"6横7纵8支线"中"纵3"线"三江至北海高速公路"的重要组成部分，主线全长143.405公里，主线采用双向四车道高速公路标准建设，设计速度120公里/小时。合浦段工程于2017年10月正式通车。根据《广西高速公路网规划修编（2010~2020）》，大塘至浦北公路建设启动，投资概算总额约109亿元。

2. 北部湾港稳定发展

北部湾港集装箱吞吐量保持高速增长。2015年，北部湾港货物吞吐量略有增长，全年完成12806.14万吨，同比增长3.73%，比2014年回落4.7个百分点，其中，北海完成货物吞吐量2468.23万吨，同比增长8.5%。钦州完成货物吞吐量6510.23万吨，同比增长1.5%；集装箱吞吐量保持两位数增长，完成141.52万标准箱，同比增长26.4%，比2014年同期净增29.52万标准箱，增速比上年提高了14.8个百分点。2016年北部湾港集装箱吞吐量继续保持高速增长。北部湾港完成货物吞吐量13961.26万吨，同比增长9.02%；完成集装箱吞吐量179.48万标准箱，同比增长26.83%，比2015年同期净增37.97万标准箱。2016年，北部湾港新建成10万吨级以上泊位4个，共新增年吞吐能力1816万吨，总吞吐能力约2.4亿吨；新增集装箱航线8条，其中外贸4条。至2016年底，全港正在运营的集装箱航线共44条，其中外贸航线29条①。

北部湾港基础建设稳步发展。2015年我国第4座40万吨级码头正式落户防城港。项目总投资35亿元，2016年开工，预计2019年完工。该项目建成将大大降低大宗散货和集装箱的运输成本。2017年新开工钦州港东航道扩建工程（扩建10万吨级双向航道）一期项目，按10万吨级集装箱和10万吨级油船双向通航建设。2017年7月，作为北海实施国家全域旅游示范区建设的重要项目——北海邮轮母港开工建设，将打造国际邮轮母港现代服务业聚集区。

（六）重点领域改革蹄疾步稳

1. 同城化改革纵深推进

北部湾经济区继续推动同城化纵深改革，在户籍同城化改革、社会保障同城化、金融服务同城化、交通同城化、教育资源一体化等方面取得显著成效。经济区四市实施城乡"一元化"的户口登记管理，统一的户籍准入条件，全面实施户口迁移便利化、补领身份证、异地办理换领等工作。统一北部湾经济区就业和社保政策，实行新农合跨市就诊即时结算。经济区四市取得银行资金汇划、服务收费标准等6方面阶段成果。"广西交通一卡通——桂民卡"正式通过交通运输部系统测试，钦州、北海、防城港、南宁四市陆续发卡，市民可无缝乘坐公共交通工具。《2017年广西北部湾经济区四市同城中考统一考试工作方案》的实施，促进南宁、钦州、北海、防城港的教育交流与合作，推动教育资源一体化发展。

2. 区域通关一体化改革取得重大突破

2016年，广西国际贸易"单一窗口"一期工程正式上线，成为

---

① 《2016年北部湾经济区亮点回望：勇立潮头　逐浪争先》，人民网，http//gx.people.com.cn/n2/2017/0207/c179430-29677525-2.html。

西部最先建成"单一窗口"的省份。广西国际贸易"单一窗口"一期工程成功开发船舶申报环节与边检系统对接、物流联动系统数据自动导入，推动智能口岸向智慧口岸升级发展。2016年1月，《广西壮族自治区人民政府关于新形势下进一步加强口岸工作的若干意见》的出台，加快推动口岸开放开发试点"两国一检"通关新模式。"两国一检"通关新模式得到东盟国家的积极支持。7月，与越南达成共同推进友谊关-友谊口岸"两国一检"通关模式试点共识。9月，中国第一个国检试验区在凭祥正式启动，第5届中国—东盟质检部长会议为凭祥（卡凤）国检试验区揭牌。关检合作"三个一"通关模式在广西监管场所全面推行。"单一窗口"、"六市一关"、延长重点口岸通关时间、关检"三个一"等目标的实现，为深化通关便利化奠定了良好的基础。

3. 凭祥综合保税区和东兴改革试验区管理体制改革继续推进

2015年11月16日，凭祥综保区领导干部会议召开，标志着体制改革正式开始。2016年是广西凭祥综合保税区进行管理体制改革的第一年。园区的发展目标为："把综保区打造成崇左开放的龙头、广西开放的高地，争当全国沿边开放开发排头兵，力争进入全国十强综合保税区。"通过理顺"三个关系"（即自治区、崇左市及凭祥市、管委会的关系；管委会和开发运营公司的关系；网内和网外联动发展的关系）、解决通关"梗阻"问题、狠抓保税物流，倒逼加工贸易发展、强力推进产业配套区建设、坚持"区市一体化"发展，构建"前岸中区后市"格局等主要措施，推进管理体制改革。体制改革为园区发展注入了新的活力，加工贸易、保税物流不断发展壮大，新企业不断入驻，新业态不断出现，产业领域不断拓展，产业结构不断优化，综保区作为大通道、大口岸、大平台的作用进一步凸显。

2016年，东兴改革试验区按照"坚持市区一盘棋，抓好点面两手，做好三篇文章，着力四个聚焦"的"一二三四"工作思路和目标任务，聚焦跨境合作区"点"上突破，兼顾试验区"面"上改革创新和先行先试，全力构建中国—东盟合作示范区，打造全国沿边经济发展新的增长极。体制改革成效显著：在深化商事制度改革方面，积极推进工商登记注册便利化，加快《关于实施企业名称自主选择试点工作方案》《防城港市企业简易注销程序规定（试行）》落实。2016年9月23日，正式启动"六证合一、一照一码"登记制度改革。在深化沿边金融综合改革方面，个人跨境贸易人民币结算试点逐步提高；试验区不断深化口岸"三个一"及通关一体化改革，切实落实国际贸易"单一窗口"业务，获得自治区政府主要领导的充分肯定；同时，创新跨境保险业务、完善民间投融资机构管理、培育发展多层次资本市场、推进金融集聚服务业发展等改革措施正在加紧落实。在跨境劳务合作方面，东兴试验区于2015年7月30日正式启动跨境劳务合作试点。目前，试点区域逐步扩大，初步形成跨境劳务"东兴试验区模式"，正朝着打造广西乃至全国跨境劳务合作示范区目标迈进。

4. 国务院批复《北部湾城市群发展规划》

《北部湾城市群发展规划》于2017年1月20日获得国务院批复同意，规划期为2017~2020年，成为中国与东盟经贸合作全新"接口"。其根据"开放引领，绿色崛起""陆海统筹，科学布局""优势互补，协同发展""市场主导，政府引导"的四项基本原则，为北部湾城市群制定了"面向东盟国际大通道的重要枢纽"、"'三南'开放发展新的战略支点"、"21世纪海上丝绸之路与丝绸之路经济带有机衔接的重要门户"、"全国重要绿色产业基地"以及"陆海统筹发展示范区"的五大战略定位。北部湾城市群将强化南宁核心辐射带动，打造"一湾双轴、一核两极"的城市群框架，南宁、北海、钦州、防城港、玉林、崇左即将连成紧密相关的城市网，成为广西未来经济发展最具潜力地区。

二 2017年北部湾经济区发展态势

（一）面临的有利环境

1. 全球经济增长趋稳

2017年全球经济总体复苏企稳，维持小幅增长。据IMF预计，2017年世界经济将增长3.5%。美国经济增长率预计达到2.8%，欧盟经济增长率预计为2%。新兴经济体内部则可能出现"分化"，印度经济将保持强劲增长势头，而俄罗斯由于对能源和大宗商品出口依赖，经济发展情况可能继续与2015年、2016年一样。北部湾经济区面临的外部环境整体有所好转。

2. 世界产业转型升级孕育突破

在以美国、德国为代表的西方发达国家实施再工业化、工业4.0转型升级计划的同时，中国实施创新驱动发展战略，推行"互联网+"行动计划、《中国制造2025》、工业强基工程战略，推动世界新技术革命的发展。大数据、云计算、智能化、新能源和新材料等新技术取得重大进展的形势，为北部湾经济区经济转型升级，提升产业结构，实现经济跨越赶超发展提供新的机遇。

3. 人民币国际化步伐加快

2015年人民币获得了"国际储备货币"资格，成为真正意义上的世界货币。在美联储渐进加息政策的影响下，人民币对美元可能适度下调，但不会影响人民币国际化前景，有助于推动国内金融改革，有利于促进北部湾经济区在跨境金融业务上取得重大突破，形成中国与东盟成员国之间独立货币汇率机制，从而进一步为北部湾经济区深化金融市场开放提供重大契机。

4. 在反对全球化思潮中，面临逆市上扬的机遇

针对全球化思潮的扩散，习近平主席提出"四个坚定不移"的"中国方案"。北部湾经济区作为我国面向东盟的开放前沿，依托国家开发开放试验区、沿边金融改革试验区、亚洲基础设施投资银行、中国—东盟博览会等平台，率先与国际接轨，进一步对接高标准国际经贸规则，推动全面深化改革、扩大开放。

5. 中国构建开放型经济新体制

随着中国与东盟国家之间基础设施互联互通的逐步完善，多层次经贸合作进一步深化，"一带一路"建设取得的实质性进展带动北部湾经济区的经济发展。另外，珠江—西江流域地区协同效应逐渐增强，重点领域合作加深，北部湾港口与西江流域港口实现进一步对接，北部湾经济区腹地得到有效拓展，北部湾经济区经济竞争力得以提升。

（二）面临的主要挑战

1. 全球外部需求低迷给北部湾经济区对外贸易发展带来巨大压力

2017年全球贸易呈现低速增长态势，增速为3%~4%，贸易保护主义有所抬头，造成各国宏观调控的主动性不断增强。《世界经济展望报告》指出："金融市场动荡加剧、美元持续升值，以及地缘政治局势紧张恶化等都可能导致全球复苏停滞。"全球外部需求低迷对全球经济增长产生负面影响，北部湾经济区对外贸易发展面临巨大压力。

2. 国际贸易投资规则重构使北部湾经济区对外开放受到制约

英国脱欧、比利时民众抗议跨大西洋贸易与投资伙伴关系协定等事件表明，逆全球化思潮正在全球扩散，许多国家为保护本国贸易，实行贸易保护主义，大力发展国内经济贸易，使得世界经济运行具有巨大不确定性。面对这一国际环境，北部湾经济区面向欧美发达地区

的出口加工型企业的发展受到一定制约,经济区外向型制造业企业转型升级迫在眉睫。

3. 国内发展步入"新常态"给北部湾经济区发展带来新考验

2017年国内经济发展仍处于重要战略机遇期,增速换挡、转型阵痛与新动力系统构建叠加的"新常态"期。传统经济增长方式已经难以为继,新增长引擎尚未形成。通过产业换代升级推动经济增长从粗放的高速向集约的中高速转变、从要素与投资驱动向创新驱动转变,并推动第三产业消费需求逐步成为内需主体、城乡区域差距逐步缩小,这些"新常态"成为北部湾经济区发展的核心考量。而北部湾经济区产业发展起步晚、基础薄弱,创新积淀少、储备不足,传统产业仍处于要素填充期,新兴产业培育更难以仅靠自身力量完成,"新常态"给北部湾经济区带来了新的考验。

4. 区外竞争日趋激烈对北部湾经济区发展形成挑战

据不完全统计,2016年东盟已成为云南、贵州、四川、河北等省份的最大贸易伙伴,成为湖南、四川、湖北、海南等省份第二大贸易伙伴和出口市场,成为广东、福建、江苏等省份第一大专项产品出口市场。与此同时,云南、内蒙古、黑龙江、吉林、辽宁、新疆等省份的沿边地区,紧紧抓住"一带一路"的新机遇,掀起了新一轮的全方位开发开放的热潮。与国内先进地区绝对的发展优势、一些沿边省区的特色优势相比,北部湾经济区发展相对处于弱势地位。这对北部湾经济区的产业布局与重点项目落地形成了新的压力和挑战。

(三)北部湾经济区发展的趋势预测

总体来说,2017年是实施"十三五"规划的第二年,是全面深化改革、加快转型升级的重要一年,经济企稳向好的大趋势没有变。国家继续实施积极的财政政策和稳健的货币政策,推进实施"中国制造2025"和"互联网+"等战略,继续深化改革开放,大力推进

"大众创业、万众创新",增加公共产品和服务供给,进一步促进研发、高端制造业、现代服务业、生态环保、基础设施等领域投资,通过加大基础社会保障投入,促进居民消费,国内经济大环境逐步好转。经济区"十二五"期间一批重大项目竣工投产,部分行业产能逐步恢复性增长,进一步夯实经济区发展基础。新型城镇化建设步伐加快,有力促进产业结构的调整和资源的优化配置,促进产业和消费加快升级,对于扩大内需、优化城乡经济结构、促进国民经济良性循环发展具有重大意义,新型城镇化释放的红利为北部湾经济区提供新的发展动力。国家"一带一路"倡议逐步推进,为广西北部湾经济区升级发展带来新的机遇,赋予了新的使命,北部湾经济区作为我国对东盟开放合作的前沿和门户,开放合作深度和广度得到进一步拓展,为经济区经济的升级发展创造更好的环境。2017年广西北部湾经济区经济会延续2016年平稳增长的态势。同时,南向通道确立;摩拉港实现收购运营;印尼五菱通用项目有望投产;关丹港15万吨级码头有望建成使用。

三 加快北部湾经济区升级版建设的建议

2016年9月,广西壮族自治区人民政府办公厅印发《广西北部湾经济区"十三五"规划》,2017年,北部湾经济区升级版的建设在贯彻落实国家五大发展理念的基础上,以"十三五"规划为引导,根据规划的目标任务要求,全面推动"六个升级"建设。

(一)大力推进北部湾经济区开放型经济升级版建设

全面推动中国(北部湾)自由贸易试验区筹建工作,重点提升跨境贸易投资等水平,加快中国—东盟港口城市合作网络建设进程。一是提升开放合作平台发展水平和作用。围绕服务国家周边外交战略，进一步完善泛北论坛机制，使其常办常新，探索结合两国双园、沿边金融改革、跨境合作区建设等平台，做深做实具体合作项目。二是以中国—东盟港口城市合作网络建设为抓手，推进与东盟的海上合作。进一步完善内容设计，不断完善顶层设计和具体内容，重点加快推进与东盟47个港口的互联互通。加快"走出去"步伐，积极推动以广西北部湾国际港务集团为主的区内企业在有条件的东盟国家港口参股或控股建设港口码头，以投资带动贸易和港航物流合作。三是统筹推进沿边开放开发。推进中越跨境经济合作区在监管模式、跨境产业、区域治理等方面开展跨境务实合作。加快推进跨境经济合作区东兴、凭祥两个园区基础设施建设。四是推进海关特殊监管区域整合优化工作。着力推进北海综合保税区申报工作、南宁综合保税区建设运营，加快推进钦州保税港区和凭祥综合保税区整改工作，推进凭祥综合保税区二期（筹）建设。五是继续推进自贸试验区申报工作，加快复制推广投资管理负面清单以外领域外商投资企业设立及变更审批改革等先行先试措施。

（二）全面打造北部湾经济区发展动能升级版

以全面深化改革和创新发展为抓手，以供给侧改革为重点，争取在行政管理、港口运营、园区发展等关键领域实现改革突破。一是理顺关系，推进重点园区管理体制改革。重点协调推进凭祥综合保税区、东兴重点开发开放试验区管理体制改革，加快重点园区投资服务改革，推行集中行政审批模式，推进"园区事园区办"。二是加快投融资体制机制改革创新。理顺北部湾产业投资基金相关体制，推进北部湾产业投资基金整合，协调指导钦州、防城港产业基金建设和运作。探索设计务实可行的PPP投融资政策，找准公共投资与社会投资的利益结合点和平衡度。三是推进进出港航道管理体制改革，探索建立港口公共基础设施建设、维护、管理的体制机制。四是探索用海管理制度改革，按照环保督查要求，严格用海管理，借鉴北部湾经济区港口岸线联合前置审核的经验，建议应该探索和研究深化用海管理体制机制改革。

（三）积极打造北部湾经济区产业升级版

以培育广西品牌为突破口，在发展好优势产业的基础上，实现产业承接和升级改造，努力构建并形成具有广西特色的现代产业体系。一是探索推进重大产业发展负面清单管理。推进北部湾经济区石化、冶金生产力布局规划的实施，结合《国务院关于发布政府核准的投资项目目录（2016年本）》等产业指导目录，梳理重点产业发展的负面清单，探索在北部湾经济区实行负面清单管理制度。二是推进支柱产业集群化发展。围绕石化、电子信息、修造船、冶金等重大产业，着力推动产业链向中下游、中高端延伸。重点推动石化产业建成百万吨级烯烃、芳烃基地；推动浆纸产业向包装、印刷产业延伸；推动冶金精深加工向下游加工产业发展；推动电子信息产业加快布局电镀、模具等产业链条，增强研发、结算、营销功能。三是加快培育战略性新兴产业。围绕新一代信息技术、高端装备制造、新能源、新材料、生物医药等重点领域和重点方向，找准突破口，统筹实施精准招商，以重点产业集聚区建设为抓手，以军民融合和产学研合作为切入点，推进产业结构高新化高端化。四是培育和提升重点园区综合实力。选取有基础、有特色的重点园区，结合经济区产业引导目录和园区自身发展重点，加强统筹协调，推动园区转型升级，做大做强。

（四）着力打造北部湾经济区基础设施升级版

继续以重大项目建设为重点，大力推进北部湾区域性国际航运中心、中国—东盟信息港、南宁综合交通枢纽等建设。一是加快推动港口重大基础设施建设。按照国际化、大型化、专业化的要求，打造北部湾千万标箱大港的目标，加快规划建设一批深水航道和专业化深水泊位。在码头方面，重点推进防城港40万吨级散货码头、钦州港20万吨级集装箱码头前期工作，加快推进北海铁山港7~10号泊位、铁山港东港区揽根作业区1~2号10万吨级泊位建设。在深水航道方面，重点推进防城港40万吨级散货码头配套航道、钦州港20万吨级集装箱码头配套航道、钦州港东航道扩建防城港第5作业区航道和北海铁山港区10万吨级航道三期工程等项目。二是推进集疏运体系建设，重点发展海铁联运等多式联运。按照全区开放大会提出的战略部署，积极推动向西南连接云贵川渝、向东连接粤港澳、向南连接中南半岛走廊的通道中的缺失段和梗阻段建设。重点抓好主干铁路与新港区的连接，提升铁路站场能力和三港之间的连接。三是推进"无水港"规划建设。协调开展中南、西南"无水港"布局规划建设，形成完善、可行的"无水港"布局规划体系。支持北部湾国际港务集团到西南货源腹地建立组货网点，建设"无水港"，进一步延伸港口服务范围。四是推动发展邮轮经济，积极争取国际邮轮"过境免签"和免税销售等，将邮轮产业培育成为北部湾港口新的消费增长点。

（五）全面打造北部湾经济区同城化升级版

以国务院批复实施《北部湾城市群发展规划》为契机，推动经济区产城融合发展，逐步建成北部湾国家级沿海城市群。一是深入推进户籍同城化。重点推动医保、医疗、旅游、教育等相关领域发展。着力推进北部湾城镇群建设，统筹引导沿海三市新区建设。二是加快推进交通同城化。继续推进经济区"交通一卡通"工作，力争实现经济区四市范围内的公交、地铁、出租车客运"一卡通"；推进提升南宁至沿海三市高铁通行密度，加快推进ETC公路不停车收费系统普及工作。三是着力推动口岸通关一体化。协调推进广西国际贸易"单一窗口"的完善；在沿海三市探索设立中心海关，建设三市一关，完善提升凭祥国检中心试点工作。四是推动生态环境保护同城化。编制北部湾经济区生态建设一体化和环境保护一体化规划，推动建立四市生态环境联防联治平台和机制，促进经济区生态保护。

（六）实现北部湾经济区发展规划升级

全面落实北部湾经济区"十三五"规划，推进专项规划的制定和完善，如重点推进《北部湾港总体规划》的修编，统筹推进岸线规划和围填海规划管理，完善项目使用沿海岸线联合审核机制，推动建立围填海项目前置审核、重大项目准入前置审核机制。开展龙港新区"多规合一"试点，促进一体化融合发展。进一步完善组织保障，实现自治区层面、北部湾经济区各市之间有效协调贯彻落实经济区"十三五"规划的局面，并在功能定位、空间布局和产业布局等方面实现错位发展。

（七）进一步全面深化体制机制改革

一是理顺关系，推进重点园区管理体制改革。重点协调推进凭祥综合保税区、东兴重点开发开放试验区管理体制改革，加快重点园区投资服务改革，推行集中行政审批模式，推进"园区事园区办"。二是加快投融资体制机制改革创新。理顺北部湾产业投资基金相关体制，推进北部湾产业投资基金整合，协调指导钦州、防城港产业基金建设和运作。探索设计务实可行的PPP投融资政策，找准公共投资与社会投资的利益结合点和平衡度。三是推进进出港航道管理体制改革，探索建立港口公共基础设施建设、维护、管理的体制机制。四是探索用海管理制度改革，按照环保督查要求，严格用海管理，借鉴北部湾经济区港口岸线联合前置审核的经验，建议应该探索和研究深化用海管理体制机制改革。

General Report

General Report

B.1
Building the Upgraded Beibu Gulf Economic Zone, Continually Leading the Development of Guangxi

—Review of 2015 – 2016 and Prospect of 2017 for Guangxi Beibu Gulf Economic Zone

Lv Yusheng   Chen Yujing   Majing*

Abstract: In 2015, Guangxi Beibu Gulf Economic Zone (BGEZ) has maintained its steady economic growth, the increase rate of GDP is higher than the whole region, Xijiang economic zone, and resource enrichment area in west of

---

* Lv Yusheng, President of Development and Research Institute for Guangxi Beibu Gulf, Secondary Research Fellow of Guangxi Academy of Social Sciences, Guangxi "Bagui Scholar" ; Chen Yujing, Associate Research Fellow of Institute of Industrial Economy, Guangxi Academy of Social Sciences; Ma Jing, Master of Office of Academic Research, Guangxi Academy of Social Sciences. This Paper is Translated by Qiao Rui.

Guangxi, therefore, the development of the BGEZ has constantly affected the whole region. In 2016, the continued economic slowdown in China, and increased economic pressure in Guangxi have caused economic trend of BGEZ formed a "W" shape, the GDP in BGEZ is also higher than the average of the whole region, some areas and reforms of key links achieved a breakthrough, the general economic strength increased rapidly, therefore, the function and layout have been improved sustainably. In 2017, Guangxi will focus on building of the upgraded BGEZ in order to lead the corn growth pole so as to play its role as a strategic engine.

Keywords: Upgraded BGEZ; Opening-up; Development

Ⅰ Achievements of Opening-up and Development in BGEZ (2015 -2016)

2015 is an ending year of "Twelfth Five-year Plan", it is also a year that carry on the past and open up the future; 2016 is the beginning year of "Thirteenth Five-year Plan, it is also a starting year of the second decade of the development in BGEZ. Based on the brilliant achievements of China-ASEAN "Golden Decade", BGEZ has attached the great importance to its comprehensive advantages, and also keep seeking new upgraded industrial development pivots for effectively building a upgraded BGEZ, thus, its comprehensive economic strength has been sustainably enhanced, the overall function and layout has been improved, and the strategic position has also been upgraded.

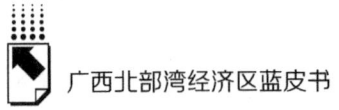

1. Economic Growth Has Continually Leading the Region

(1) Growth Rate of GDA is Higher than the Whole Region

In 2015, the GDP (six cities) in BGEZ reached 799.6 billion Yuan, increased by 9.0%, accounted for 47.59% of the region's proportion; the GDP of 2016 reached 880.895 billion Yuan, increased by 7.9%, accounted for 48.28% of the region's proportion that is 1.9% higher than the whole region.

(2) Financial Pulling Effect Is Obvious

In 2015, the total fiscal revenue of BGEZ (four cities) hit 94.834 billion Yuan, grew by 10.6% that is 2.7% higher than the whole region and 1% higher than the previous year, it accounted for 40.6% of region's proportion that is 0.9% higher than the first half of the year and 6.7% higher than the previous year, contribution rate of which was 53.2% that is 6.7% higher than the last year. The four cities reached the 44.706 billion Yuan in total for public budget revenue that is increased by 7.7% and 1.2% higher than the whole region, and accounted for 29.51% of region's proportion that is 0.3% higher than last year. In 2016, the public budget revenue of four cities in the region reached 100.987 billion Yuan, increased by 6.5%, it is 1.3% higher than the whole region and accounted for 41.5% of the region's proportion, therefore, BGEZ has stepped on the stage of 100 billion Yuan.

(3) The Primary Industry, Secondary Industry, and Tertiary Industry All Have Maintained a Steady Growth

The growth rate of the primary, secondary, and tertiary industries in BGEZ is higher than the whole region, of which, the added value of the first industry was 81.072 billion Yuan, increased by 3.9%, contribution rate of which was 33.7%; the added value of the secondary industry was 253.054 billion Yuan, increased by 9.8% that is 1.7% higher than the whole region, contribution rate of which was 38.0%; the tertiary industry reached 252. 607 billion Yuan as added value, it was increased by 10. 0% that is 0. 3% higher than the whole region, the contribution rate of which was 40. 4%. In 2016, the industrial structure of primary, secondary, and tertiary industries in BGEZ is 13. 53 : 43. 33 : 43. 14.

2. Opening-up Cooperation Achieved a New Progress

(1) The Construction of the China-ASEAN Port Cities Cooperation Network Has Been Accelerated

The first Working Conference of the China-ASEAN Port Cities Cooperation Network has been held successfully, and its Chinese Secretariat has also been established, shipping routes and shipping services between China and ASEAN and China-ASEAN logistics information center (the first phase) have been launched, and the water training base is opened. Cargo shipping lines from Qinzhou to Malaysia, Vietnam, Myanmar, Singapore, Indonesia, Thailand as well as other ASEAN countries are opened; the connectivity of logistics information between Beibu Gulf Port and Kuantan Port in Malaysia has been realized; Qinzhou and Kuantan have become sisters port, Beibu Gulf Port and Port Klang made a commitment to be friendly ports; Qinzhou City and Kuantan City jointly established a mechanism that will be held in turn for "two days in two countries". Singapore International Port Group, Singapore Pacific International Lines (PIL), Melaka Gateway, Rizhao Port Group in Shandong Province, Zhanjiang Port Group, and Wanhai Lines Ltd have all joined in this cooperation network.

(2) China-Vietnam Cross-border Economic Cooperation Zone Has Been Continually Pushed forward

Mr. Peng Qinghua, Party Secretary of Guangxi led a delegation to visit Vietnam in November 2015, both sides signed agreements for joint constructions of international freight channel between China-Vietnam friendship pass and friendship port, freight channel between Puzha in guangxi and Xinqing, the No. 2 bridge connecting Shuikou and Tuolong, and the bridge connecting Tongzhong and Hengmo. Dongxing industrial park has already completed industrial development plan, overall plan, and controlled detailed planning; other projects such as land acquisition, construction of road network, attraction of business and investment and etc are all under the ordered operation. The main arch of the No. 2 Bridge for Beilun River has been successfully connected. Country gate, standard factory buildings, and luofu west road are under rapid construction. Freight yard of Customs supervision of Nonghuai and Zhongka in Pingxiang industrial park and logistic supervision center for Pingxiang cross-border trade are under the operation; friendship pass-friendship port international freight channel have been basically completed; the special channel for Pingxiang border logistics channel are under the rapid construction.

(3) The 10th Anniversary of Beibu Gulf Economic Zone and the Pan Beibu Gulf Economic Cooperation Forum Have Been Successfully Held

The conference for summarizing experiences of a decade, promoting upgraded development in BGEZ has been held in Nanning on March 20th, 2016. The party secretary Peng Qinghua and Mr. Chen Wu, the Governor of Guangxi all proposed several new requirements for the upgraded development in BGEZ, which has indicated the focuses and directions for future work of BGEZ. The Pan Bebu Gulf Economic Cooperation Forum has also been held successfully, at the same time, the China-ASEAN Port Cities Network Working Conference and China-Indo-China Peninsula (Nanning-Singapore) Economic Corridor were also held with great achievement.

(4) The Construction of "South-directed Channel" is Promoted Steadily

The south-directed channel connecting Chongqing, Guangxi, and Singapore has signed agreement in November, 2015, in 2016, this project is started to build the channel that connecting Chongqing, Guizhou, and via Guangxi to reach Singapore, therefore, this project is so called "South-directed channel of Chongqing, Guangxi, and Singapore". Through the various measures such as jointly building the negotiation mechanism, completing land transport network, port facilitation, and construction of logistics base to promote the signing of cooperation framework agreement, and build the sea and land trade route of the 21st Century Maritime Silk Road for connecting BGEZ, Singapore, and Chongqing. "the south-directed channel" is focused on cooperation on combined transport in multilateral ways, jointly opening up traffic bottlenecks, carrying out customs clearance integration, the logistics services as well as information services, and etc.

(5) Muara Port Was Successfully Acquired

In November, 2016, Guangxi Beibu Gulf Port Group singed a significant agreement with a related party of Brunei, with the support of the Brunei, Guangxi Beibu Gulf Port Group completed the comprehensive research in half year, and drafted business development plan, completed joint venture contract, business registration, and other work for preparation, therefore, the Muara port had been successfully acquired in short time, which was called "Beibu Gulf Speed" by Brunei. On February 21st, 2017, Guangxi Beibu Gulf Port Group has officially completed taking over work in Muara Port, its business share accounted for 51%, and therefore, "Brunei-Guangxi economic corridor" had been officially achieved.

(6) Vehicle Production Lines of SGMW in Indonesia Has Been Pragmatically Promoted

In 2015, SGMW invited 9 trillion rupiah (approximately 677 million U. S. dollars) in Indonesia that has officially been operated in July, 2017, thus, it is the first China's auto company investing in Indonesia. SGMW settled down in Indonesia is aimed at building localized product with annual output of 120000 vehicles. Currently, Nexteer Automotive, Mann-hummel, Guangxi Automobile Group Co, Ltd, Baosteel, and other suppliers in total of 15 have joined this project. This is the first China's auto company built the factory in Indonesia independently, which also marks that SGMW has taken the first step of "building the boat to the sea".

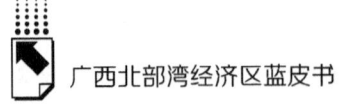

(7) Accelerating the Construction of 150000-ton Terminal in Kuantan Port

In Aril, 2015, Guangxi completed the acquisition to Kuantan Port, for better upgrade Kuantan Port, Guangxi has invested to build deep water port in order to improve handling capacity of the port and efficiency, it is expecting to build two terminals with 150, 000-ton capacity so as to build Kuantan Port to be a supporting project of "two industrial parks in two countries" between China and Malaysia, and a demonstration project of "the 21st Century Maritime Silk Road" that jointly build by China and ASEAN.

(8) Starting up the Construction of China Brunei Yulin Health Industry Park

In February, 2017, Guangxi and Brunei have reached a common ground; China is willing to invest 3 billion Yuan to jointly build China-Brunei Yulin Health Industry Park with Brunei, its planning area is approximately 3000 Mu. This project has been clearly included in early project of "Brunei- Guangxi Economic Corridor", both sides will work together to produce Halal medicines, and build the production base for healthy food, products are mainly sold to Brunei and other Muslim country or region so as to create an ASEAN-oriented health gathering area.

3. Industrial Development Shows a New Trend

(1) Ship Repair and Shipbuilding Project of China Shipbuilding Industry Cooperation Have Been Officially Put into Production

In February, 2015, Guangxi Beibu Gulf investment Group Co. Ltd, and Chenxi Shipbuilding Co., Ltd as a sub-company of China Shipbuilding IndustryCorporation as well as Shanghai Shipyard Co., Ltd will jointly increase the investment amount in Guangxi Ship and Marine Engineering Company Limited. In 2016, China Shipbuilding Industry Corporation has completed acceptance for part of this project, now, this project is under the rapid construction.

(2) 1 Billion Ton LNG Port in Beihai Has Been Put into Operation

The port for Guangxi liquid natural gas (LNG) is located in Tieshan Port of Beihai, it is planned with 266000 cubic meters, LNG berth, and one work berth with related supporting facilities, and it is designed to be the first LNG port in Beihai. In March, 2016, the first petrol boat of Guangxi liquid natural gas will be berthed at this LNG port, which marks that the first LNG project will be officially put into use.

(3) Forest Paper Integration Project of Stora Enso Has Been Put into Production in Beihai

OnJune 16, 2016, Beihai forest paper integration project has been put into production. This project is co-financed by Stora Enso, a joint venture by Sweden and Finland, and Guangxi Forest Group, the total investment is 1.6 billion EUR (about 12 billion Yuan), this project covers an area of 2701acres, which includes building one t. a-1 bleached chemical pulp production line with 900.000 Yuan investment and two t. a-1 high-grade packaging cardboard production lines, its annual output of Liquid wrapping paper and other high-grade cardboard products will reach 450000 tons. This project has been started since 2002, and it had been formally verified by the state on June 24th, 2013, therefore, it is not only the largest single investment project, but also a significant project invested by the European Union in China. More than 80% such materials need to be imported in China, therefore, the Stora Enso has reduced the industrial cost to a certain degree, and the tense situation of domestic supply has been relieved as well.

(4) The Development of Graphene Industry Has Achieved Initial Results

Guangxi published the first local standards for Graphene industry in China on December 7th, 2016. This is the first time the Graphene three-dimensional structure powder material, disintegration rate, and other terminologies have been standardized as well as row materials, technology, production equipment, and testing methods of Graphene three-dimensional structure powder material. Since the standards has been published and technical committee has been established, which marks that Guangxi implementing the industrial development of Graphene as major strategy has achieved significant results that will provide scientific basis and technology support for standardized development of Graphene in Guangxi and even China so as to lead the healthy and orderly development of Graphene technology in China.

4. Platform Construction Has Been Continually Strengthened

(1) Economic Agglomeration Ability of Major Industrial Parks Has Been Enhanced

In 2015, the 14 major industrial parks in BGEZ achieved 672.98 billion Yuan for industrial production value (including trade value) that completed the 101.97% of 660 billion Yuan of annual target, increased by 13.39%. Investment infix assets hit 135.44 billion Yuan, increased by 15.75%, industrial investment of which reached 91.171 billion Yuan, increased by 15.6%. 228 projects have been signed through the business and investment attracting plan with total of 49.975 billion Yuan, about 490 enterprises have the output value over 100 million Yuan, two of which are over 100 billion Yuan, they are: Pingxiang Integrated Free Trade Zone and Nanning High-technology Development Zone; five of which are over 50 – 100 billion Yuan, they are: Fangchenggang Great Southwest Industrial Park, Qinzhou Free Trade Port Area, Beihai Industrial Park, Beihai Tiesha Port Industrial Park, and National Nanning Economic and Technological Development Area; five of which are over 10 billion – 50 billion Yuan, they are: Qinzhou Petrochemical Industry Park, Guangxi-ASEAN Economic and Technological Development Zone, Nanning Liujing Industrial Park, Fangchenggang Qisha Industrial Park, and Yulin Longtan Industrial Park; only China-Malaysia (Qinzhou) Industrial Park reached output over 10 billion

Yuan, however, the industrial development in the park is fast, and has become the new growth pole in Guangxi, in 2015, above-scale industrial output accounted for 63% of all Above-scale industrial output, contribution rate reached 71.8%.

In 2016, the economic situation of the 14 industrial park in BGEZ maintained a steady development, industrial output (including trade value) of which hit 724.012 billion Yuan, increased by 7.56%. Investment in fix asserts reached 155.138 billion Yuan, increased by 14.54%, of which, industrial investment was 107.531 billion Yuan, increased 17.95%, fiscal revenue touched 32.366 billion Yuan, increased by 2.42%. 504 enterprises reached output value over a hundred million, one of which is over 100 billion Yuan, 6 of which are over 50 billion – 100 billion Yuan, 5 of which are over 10 billion – 50 billion Yuan, 2 of which are under 10 billion Yuan.

China-Malaysia Qinzhou Industrial Park has begun to reach the harvest period, gradually shown its agglomeration effect. In 2015, the total investment of China-Malaysia QinzhouIndustrial Park reached 22.6 billion Yuan. Until 20156 enterprises settled down in the park, twenty of which have put into operation, 40 of which are newly introduced with total investment of 24 billion Yuan. China-Malaysia Qinzhou Industrial Park has conducted the reform and innovation in administration, finance, planning and construction, social management, science and technology innovation, human resource and talent training, ecological civilization, opening cooperation and etc. "*Regulations of China-Malaysia Qinzhou Industrial Park*" has been approved by the 70th meeting of the government of Guangxi. Management committee of China-Malaysia Qinzhou Industrial Park has achieved initial results in exercising the relevant administrative license. It promoted to build a China-Malaysia Customs clearance mechanism for both country at same time; by relying on national key testing laboratory of bird's nest and nutritional product to conduct pilot work for bird's nest import processing; moreover, by focusing on financial innovation as an engine, it started to explore and build capital-oriented developing mode for itself, through the establishment

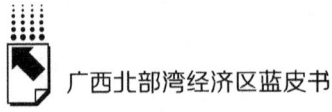

Table 1 Development Situation of Key Industrial Parks in BGEZ (2015–2016)

Industrial Parks	Year	OutputValue (Trade Value)(Billion)	IncreaseRate(%)
Guangxi-ASEANEconomic and Technical Development Zone	2015	22.675	23.58
	2016	27.951	23.27
Nanning Liujing Industrial Park	2015	182.03	-1.52
	2016	17.456	-4.10
NanningHigh-technology Development Zone	2015	100.084	24.10
	2016	91.283	-8.79
NanningEconomic and Technical Development Zone	2015	62.228	20.23
	2016	72.491	16.49
BeihaiIndustrial Park	2015	62.944	33.12
	2016	75.012	19.17
Beihai TieshanPort Industrial Park	2015	62.928	2.12
	2016	73.131	16.21
FangchenggangGreat Southwest coastal Industrial Park	2015	73.062	12.94
	2016	81.688	11.81
Fangchenggang Qisha Industrial Park	2015	17.751	43.38
	2016	22.233	25.25
Qinzhou PetrochemicalIndustrial Park	2015	48.830	77.07
	2016	45.670	-6.47
Qinzhou Port Integrated Logistics Processing Zone	2015	—	—
	2016	3	—
China-MalaysiaIndustrial Park	2015	1.48	—
	2016	2.08	40.54
Qinzhou Free Trade Port Area	2015	70.85	43.13
	2016	77.414	9.26
Yulin Longtan IndustrialPark	2015	12.508	63.29
	2016	15.003	19.95
PingxiangIntegrated Free Trade Zone	2015	119.437	1.85
	2016	119.6	0.14
Total	2015	672.981(Trade Value is 190.287 Billion Yuan)	13.39
	2016	724.012(Trade Value is 197.014 Billion Yuan)	7.58

Data Source: Monthly Statistics of Guangxi Beibu Gulf Economic Zone (December, 2015 & December, 2016) of Direct Investment Funds, Industrial Equity Investment Fund, Urban Development and Construction Fund and etc to promote rapid development of urban projects. Currently, it has formed the strategic emerging industries direct investment funds and industrial investment funds, the first batch of high-tech projects are Heyha World, Shouchuang New Energy, Zhongke Jiahong, and other enterprises have through the equity investment to settle down in the park. Therefore, industrial cooperation between China and Malaysia has achieved a great result, and the new mode of industrial cooperation is under the rapid promotion. It signed cooperation agreements with Innovation Center of Malaysia, MMC, Regal International Group, and Seagull Group in technological cooperation, rubber products, Halal food, and herbal studies. It also signed strategic cooperation framework agreement with Hong Kong Huiyi Group in order to timely push forward projects of China-ASEAN education and information building, Huayi intelligent industry community, Education Informatization in Qinzhou, and other projects so as to jointly promote the development of China-ASEAN Education and Equipments Industry.

(2) Bonded Logistics System Has Been Continually Improved

(a) Qinzhou Free Trade Port Area

In 2015, QinzhouFree Trade Port Area completed 26.88 million throughput capacity, container throughput capacity reached 941700 standard containers, increased by 34.15%, investment in fix assets hit 800 million Yuan, increased by 93.47%, 248 enterprises settled down in the park with total investment of 3.877 billion Yuan, 90 of which are newly settled enterprises with new registered capital of 1.98 billion Yuan, import liquor reached 1.3588 million, crude oil reached 1.347 billion tons, 1756 vehicles have been imported that is the first time to reach thousands of digits (value of which is 65.4787 billion U.S. Dollars). Qinzhou Free Trade Port Area have expanded quickly in areas of vehicle imports, international direct marketing, cold chain logistics, investment and business attraction, and port and navigation services. Vehicle import companies such as Guangxi Hengji Zhongxing, Guangxi Boshi have all settled in the Qinzhou Free Trade Port Area, 70000 tons of automotive ro-ro terminal have been established, meat designated port and other services are now under the operation, import fruit designated port has passed the national acceptance, Helicopter temporary takeoff and landing business have received approval, "Vehicles in the South transporting to the North" of Liuzhou automobile has opened a new channel on the sea. In 2016, Qinzhou Free Trade Port Area as a container trunk has began to show its advantages, import containers reached 208030 standard containers, increased by 2.46 times, thus, it broke the level of 200000 standard containers for the first time. Import containers are mainly from Vietnam, Indonesia, Malaysia, Hong Kong, China, and other countries and regions, major import goods are cars, wine, manganese ore, zinc oxide powder, and main export goods are phosphoric acid, calcium hydrogen phosphate, white cardboard, steel, and etc. Qinzhou Free Trade Port Area have also participated in promoting project H 986 and new inspection equipment application, it fully support its International Commodity Direct Marketing Center to be opened, as well as expanding construction of wine trading center, port inspection building and border trade joint inspection Building in Guozishan.

(b) Pingxiang Integrated Free Trade Zone

Pingxiang Integrated Free Trade Zone is aimed at fostering and building bonded processing base with ASEAN characteristics for high value-added goods, it mainly focused on bonded logistics, processing trade, and cross border e-business. In 2015, its total import and export reached 18.659 billion U.S. dollars, ranked No. 12 in the integrated free trade zones of China. Until 2015, 145 enterprises, 3 Vietnamese corporate office, and more than 20 foreign enterprises have settled down in the zone, therefore, the business related to trade, logistics, processing industry, services, customs declaration, finance, exhibition, and culture have been expanded largely, the radiation-driven effect has also been enhanced gradually. Currently, Pingxiang Integrated Free Trade Zone has not only become an important market to Vietnam for purchasing agricultural resources (fertilizer) and mechanical and electrical products, but also a regional bonded distribution base for rice of Vietnam, Laos, and Cambodia, fruits, rubber, landscape seedlings, mahogany, and other bulk agricultural products.

2016 is the first year for reform in Pingxiang Integrated Free Trade Zone, with the goal of expanding capacity, increasing volume, and enhancing the efficiency, it focused on ensuring the logistics smooth, strengthening the logistics efficiency, promoting the construction of the second phase, providing the better services, and attract trade and investment, therefore, Pingxiang Integrated Free Trade Zone has continually expand the efforts on business and investment attraction, cross-border e-business will be developed in the zone by Shanghai Zhongwaihuanqiu, Vietnam Hanoi Dairy Company will build plants for producing yogurt, Yadi electric car will carry on export assembly business, cross-border E-Commerce, cross-border exhibition, cross-border testing and maintenance, cross-border labor, and other cross-border modern services will enter into the zone. Pingxiang Integrated Free Trade Zone for the first time issued China-Peru Free Trade Area Preferential Certificate of Origin, and GSP certificate of origin for active dry yeast export to Ukraine in 2016, the total value of which is 6150 U. S. dollars.

(c) Nanning Integrated Free Trade Zone

On November 2, 2015, Nanning bonded logistics center upgraded to be anIntegrated Free Trade Zone, and divided by export processing zone, bonded logistics zone, and supervision area, It mainly focused on bonded processing and bonded services, paid great attention to import and export processing enterprises on electronic information, advanced machinery and equipment. Currently, the first phase of Nanning Integrated Free Trade Zone has invested 2.5 billion Yuan with total area of 34440000 square meters, the supervision center of ASEAN cross-border e-commerce of China Post has been successfully introduced in the zone, which broke "0" project introduction before formal acceptance in all Customs Special Supervision Areas of Guangxi, it is also the first International Mail Exchange Bureau that established in the free trade zone in China. At present, there are more than 30 project and enterprises are under the negotiation with Nanning Integrated Free Trade Zone, 22 of which have admitted to join in the zone with total area of 2 square meters.

(d) Beihai Export Processing Zone

In 2015, Beihai Export Processing Zone have achieved 4.2 billion Yuan in Investment in fixed assets, increased by 16.4%; Foreign trade import and export volume reached 1.235 billion Yuan, increased by 14%; import and export processing trade hit 1.1 billion Yuan, increased by 18.1%; value of bonded logistics was over 800 million U.S. dollars, Actual use of foreign capital reached 29.4 million U.S. Dollars, 703 million Yuan of which has already in place. In 2016, the development of the zone was under a good situation, it actively accelerated the transformation to upgrade itself to be a Beihai Export Processing Zone, the industrial output reached 37.31 billion Yuan, increased by 16.4%, total import and export volume reached 920 million U.S. Dollars that raked 30.76% of total import and export volume in Beihai. It continually upgraded itself for reform, the newly added high-end automated production line from Jianxing and Dechang company all achieved 22% and 14% of industrial output, Beihai Jixun Electronic Technology Co., Ltd, Beihai Taida Electronic Technology Co., Ltd, and Beihai Shenhang Electronic Technology Co., Ltd received re-manufacturing pilot enterprises from General Administration of Quality Supervision, Inspection and Quarantine of China. Beihai export processing zone has insisted in investment and business attraction from various ways, in 2016, Actual use of foreign capital hit 105 million U.S. Dollars, which has over fulfilled 704% of annual task; 1 billion Yuan is in place, in total of 9 projects have been introduced with total investment of 1.18 billion Yuan. The Hongkong Yunxin Solid State Hard Drive project has already successfully settled in the zone that filled up the shortage of such product.

(e) Integration and Upgrading of Special Supervision Area Have Been Promoted Rapidly

Nanning Integrated Free Trade Zone (first phase) passed the formal acceptance of Joint Inspection Department of the State Council. QinzhouFree Trade Port Area, Pingxiang Integrated Free Trade Zone, and Beihai Export Processing Zone all need to be reformed and upgraded, according to the requirement of General Administration of Customs in China, *"Land Use Situation of Special Customs Supervision Area in Guangxi"* and reform program must need to be submitted from the people's government of Guangxi to General Administration of Customs in China. Qinzhou Free Trade Port Area will finish all fence work before September in 2017. The second phase of Pingxiang Integrated Free Trade Zone has completed its starting construction on August 26th, 2016.

5. Construction of Infrastructure Has Been Upgraded

(1) Accelerating the Construction of Railways and High-speed Roads

Hepu-Zhanjiang railway has been promoted steadily, Hepu-Zhanjiang railway is a big south channel for connecting Guangdong and Guangxi, also is a significant part of "8 Vertical Roads and 8 Horizontal Roads" that clarified by *"National Medium and Long Term Railway Network Plan"* . Therefore, on December 22, 2015, Hepu-Zhanjiang railway has officially started its construction from Hepu county in Guangxi, the length of this project is about 115 kilometers, 63.5 kilometer of which is in Guangxi, it will achieve comprehensive construction in the first quarter of 2017, Fangchenggang to Dongxing project of China-Vietnam high-speed railway has started the construction since the end of 2106, this project is a significant infrastructure of *General Plan of Guangxi Dongxing National Key Experimental Zone for Development and Opening-up*, it is a part of south channel of China-Vietnam railway within China's territory, and an important move for participating in "n" construction and accelerating the connectivity of China (Guangxi) -ASEAN infrastructure construction.

Guigang-Hepu high-speed road is a significant part of Sanjiang-Beihai high-speed road that as No.3 Vertical road of "6 horizontal roads, 7 vertical roads, and 8 branch lines" has been planned by Guangxi high-speed road network, the total length of the road is 143.405 kilometers, the main lines adopt the high-speed road standards of two-way four-line, and designed with 120km/per hour. The construction at Hepu part will be completed in October, 2017. According to *Revision of Guangxi Highway Network Planning (2010 – 2020)*, the construction from Datang to Pubei will cost 10.9 billion Yuan. The total length of this project is designed to be 125 kilometers with high-speed road standard of two-way four-line and 120km/per hour.

(2) Beibu Gulf Maintained a Steady Growth

Container throughput of Beibu Gulf have maintained a rapid growth, in 2015, Cargo throughput in Beibu Gulf had a slight increase, the totalcargo throughput reached 128.0614 million tons, increased by 3.73%, but decreased by 4.7% by compared with 2014, of which, Beihai completed cargo throughput of 24682300 tons, increased by 8.5%; Qinzhou reached cargo throughput of 65102.300 tons, increased by 1.5%; container throughput maintained a double-digit growth with 1.4152 million standard containers in total that had increased by 26.4%, increased 295200 standard containers by compared with last year, increased rate had improved by 14.8%. In 2016, container throughput has continually maintained a rapid growth. The cargo throughput of the Beibu Gulf reached 139.6126 million tons, increased by 9.02%; 1.7948 million standard containers for container throughput, increased by 26.83%, 379700 more standard containers than the same period of last year. In 2016, Beibu Gulf has newly built 4 berths with more than 100000 tons capacity, the annual throughput has been increased 18.16 million tons, the total throughput reached 240 million tons; it also added 8 container shipping lines, 4 of which for foreign trade. Until the end of 2016, there are 44 container shipping lines in the port, 29 of which have been designed for foreign trade.

The infrastructure in Beibu Gulf have also maintained a steady growth, four berths with 400000 tones capacity have been built in Fangchenggang, the total investment of this project is 3.5 billion Yuan, the construction has started from 2016, and expected to be finished in 2019. After the conclusion of this project, the shipping cost of bulk cargo and containers will be largely decreased. The first phase of expansion project of Qinzhou east port channel has started its construction in 2017, which will be built by two-way navigation with 100000 tons container capacity and tank shipping. In July, 2017, as a significant project of National Global Tourism Demonstration Zone in Beihai, BeihaiPort of the cruise ship has been started the construction, which will be built as gathering area for the modern services of the port of cruise ship.

6. Reforms in Major Areas Has Been Steadily Pushed forward

(1) Reform of City-Integration Has Been Vertically Pushed forward

Reform on city-integration of household registration has comprehensively implementing transfer of household and registration in different places, the four cities in BGEZ have all published specific opinions on reform of city-integration, Beihai, Qinzhou, and Fangchenggang have unified the standard for household registration. In terms of city-integration of social security, the insurance system has been built completely, employment and social security policy in BGEZ have been unified, cross-city treatment in the hospital of

Nanning, Beihai, Fangchenggang, and Qinzhnou has been steadily promoted, Qinbei District in Qinzhou city has already built connectivity with Ruikang hospital in Nanning. In the area of city-integration of financial services, Nanning, Beihai, Qinzhou, and Fangchenggang have all realized the city-integration of fund transfer, service charge, and etc in total of six aspects, the building of shared platform achieved initial results. In terms ofcity-integration of traffic, the traffic card has passed the test and can be used in Beihai, Fangchenggang, and Qinzhou since November 15th, 2016, the upgrading of traffic card in Nanning will be finished at the end of year. For city-integration of education, Department of Education has officially published "*the Unified examination program of Senior Entrance Exam for Four cities of BGEZ in 2017*" in July, 2016.

(2) Regional Customs Clearance Integration Has Achieved a Major Breakthrough

7 of 10 major tasks of Port clearance integration have achieved great progress, "onedeclaration, one inspection and one release", six cities one Customs, the first phase of "single window", regional customs clearance cooperation, extending the time of key port clearance, and other targets have been basically realized. "Two country one inspection and quarantine" is a mode that received active responses from related ASEAN countries. " one declaration, one inspection and one release" is a cooperation mode by Customs and Inspection & Quarantine Department that has been comprehensively promoted in all supervision places in Guangxi; E-port logistics linkage system has been fully promoted and used in Nanning; on July 1st, 2016, costal ports all started "single window" for foreign trade, Guangxi is one of a few provinces that has implemented "single window" instead of traditional operating mode to conduct related works; on September 9th, 2016, the first National Inspection experimental zone—Pingxiang (Kafeng) National Inspection Experimental Zone is opened for the business, it is the first in China adopts border trade regulatory

approach; the 5th China-ASEAN Ministerial Meeting on Quality Supervision, Inspection and Quarantine (SPS cooperation) has been held in Nanning on September 10th, 2016, which has laid a solid foundation for deepening China-ASEAN SPS cooperation and port customs clearance.

(3) Management System of Pingxiang Integrated Free Trade Zone and Dongxing Reform Experimental Zone Have Been Continually Promoted

Leadership meeting of Pingxiang Integrated Free Trade Zone had been held on November 16th, 2015, which marks reform on management system has been officially started. 2016 is the first year of Pingxiang Integrated Free trade zone to conduct the reform on management system, it sets up targets as building itself to be the leading of opening-up movement in Chongzuo, highland of opening-up development in Guangxi, and a vanguard of border opening-up development in China, it will strive to enter the top 10 of integrated free trade zone in China. By straightening out the relations among Guangxi, Chongzuo and Pingxiang city, and management committee; relations between management committee, operating companies; and relation between inside and outside network, it solved the problems of obstruction in customs clearance, focused on bonded logistics, forced the development of processing trade, promoted the construction of industry supporting area, and continually conducted the city-integration for the development of four cities in BGEZ so as to push forward the reform on management system. The management system has injected vitality into the development of the zone, therefore, the processing trade has been gradually expanded, new enterprises keep settling down in the zone, the new format has been sustainably shown up, the industrial cooperation expanded constantly, and industrial structure has been improved as well, the role of Pingxiang Integrated Free Trade Zone as a channel, port, and a platform has become more obvious.

In 2016, Dongxing Reform Experimental Zone follow the new work ideas and work tasks to focus on the breakthrough of cross-border as well as reform and innovation in the zone, it was aimed at building China-ASEAN cooperation experimental zone in order to build a new growth pole for border economy and trade in China. The system reform has achieved significant results: in terms of deepening the reform on business system, it has actively promoted industrial and commercial registration facilitation, and accelerated the implementation of "*Implementing the Working Plan of Independent Choice of Enterprise's Name*" and "*Enterprise Simple Cancellation procedures (trial) in Fangchenggang*", thus, it has started its reform on registration system on September 23, 2016. In the area of border comprehensive financial reform, RMB settlement pilot of individual cross-border trade has been further improved; the zone has continually promoted reform on "one declaration, one inspection and one release" and customs clearance facilitation, and implemented the "single window" for international business and trade, which received high appreciation from the major leaders of Guangxi; meanwhile, an innovative cross-border insurance business, improvement of management on private investment and financing institutions, a multi-level capital market, the development of service industry for financial agglomeration, and other reform measures are under the implementation. In the area of cross-border labor cooperation, Dongxing experimental zone has officially started pilot for cross-border labor cooperation on July 30th, 2015; until the early December in 2016, experimental zone has approved 10 pilot enterprises with total of 1170 employees, 8 of those enterprises are production-oriented enterprises, 2 of them are intermediary business. Currently, the pilot has been gradually expanded, and initially formed a "mode of Dongxing Experimental Zone" for cross-border labor; therefore, it is committed to build Guangxi and even the national cross-border labor cooperation demonstration area as the most important target.

(4) The State Council Approved *"Development Plan for City Integration in Beibu Gulf"*

"Development Plan for City Integration in Beibu Gulf" was approved by the state council on January 20th, 2017, this plan will be started in 2017, and ended in 2020, and thus, it becomes a new "interface" of economic and trade cooperation between China and ASEAN. This plan follows "open leading and green rise". "Land and sea co-ordination and scientific layout", "complementary advantages and coordinated development", and "market leading and Government guidance" as four basic principles that has established "important hub of ASEAN - oriented international channel" for city integration, a strategic fulcrum of opening-up and development in BGEZ, a significant portal of 21st Century Maritime Silk Road, "national important green industry base" and "land and sea co-development demonstration area" as five strategic positioning. City integration in BGEZ will strengthen the corn and leading role of Nanning, therefore, the city frame with Nanning, Beihai, Qinzhou, Yulin, and Chongzuo will be the most potential area of future economic development in Guangxi.

II Development Trends of BGEZ in 2017

1. Favorable Environment

(1) The Global Economy Maintains the Steady Growth

The global economy in 2017 will recover and maintain a slight increase, according to expectation of IMF, the world economy will be increased up to 3.5% in 2017. The American economy is expecting to increase 2.8%, the European economic growth is estimated to increase 2%, inside of emerging economics may has "differentiation", Indian economy will maintain its strong economic growth, because of relying on commodity and export, Russia possibly will continue the same economic situation like it was in 2015 and 2016, external environment of BGEZ will be improved in general.

(2) The World Industrial Transformation Has a New Breakthrough

In 2017, the western developed countries will deeply implement its own designed industrial transformation and upgrading plan, Germany will implement industry 4.0, the United State will implement re-industrialization; "internet +", *made in China 2025*", strong industrial base strategy, and other strategies will be implemented by China, which will innovate driven development so as to play technological innovation's leading role in social development. Under the new situation of large data, cloud computing, intelligence, new energy, and new materials has achieved significant progress, which has provided new opportunities for economic transformation and upgrading, improving industrial structure, and realizing economic across the catch-up development in BGEZ.

(3) RMB Internationalization Accelerate

In 2015, RMB has been officially included in SDR, and received qualifications for "International Reserve Currency", therefore, RMB has become the real world currency. In 2016, the Federal Reserve Rate Hike Policy was implemented in the United State, thus, this policy will be continually implemented in 2017, exchange rate between RMB and U.S. dollars will possibly go to the trend of weakness, however, the long-term appreciation trend will not be changed, RMB internationalization will has a broad prospect that will facilitate national financial reform, and cross-border financial business in BGEZ, thus, the independent currency exchange rate mechanism between China and ASEAN countries will be built, which will provide a significant opportunity for further deepening financial market in BGEZ.

(4) To Seize the Opportunity in the Trend of Anti-globalization

According to the idea of expansion of anti-globalization, President Xi Jinping proposed four China's unshakable plans: unswervingly leading the development progress of globalization, unswervingly improving open-oriented economic level in Asia-Pacific area; unswervingly breaking the bottleneck of regional connectivity, and unswervingly building new patterns for reform and innovation. By relying on national opening-up and development experimental zone, border financial reform experimental zone, Asia infrastructure Investment Bank, China-ASEAN Expo, and other important platforms, BGEZ as a frontier towards to ASEAN has took the lead with international standards, it will further connect high-standard international economic and trade policies in order to fully deepen the reform and expand opening-up degree.

(5) China is Building a New Open-oriented Economic System

First, "theBelt and Road" initiative has achieved a substantive progress, the infrastructure connectivity between China and ASEAN has been gradually improved, the multi-level economic and trade cooperation has also been deepened, which has leaded the development of BGEZ. Second, the construction of Zhujiang-Xijiang Economic Belt received a significant breakthrough, synergistic effect of Zhujiang-Xijiang area has been strengthened, major cooperation areas also have been deepened, Beibu Gulf Port will implement further connectivity with Xijiang watershed, thus, the hinterland of BGEZ will be effectively expanded, and the competitiveness of BGEZ will also be improved.

2. Major Challenges

(1) External Demand of the World Brings Enormous Pressure to the Development of BGEZ

According to estimation of related experts, the growth rate of global trade will be increased from 3% to 4%, under the situation of low-speed economic growth in the world, trade protectionism will show up. The initiative ofmacro-control in China will be continually strengthened. "*World Economic Outlook Report*" as the latest report of IMF pointed out that turmoil of financial market will be more serious, the U. S. dollars will continue to appreciate, and also the tense situation in geo-politics will all cause stagnancy of global economic recovery. Uncertainty and complicated factors will have an adverse effect to the global economic growth; therefore, the trade development in BGEZ has to face tremendous pressure.

(2) Reconstruction of International Trade and Investment Rules Form Constraints to BGEZ

The idea of anti-globalization caused the trade protectionism appeared, free trade advocate all begin to propose the domestic trade, which has brought uncertainty to economic operation. Many happened events indicated that the influence of this idea. For example, in June, 2016, Britain held a referendum on its EU membership, voting result shows that Britain will no longer belong to EU. In September, 2016, Belgian people had a procession in Brussels for against "Transatlantic Trade and Investment Partnership Agreement" (TTIP). Because of this international environment, Export processing enterprises in BGEZ will be affected by its trade with Europe, the United State, and other developed areas, therefore, the transformation of export-oriented manufacturing enterprises in BGEZ is extremely urgent.

(3) Domestic Development Came into "New Normal" that Bring New Challenges to the Development of BGEZ

The economic development in China is still has important strategic opportunity that brought by the period of "New Normal". It is difficult for traditional economic growth mode to be continued, but the new growth engine has not yet formed. Therefore, how to switch economic growth from extensively rapid development to medium speed by industrial upgrading is a question that needs transformation of investment driven to be replaced by innovation driven so as to gradually promote demand of tertiary industry to be domestic demand, thus, the urban-rural gap will be gradually reduced, it is so called "Now Normal", which will be the corn consideration of the development of BGEZ. Industrial development in BGEZ started late, it has weak foundation, less accumulated innovation, insufficient reserves, and traditional industry is still in the developing process, therefore, the cultivation of new industries can't only rely on itself development, the "New Normal" will bring new challenges to BGEZ.

(4) Competition outside BGEZ Is Getting Intense That Create Challenges to the Development of BGEZ

According to incomplete statistics, ASEAN has become the largest trading partner with Yunnan, Sichuan, and Hebei in 2016, and second largest trading partner and exporting market with Hunan, Sichuan, Hubei, and Hainan, and the largest special product export market for Guangdong, Fujian, and Jiangsu province. Meantime, Yunnan, Neimenggu, Heilongjiang, Jilin, Liaoning, Xinjiang, and other border provinces have tightly sized new opportunities brought by "the Belt and Road" to start their all-round development of the opening boom. By compared with advantages of developed area in China as well as some border provinces with distinctive advantages, BGEZ is still in a weak position which would create new challenges and pressure to industrial layout and settlement of key projects.

3. Prediction on the Development of BGEZ in 2017

In general, 2017 is the second year of "The Thirteenth 5-year Plan", a significant year for comprehensively deepening the reform, and accelerate the transformation and upgrading, the trend of economy towards a positive direction will not be changed. China will continually implement fiscal policy and sound monetary policy, largely promote mass entrepreneurship and innovation, and actively add public goods and services supply in order to further promote investment on R &D, high-end manufacturing, modern service industry, environmental protection, infrastructure, and other areas, the domestic economic environment will be gradually improved through the increasing of social security and residents' consumption. Several significant project have been started the construction during the time of "The Twelfth Five-year Plan", part of industry have been gradually increased, which will further consolidate the economic development base. The new urbanization construction will be promoted rapidly, which will effectively promote the adjustment of industrial structure and the optimal allocation of resources as well as the upgrading of industry and consumption, it is of great significance to the expansion of domestic demand, optimizing of the urban and rural economic structure, and promotion of the healthy development of the national economy, therefore, the advantages of new urbanization will provide impetus to BGEZ. "The Belt and Road" initiative has been gradually promoted, which has given a new mission to upgraded development, and brought new opportunities to BGEZ. BGEZ as a frontier and portal of open cooperation between China and ASEAN, its depth and breadth of open cooperation will be further expanded, which will create a better environment for upgraded development of BGEZ. We predicted that BGEZ will continue maintain the steady growth, meanwhile, south-directed channel will be indentified in 2017; acquisition of Muara Port will be completed and come into the operation in 2017; vehicle production lines of SGMW in Indonesia is expected to be started in 2017, the construction of the port with 150000 tons capacity in Kuantan Port will be completed in 2017.

III Suggestions for Accelerating the Construction of Upgraded BGEZ

In September, 2016, the people's government of Guangxi Zhuang Autonomous Region published " '*The Thirteenth Five-year Plan*' *of Guangxi Beibu Gulf Economic Zone*", in 2017, the construction of BGEZ should focus on implementing the five national development concepts that could be led by "The Thirteenth Five-year Plan" in order to fully promote construction of "six upgradings" by according to requirement of target task.

1. Vigorously Promoting Upgraded Version of Open-oriented Economy in BGEZ

We should fully promote the construction of (Beibu Gulf) Free Trade

Experimental Area, focus on improving level of cross-border trade and investment and accelerating the construction progress of China-ASEAN Port Cities Cooperation Network. First, we need to improve development level and role of opening-up and cooperation platforms, by according to national diplomatic strategy to further complete Pan-Beibu Gulf Platform Mechanism in order to build itself not only with new ideas and specific cooperation projects, but also become a significant platform for border financial reform and cross-border cooperation zone. Second, seizing the opportunities brought by the construction of China-ASEAN Port Cities Cooperation Network so as to promote the maritime cooperation with ASEAN. We should further improve the designed content, continually upgrade the top design and specific content, focus on rapidly promoting the connectivity between 47 ports in ASEAN, and accelerate the "going out" strategy in order to actively promote enterprises that could be led by port group to participate in building ports in some qualified ASEAN countries so as to stimulate the trade and port logistics cooperation by investment. Third, we should to coordinately push forward border opening-up and development, promote the pragmatic cooperation for China-Vietnam cross-border economic cooperation zone in the areas of supervision mode, cross-border industry, and regional governance, accelerate the constructions of cross-border economic cooperation zone in Dongxing and Pingxiang. Fourth, we should to push forward the integration and optimization of Customs special supervision area, focus more on promoting declaration of Beihai Comprehensive Free Trade Zone, operation of Nanning Comprehensive Free Trade Zone, rectification of Qinzhou Free Trade Port Area and Pingxiang Comprehensive Free Trade Zone as well as the construction of second phase of Pingxiang Comprehensive Free Trade Zone. Fifth, we should to constantly promote declaration of free trade experimental zone, and measures of establishment or approval for foreign enterprises to invest in BGEZ.

2. Comprehensively Building the Upgraded BGEZ

We need to take comprehensively deepened reform and innovative development as a starting point, by focusing on supply-side reform, to achieve breakthrough in administrative management, port operation, and development of industrial parks. First, we need to organize different relations in order to promote reform on management system in key industrial parks, we should focus on management system reform of Pingxiang Comprehensive Free Trade Zone and Dongxing Opening-up and Development Experimental Zone, accelerate reform on investment services in key industrial parks, push forward the centralized administrative examination and approval mode. Second, we need to accelerate reform and innovation on investment and financing system, organize the related system that related to industrial investment fund in order to promote integration of industrial investment fund in BGEZ, and establishment and operation of industrial fund in Qinzhou and Fangchenggang, we also need to explore feasible PPP policy, and find the combination of public investment and social investment interests and the balance between them. Third, we need to push forward the harbor channel management system, explore the system for building, maintaining, and managing the port public infrastructure. Fourth, we need to promote the reform on sea management system, accordance with the requirements of Environmental Inspectorate to strictly mange the sea, we could learn from experiences of ports in BGEZ to study and explore an effective sea management system.

3. Actively Realizing the Industrial Upgrading of BGEZ

We should to cultivate the Guangxi brand as a breakthrough in the development of advantageous industries, and actively carry out the industry to undertake and upgrade, and gradually build and form a modern industrial system with Guangxi characteristics. First, we could to explore the promotion of major industry development negative list management, to promote the implementation of the layout and planning of petrochemical and metallurgical productivity in the BGEZ, to combine the "*Catalog of Investment Projects Approved by the State Council on the Publication of Government-Approved Investment Projects*", to sort out the negative list of key industries and explore the implementation of the negative inventory management system in the BGEZ. The second is to promote the development of pillar industry cluster. By focusing on the petrochemical, electronic information, ship repair, metallurgical and other major industries to promote the industrial chain to the middle and lower downstream industries, and in the high-end extension. Focusing on promoting the petrochemical industry to realize million tons of olefins, aromatics; to promote the pulp and paper industry to the packaging, printing industries; to promote the deep processing of metallurgical processing industry towards downstream industries; to promote the electronic information industry to speed up the layout of electroplating, mold and other industrial chain, to strengthen the R&D, settlement, and marketing function.

4. Vigorously to Build the Upgrading of the BGEZ Infrastructures

We should to continue to focus on major projects, vigorously promote the Beibu Gulf regional international shipping center, China-ASEAN Information Port, Nanning comprehensive transportation hub and other construction. First, we could accelerate the construction of major port infrastructures. Aiming at the goal of building the 10 million standard container port in the North Bay, in accordance with international, large-scale, professional requirements, speed up the planning and construction of a number of deep waterways and specialized deep-water berths. As to the Terminal, focusing on promoting the preparatory work of Fangchenggang 400000-ton bulk cargo terminal, Qinzhou Port 200000-ton container terminal; to speed up the projects in the North Sea Tieshan Port 7 – 10 # berth, and the Langen operating area 1 – 2 100000-ton berths in the Tieshan Port, Donggang District. As to the deep-water channels, focus should be put to promote the projects of 400000-ton bulk cargo terminal supporting waterway in Fangchenggang, 200000-ton container terminal supporting waterway in Qinzhou Port, the NO.5 operating expansion channel in east channel of Qinzhouport and the third phase of 100000 tons channel in North Sea Tieshan port area and other projects. The second is to promote the construction of the collection and distribution system, focusing on the combined development of sea and railway transportation. In accordance with the proposed regional strategic opening plan by the General Assembly, we should actively promote the southwest road construction to connect cities like Yunnan-Guizhou-Chongqing, east to Guangdong, Hong Kong and Macao, south to link to the peninsula corridor in the missing sections and obstruction sections. We also need to focus on the linking construction of the railway and the new port, to enhance the capacity of the railway station and the connection to the three ports. Third, we need to promote the planning and construction of the "waterless port" between the mid-south and the west-south in order to form a sound and feasible layout of the waterless port. To support the establishment of cargo outlets in the southwest hinterland by the North Bay International Port Group, to further extend the scope of port services. Fourth is to promote the development of cruise economy, and actively strive for "visa-free transit", duty-free sales and other policies for the international cruises. The cruise industry will become the new consumption growth point of the northern Gulf port

5. To build a Comprehensive Upgraded Version of the BGEZ

To take the implementation of the *"Beibu Gulf Urban Development Plan"* approved by the State Council as an opportunity, we need to promote the integration of economic development zone, and gradually build a national coastal city-cluster in the Beibu Gulf. First, we could to deepen the urban integration of the household registration. Focus on promoting health insurance, health care, tourism, education and other related areas to achieve the breakthrough. Efforts to promote the construction of the Beibu Gulf town group, co-ordinate the construction of the three cities along the coast. Second, we need to accelerate the traffic integration of the city. Continue to promote "one traffic card" in the economic zone, and strive to achieve the one card access to the mass transportation of the bus, subway, taxi in the economic zone within the four cities; to promote the traffic density of Nanning to the three coastal cities, and speed up the population of the ETC highway toll collection system. Third, we need to make efforts to promote the integration of port clearance. To accelerate the Guangxi International Trade to be "a single window"; to explore the establishment of the central customs in the coastal cities and realize one customs for three cities, and improve the pilot reform of the State Inspection Center in Pingxiang port. Fourth, we also need to promote eco-environmental protection in the city. We will compile the integration plan of eco-construction and environmental protection of BGEZ, and promote the establishment of the ecological environment defense platform of the four-city and mechanism to promote the ecological protection in the economic zone.

6. Achieving the Upgrading of the BGEZ Development Plan

Under the prerequisite of the implementation of the "13th Five-Year Plan" of the BGEZ, we will continue to promote the formulation and perfection of the special planning, such as the revision of the "General Plan for Beibu Gulf Port", and to promote the shoreline planning and reclamation Planning and management, to improve the policy of joint audit mechanism along the coastline; to promote the policies of pre-audit mechanism, major project access pre-audit mechanism for the sea enclosing and reclamation projects. To carry out the regulations merging policies in Longgang New District, to promote the layout of its production, city and the port, and accelerate the integration of its development. To further improve the organization, to achieve the effective implementation of the "13th Five-Year Plan" in the economic zones by the he autonomous region and the cities of s BGEZ, and realize the dislocation development in functional positioning, spatial layout and industrial layout as well as in other aspects.

7. Further Deepening the Reform of Institutional Mechanism

First, we need to straighten out the relationship between the parks to promote the management system reform. To Focus on the promotion of Pingxiang comprehensive bonded area, and Dongxingkey pilot management system reform, to speed up the investment service reform of the park, to implement the centralized administrative examination and approval model to realize self-governess of the park. The second is to speed up the reform and innovation of investment and financing system. To comb the related systems of the Beibu Gulf Industrial Investment Fund, to promote the integration of the North Bay Industrial Investment Fund, and coordination of the fund construction and operation of the Qinzhou and Fangchenggang industry. We also need to explore practical PPP investment and financing policies, identifying the integration and balance of the public investment and social investment. Third, we need to promote the channel management system reform of the entry and exit records, to explore the organization systems in construction, maintenance, management system. Fourth, we need to explore the sea management system reform, in accordance with the requirements of environmental protection supervision, to strictly abide by the sea management policy. Learning from the experience of jointly pre-audit management of the BGEZ shoreline, it is recommended to explore and study the deepening system reform of the sea management.

开放合作篇

Opening-up and Cooperation

B.2
广西北部湾经济区重点产业园区 2015~2016年开放开发情况及 2017年发展态势

蒋 斌*

摘　要： 本报告围绕2015~2016年广西北部湾经济区14个重点产业园区在供给侧结构性改革方面的努力和成就，聚焦中央赋予广西的"三大定位"，在分析主动融入"一带一路"建设、主动对接自治区"两个建成"总体目标、牢牢抓住自治区加快推进北部湾经济区升级发展的契机、坚定不移抓项目建设等园区经济亮点的基础上，提出了重点产业园区存在的问题及未来的对策建议。

---

* 蒋斌，广西北部湾发展研究院办公室负责人，广西社会科学院副研究员。

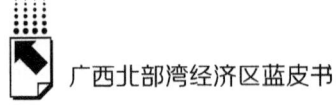

关键词： 广西北部湾经济区　重点产业园区　转型升级

2015~2016年，广西北部湾经济区（以下简称"经济区"）14个重点产业园区紧紧抓住供给侧结构性改革，聚焦中央赋予广西的"三大定位"，主动融入"一带一路"建设，主动对接自治区"两个建成"总体目标，牢牢抓住自治区加快推进北部湾经济区升级发展的契机，坚定不移抓项目建设，园区经济质速并进，亮点纷呈。

一　2015~2016年经济区重点产业园区开放开发情况

（一）主要特征

1. 经济指标保持高速增长

2015年重点产业园区完成产值（含贸易额）约6730亿元，同比增长约13.4%；完成固定资产投资约1354.4亿元，同比增长约15.8%，其中工业投资完成额约911.8亿元，同比增长15.60%。产值超亿元企业达490家。2015年，凭祥综合保税区和南宁高新技术产业开发区2个园区成为千亿元园区，产值分别约为：1194.4亿元、1000.8亿元。还有5个500亿~1000亿元园区：防城港大西南临港工业区（730.62亿元）、钦州保税港区（708.50亿元）、北海工业园区（629.44亿元）、北海铁山港（临海）工业区（629.28亿元）、南宁经济技术开发区（622.28亿元）。5个100亿~500亿元园区：钦州石化产业园（488.30亿元）、广西－东盟经济技术开发区（226.75亿元）、南宁六景工业园区（182.03亿元）、防城港企沙工业区（177.51亿元）、玉林龙潭产业园（125.08亿元）。1个100亿元以下园区：中马钦州产业园区（14.80亿元，从2015年10月开始产生产值）。

2016年重点产业园区完成产值（含贸易额）7240.12亿元，同比增长7.58%；完成固定资产投资1551.38亿元，同比增长14.54%，其中工业投资完成额1075.31亿元，同比增长17.95%；2016年实现财政收入323.66亿元，同比增长2.42%。产值超亿元企业达504家。2016年，仅凭祥综合保税区1个成为超千亿元园区（1196亿元）。6个500亿~1000亿元园区：南宁高新技术产业开发区（912.83亿元）、防城港大西南临港工业区（816.88亿元）、钦州保税港区（774.14亿元）、北海工业园区（750.12亿元）、北海铁山港（临海）工业区（731.31亿元）、南宁经济技术开发区（724.91亿元）。5个100亿~500亿元园区：钦州石化产业园（456.70亿元）、广西-东盟经济技术开发区（279.51亿元）、南宁六景工业园区（174.56亿元）、防城港企沙工业区（222.33亿元）、玉林龙潭产业园区（150.03亿元）。2个100亿元以下园区：中马钦州产业园（20.8亿元）、钦州港综合物流加工区（30亿元）。

2. 产业集聚成效显现

各园区按照"龙头项目带动、循环配套拓展、上游下游延伸、新兴产业升级"的工作思路，大力推动产业链延伸和产业集聚，产业集聚成效显现。如截至2015年底，钦州港玉柴石化等的36个石化下游产业项目落户钦州石化产业园中，其中已投产16个，在建及引进工业项目28个，总投资472亿元，产能达1000亿。防城港企沙工业区围绕金川项目引进的菌海铜渣镍渣综合利用项目、5万t/a固体废弃物综合利用项目已开工建设；铜杆深加工项目投料试生产，2016年产后新增产值70亿元；围绕钢铁项目引进了包含冷轧包装和机械制造两个项目的防城港盛弘工业园项目；围绕海森特海工装备项目打造的海工装备产业园已规划17个项目。北海电子产业园已集聚了中国电子、富士康、冠捷、朗科、三诺、惠科等一批龙头企业，建兴电子科技（北海）有限公司是中国内地最大的专业电脑光驱制造基地，北海创新科技有限公司成为全国最大的电子存储设备生产基地。凭祥综合保税区在2014年成功引进片式电容、桂醛精油、红木加工等加工贸易项目，实现加工贸易零的突破之后，2015年又吸引电子手表、路由器及GPS定位追踪加工、移动通信模块、电子烟等加工装配项目入区，园区全年实现加工贸易进出口额2.39亿美元，荣获"广西加工贸易产业发展重点园区""2015年度广西开放型园区创新进步奖"称号。广西银亿科技矿冶有限公司正在建设中国第一大镁化工项目和中国第二大膏质酸联产水泥项目。产业集聚成效正在以电子信息产业为主导的北海工业园、以石化产业为主导的钦州石化产业园、以食品加工产业为主导的广西－东盟经济技术开发区、以生物医药产业为引领的南宁经济技术开发区等重点产业园区中不断释放、显现。

3. 产业升级加快

一是在继续壮大石化、冶金、装备制造、食品、建材等优势产业的同时，也大力发展加工贸易等劳动密集型产业。二是在加快传统优势产业升级改造的同时，也大力培育电子、新材料、生物医药等战略性新兴产业。三是推进制造业和生产性服务业的融合发展。自治区政府加大了对重点产业升级发展、重大龙头产业项目的扶持力度，采取直补企业的方式，直接扶持龙头企业和重点产业。同时，发挥政府投资引导基金的作用，引导社会资本、金融机构、国有企业等共同投资设立各类先进制造业投资基金，推动重点产业和战略性新兴产业发展。

4. 一批重大项目建成投产或加快推进

防城港钢铁基地冷轧工程、北海林浆纸一体化项目、北海诚德新材料扩能改造（二期）项目（冷轧）竣工投产。西部首座核电站——防城港核电站单机容量为108万千瓦的1号机组实现并网发电，2号机组完成热试，采用华龙一号技术的三代压水堆118万千瓦的3号机组开工建设。冠捷科技LCM、三创联想智能云终端笔记本电脑等项目投产，中船钦州大型海工修造及保障基地等项目加快建设，中国电子北部湾信息港、惠科电子（北海）科技产业园二期工程、朗科国际存储科技产业园二期等项目有序推进。

（二）主要工业产业发展

1. 石化产业

2015年，经济区石化产业产值已超过千亿元。主要布局在钦州石化产业园和北海铁山港（临海）工业区，南宁六景工业园区集聚部分化工产业项目。随着北海炼化项目扩能改造、二期千万吨级炼化一体化项目顺利推进，以及天恒石化、澄星磷化工、泰兴石化、新鑫碳四和源化工等一批石化产业项目竣工投产，经济区石化产业链已逐步延伸和拓展，北部湾石化产业基地基本建成。2015年，钦州石化产业园实现产值488.30亿元，北海铁山港工（临海）区实现产值629.28亿元，南宁六景工业园区实现产值182.03亿元。北海320万方原油商业储备基地工程竣工验收。中国石油广西石化分公司实现工业产值326.9亿元，利税98.1亿元；中国石化北海炼化项目加工原料油484.13万吨，销售收入218.03亿元，生产环节上缴税金82.11亿元，原油进口环节缴纳增值税18.58亿元，合计上缴国家税金100.69亿元。

2. 电子信息产业

2015年，经济区电子信息产业产值超过千亿元。经济区电子信息产业主要以电子元器件、计算机、光电显示、关键零部件、海量存储、通信设备、多媒体设备等产品和软件研发服务为主，主要分布在北海电子产业园、南宁高新区、北海高新区、北海出口加工区、南宁江南工业区、钦州高新区等电子产业集聚区。北海电子产业园的三诺智慧产业园、朗科国际存储科技产业园、惠科电子（北海）科技产

业园等"园中园"建成达产。南宁以富士康、研祥、斐讯、禾田信息港等为代表的电子信息产业集群初步形成。

2015年，北海工业园区实现产值629.44亿元，同比增长33.12%，其中规模以上电子制造业产值602.78亿元，同比增长36.32%；完成固定资产投资127.9亿元；实现税收9.07亿元；完成外贸进出口额12.03亿美元，同比增长153.33%。富士康南宁科技园工业产值达282亿元，实现进出口总额26.6亿美元，占南宁进出口总额的72%；机顶盒产量800万台、无线网通设备2300万台、调制解调器近900万台，成为全球规模最大的机顶盒生产基地。

2016年，北海工业园区规模以上电子制造业产值721.31亿元，占北海市电子信息制造业总产值的61%，同比增长19.67%；完成固定资产投资131.45亿元，同比增长2.78%；实现税收10.28亿元，同比增长13.34%。2016年，富士康南宁科技园全年产值突破300亿元，成为南宁市首家产值超300亿元的企业。

3. 粮油食品产业

2015年，经济区粮油食品产业产值超过千亿元。主要布局在防城港、钦州、北海三市和广西－东盟经济技术开发区。防城港成为全国粮油食品加工基地，集聚了"广西制造50强"的大海粮油、嘉里粮油等一批粮油企业。钦州集聚了中粮、大洋集团、新加坡来宝集团、鲁花集团等大型粮油企业，相继建成投产了中粮钦州180万吨粮油加工项目、大洋80万吨大豆加工项目、中马粮油加工项目等。北海铁山港（临海）工业区落户的渤海粮油5000吨/天高蛋白饲料粕物流及加工项目已建成投产，和润集团仓储物流及大豆饲料蛋白项目已开工建设。位于南宁的广西－东盟经济技术开发区已集聚了美国百威、美国波尔、中粮集团、统一企业、加多宝、伊利、双汇、珠江啤酒、华丰等一批世界500强和国内知名企业，正在成为广西乃至西南地区最大的食品产业基地。

4. 冶金产业

主要以钢铁冶炼、铜镍加工和铝深加工为主,生产钢铁板材、型材、线材、棒材等系列产品和高端铝材产品,配套发展关联产品,已初步形成了集中度高、产业相对配套完善的冶金产业集群,主要布局在北海、防城港、南宁、玉林、崇左等地。北海诚德镍业新材料项目已投产,具有年产250万吨镍铬合金新材料的生产能力。防城港钢铁基地首条冷轧生产线、金川40万吨铜冶炼项目和金源一期镍合金项目已建成投产。南宁南南铝20万吨高性能铝板带、南南铝冷轧中心和南车铝材精密加工项目建成,世界上直径最大的铝合金圆锭试产成功。玉林龙潭产业园中金科技有限公司的50万吨镍合金项目一期和二期120万吨精制镍铁深加工项目炼钢车间建成投产。崇左沙钢锰业项目、南国铜业项目已相继建成投产。

5. 装备制造产业

初步形成的轨道交通、汽车制造、修造船、工程机械、智能制造设备等产业集群,正在成为经济区重要支柱产业。主要布局在南宁、钦州、玉林、防城港等地。南宁南车轨道交通装备基地项目的中国中车"南宁地铁南宁造"车辆,南宁源正新能源汽车生产基地项目的全铝车身新能源公交车,广发重工集团"中广轨道1号盾构机"均于2015年下线,经济区高端装备制造实现零的突破。钦州卓能新能源50亿安时锂离子动力电池及10万套新能源汽车电源系统产业化项目一期投产,玉柴重机、玉柴船用发动机等一批装备制造项目竣工投产。中船钦州大型海工修造船及保障基地项目和防城港海森特海工装备项目正在加快建设。

6. 造纸产业

造纸产业以钦州金桂林浆纸一体化项目和北海斯道拉恩索林纸一体化项目为龙头,布局以钦州、北海、南宁为核心,初步形成造纸产业集群,集聚了一批造纸上下游产业项目。钦州金桂林浆纸年产30

万吨化机浆、60万吨高档纸板项目已投产。北海斯道拉恩索林纸一体化项目于2016年6月16日建成、试生产。南宁六景工业园区的造纸产业园加大对江南、欣瑞、上峰、天力丰等制浆造纸企业升级改造力度，引导企业进行产品创新，实现节能降耗，促进产品更新换代和自主品牌建设。

（三）园区发展新平台

中马钦州产业园区积极探索开发模式创新，加快建立以资本为导向的园区开发体系，通过搭建一批科技金融产业发展平台（TFM），推动高科技产业集聚化布局、集群化发展。改变传统的土地招商、优惠政策招商模式，充分放大财政资金的杠杆效应，设立了直投基金、产业投资基金和城市开发建设基金，开辟"资本化招商"新模式，依托园区设立各类产业投资基金，瞄准一批战略性新兴产业项目，通过股权投资、兼并重组和参与增发方式，实现对标的企业和骨干项目的引进。

友谊关口岸成为广西口岸功能最完备的国际口岸。有200多家区外企业依附凭祥综合保税区平台开展一般贸易、边境小额贸易、物流配送业务。2015年，友谊关口岸在水果、种苗进口指定口岸的基础上，又获批进境粮食、进口冰鲜水产品指定口岸，成为广西口岸功能最完备的国际口岸。

跨境电商业务正式启动。在积极争取和强力推动下，跨境电商"3+1"模式功能（一般贸易、保税展示、跨境电商+线上线下）逐步完善，整合"采购、销售、电商、办证、展示"的中国—东盟中小企业贸易促进平台已经设立运营，跨境电商网购保税进口业务已启动。线下的合作超市、蚂蚁洋货正在西南各省布局。

2015年，南宁市经济技术开发区获批国家循环化改造重点支持园区，组织申报设立南宁空港保税物流中心（B型），创建首个经开区双创产业园暨"研祥智谷创新创业基地"和"研祥智谷产学研合作基地"。广西-东盟经济技术开发区则围绕新的产业布局和功能定位，着力打造综合产业区、南宁教育园区、现代农业示范区、文化旅游休闲区四大板块，为园区产城融合和区域联动发展提供新平台。

2016年，新开通钦州-中东、钦州-马来西亚-缅甸、钦州-丹戎帕拉帕斯-新加坡、钦州-马来西亚关丹港和钦州-盐田-胡志明-洋浦等集装箱直航航线，钦州保税港区外贸集装箱直航航线增加到15条，钦州保税港区至香港集装箱航班由2016年初的每周4班增加到年底的每周7班。

（四）存在问题

一是产业链依然较短。经济区的石化产业，由于没突破芳烃和乙烯这两个"化工之母"，现有石化产业一直是资源加工型的初级产业；电子产业链现在缺最关键的电镀模具，如果经济区电子产业企业产品电镀还要跑到广东去的话，电子产业企业成本就高。二是产业集聚仍然不够。经济区大的石化企业、各大电子品牌商集聚不够，同业竞争还较多；与这些产业直接相关的生产性服务业集聚不够，第三方融资、物流租赁、信息技术服务、节能环保服务、检验检测认证、船代、货代等都不够。国际市场持续低迷，原油等大宗商品价格下跌，外贸进出口下行压力大。三是港口发展机制体制还未解决好，综合物流成本依然偏高，配套服务设施严重不足，还没有解决"广西货不走广西港"、西南货物舍近求远等问题，应实现西南出海大通道从"运得了"向"运得好"转变。四是发展空间仍受到制约，一些早期开发的园区已没有或有很少发展空间，园区工业项目用地指标普遍紧缺，项目落地难。14个重点产业园区规划总面积742平方公里，目前开发面积仅200多平方公里。五是受环境容量、产能过剩、土地资源紧张等因素影响，传统产业转型升级压力增大。六是建设投资资金

不足,园区融资、企业投资困难不断加大,亟须完善财政体制和投融资机制。七是劳动力、人才队伍结构有待优化,劳动力、人才保障机制有待完善。

二 2017年重点产业园区开放开发态势

2017年是"十三五"规划实施的第二年,也是供给侧结构性改革的攻坚之年。

国际上,经济全球化深入发展,全球科技革命和产业变革蓄势待发,"一带一路"倡议深入推进,中国—东盟自由贸易区升级版建设全面启动,中国与东盟合作迈入"钻石十年",泛北部湾国家的睦邻友好和务实合作不断加强。我国进入全面建成小康社会决胜阶段,生态文明建设大力推进,自由贸易试验区加快建设,"新常态"下新的增长动力、新的发展方式、新的增长点不断涌现。广西壮族自治区全面落实中央赋予的"三大定位"新使命,围绕"两个建成"总体目标,深入实施创新驱动、开放带动、双核驱动、绿色发展四大战略,加快工业化中期阶段向中后期阶段发展、由总体小康向全面小康迈进,为经济区重点产业园区升级发展提供了广阔空间和强大动力。

但也面临不少困难和挑战:世界主要经济体经济增速普遍低于预期,全球总需求增速放缓;国际双多边贸易形式不断涌现,面向东盟开放挑战加大;我国经济仍面临增长速度换挡期、结构调整阵痛期和前期刺激政策消化期"三期叠加"的挑战,经济下行态势仍未扭转,制造业和民间投资受经济周期影响更大,重大工程和基建投资大幅增长可能性不大;开放平台利用不足,经济外向度有待提升;随着劳动成本优势的逐步丧失,面临国际高端制造业和周边国家低端制造业加快发展的"双重挤压",产业承接竞争日趋激烈;经济总量不大,工业化水平仍较低,高新技术产业薄弱,产业链延伸不足,集群化水平低,现代服务业发展缓慢,发展动力亟待转换;园区融资难、落地难、招商难、创新难"旧四难"问题依旧;企业经营成本上涨、服务供给不足、政策洼地效应持续减弱等新问题不断涌现;港口集疏运体系不完善,多式联运发展不足,各种交通运输方式衔接不畅;近岸海域污染呈加剧趋势,生态环境保护压力增大。

根据《广西北部湾经济区"十三五"规划》的内容,未来几年经济区将重点围绕打造石化、冶金、电子信息、轻工食品、装备制造五大"千亿级"产业集群,积极推进制糖、造纸、建材建筑等产业集群化发展。更重要的是,一批战略性新兴产业将被作为重点方向,加大培育力度,有望形成新产业增长点和集群。同时,经济区将从推动规划建设、开放型经济、发展动能、产业发展、基础设施、同城化这六个方面着手,打造北部湾经济区"升级版",围绕扩总量、提质量、加速度、强辐射,增强对全区的引领作用和对西南、中南的支撑辐射功能,提升在"一带一路"倡议中的地位。

三 做好2017年重点产业园区开放开发工作的对策建议

2017年4月,习近平总书记考察广西时强调扎实推动经济持续健康发展,广西要"在推动产业优化升级上下功夫,在转变发展方式上下功夫,在提高创新能力上下功夫,在深化改革开放上下功夫"。为此,建议重点抓好以下几方面的园区工作。

(一)大力开展产业链招商

根据北部湾经济区内各园区产业发展基础、市场需求情况,按照差异化发展要求,确定1~2个主导产业,围绕主导产业开展产业链招商。同时,精心策划一批产业链补链延伸项目、核心配套供应链项目,用活用好现有优惠政策,优化营商环境,吸引一批支柱产业优质项目落户,形成"签约一批、落地一批、开工一批、竣工一批、储备一批"的良性循环。重点谋划一批同类型产业集聚发展区,建设一批特色产业园区,通过产业集聚、协同发展形成产业集群的竞争优势。启动重点现代服务业集聚区建设。

(二)以重点项目带动产业转型升级

大力扶持重点项目,引导重点产业园区快速集聚优势产业,推动重点产业园区重点产业转型升级。南宁市突出发展电子信息、装备制造、生物医药三大产业和新一代信息技术、节能环保、清洁能源、新材料等战略性新兴产业项目。北海市着力打造电子信息、石油化工、临港新材料三大主导产业和海洋装备制造业、海洋生物医药、北斗导航、软件和信息服务业等新兴产业项目。钦州市重点建设以石化、装备制造为龙头的先进制造业和现代临港工业集群,培育壮大电子信息和新一代信息技术、新能源、生物医药、修造船及海工装备、新材料、节能环保等战略性新兴产业;重点发展乙烯、芳烃等基础和中高端石化产品,抓紧推进钦州千万吨级炼化一体化、钦州一百万吨芳烃、华谊煤基多联产等项目建设,打造钦州国家级石化基地,加快三墩循环经济示范岛规划建设。防城港市重点发展钢铁、有色金属、石化、装备制造、食品、能源六大传统优势产业,积极推动骨干企业技术装备和生产工艺改造升级。玉林市加快机械制造、健康食品、有色金属、电子信息、陶瓷等产业转型升级,重点发展先进装备制造、新能源、新材料、节能环保、生物制药、新一代信息技术等新兴产业。崇左市着力改造提升糖业、生态型锰业等传统产业,巩固壮大有色金属、建材、林产林化、特色食品、红木加工等特色优势产业,着力培育新材料、新能源、节能环保等战略性新兴产业。

(三)大力推进制造业和生产性服务业的融合发展

生产性服务业是制造业升级发展的重要支撑。要积极推动研发设计、第三方物流、融资租赁、信息技术服务、节能环保服务、检验检测认证、电子商务、商务咨询、商务会展、服务外包、售后服务、人力资源服务和品牌建设等多领域生产性服务业加快发展，促进制造业与信息技术服务的融合，向价值链高端延伸，提高生产现代化水平。

(四)集中资金精准扶持产业升级发展

自治区政府统筹发改委、工信委、北部湾办等产业发展专项资金，加大对重点产业升级发展、重大龙头产业项目的扶持力度，采取直补企业的方式，直接扶持龙头企业和重点产业。同时，发挥政府投资引导基金的作用，引导社会资本、金融机构、国有企业等共同投资设立各类先进制造业投资基金，推动重点产业和战略性新兴产业发展。

(五)深化投融资体制改革

大力发展直接融资；开展金融机构以适当方式依法持有企业股权的试点；实施投融资领域相关主体信用承诺制度；加快推进铁路、石油、天然气、电力、电信、医疗、教育、城市公用事业等领域改革，鼓励社会资本参与等。重点是引导金融资金向实体经济流动，为民间投资和公共部门投资创造公平的竞争环境，进一步扩大有效投资，减轻对出口和房地产经济的依赖，增强国内企业特别是民营企业的投资意愿，降低民企的融资成本，降低行业门槛，减轻税费负担，恢复和加强实体经济的活力。

（六）抓好创新驱动

实施创新驱动发展战略是一项系统工程，不仅涵盖科技创新，还涵盖管理、品牌、组织、商业模式创新，需要坚持"双轮驱动"，同步推进科技创新和体制机制创新两个轮子。

（七）改革重点产业园区考核方法

一是要对14个重点园区的外资利用进行考核；二是要考核创新驱动，每个开发区都应有双创、重创空间、孵化器、加速器等指标；三是要考核营商环境；四是要考核园区的区域辐射带动作用；五是要考核园区生产消费是否做到绿色低碳循环。

B.3
广西北部湾港2015～2016年开放开发情况及2017年发展态势

广西壮族自治区北部湾经济区和东盟开放合作办公室路港管理处

摘　要： 本报告重点回顾了2015年、2016年广西北部湾港港口建设、完成吞吐量情况，介绍了集装箱穿梭巴士及航线和其他一些重点项目所取得的成效，在总结分析广西北部湾港2015年、2016年开放开发面临的主要挑战的基础上，提出了2017年开放开发的对策建议。

关键词： 广西北部湾港　港口建设　重点项目推进

一　2015～2016年北部湾港开放开发主要成效

（一）港口工程建设情况

按照自治区发改委下达的2016年广西公路水运交通基础设施建设投资计划，2016年沿海港口基础设施计划完成投资506909万元，其中北海计划完成投资224011万元，钦州计划完成投资141787万元，防城港计划完成投资141111万元，北部湾国际港务集团（简称港口集团）计划完成投资268424万元。计划续建项目23个，新开工7个，建成完工5个，新增能力2107万吨，100万人次；实际新开工5个，计划外新开工2个，建成完工4个，新增能力1816万吨。

根据广西壮族自治区港航管理局印制的《广西水运建设项目月报》中对沿海港口基础设施建设项目（包括码头工程和公共基础设施工程项目）的2015年和2016年数据分析，北部湾港2016年完成投资302396万元，占计划的59.65%，同比下降23.34%（其中北海完成投资150652万元，占计划的67.25%，同比下降7.1%；钦州完成投资81754万元，占计划的57.66%，同比下降39.5%；防城港完成投资69990万元，占计划的49.60%，同比下降27.98%）（见图1），港口集团完成投资96761万元，占计划的31.37%，同比下降51.63%（见图2）。

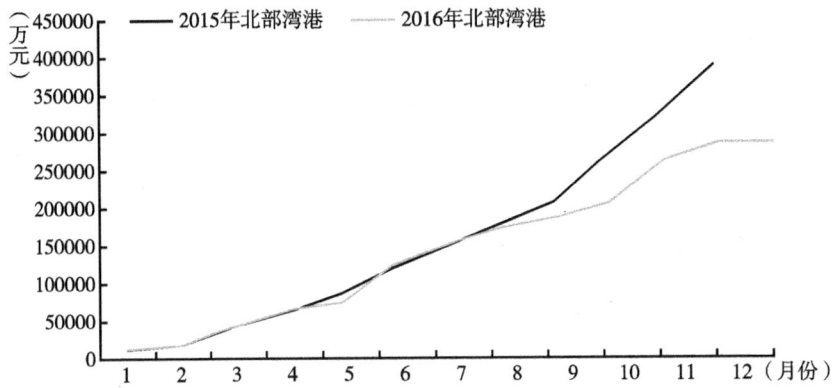

图1 2015~2016年北部湾港基础设施建设工程项目投资对比

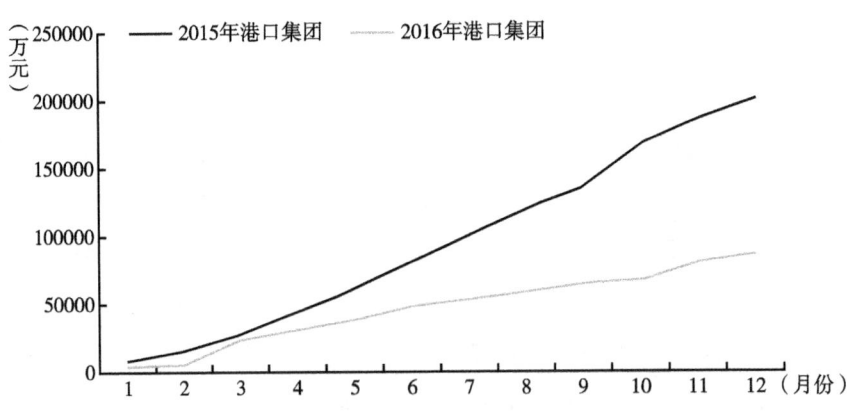

图2 2015~2016年港口集团基础设施项目投资对比

沿海港口基础设施投资完成比例偏低、同比降幅较大,主要是由于防城港第五作业区进港航道、防城港401号泊位;北海港北暮作业区7~10号泊位、北海港铁山港区榄根1~2号泊位;钦州大榄坪1~3号泊位等部分项目前期工作推进缓慢,未能按时或推迟开工时间,无法完成预定工程量。

码头工程:2016年计划完成投资380422万元(其中北海计划完成投资164011万元,钦州计划完成投资106300万元,防城港计划完成投资110111万元),港口集团计划完成投资233961万元。

2016年完成投资165470万元,占计划的42.97%,比2015年下降41.70%(其中北海完成投资48462万元,占计划的29.55%,下降52.22%,钦州完成投资42107万元,占计划的44.97%,下降41.95%,防城港完成投资68216万元,占计划的61.05%,下降30.47%)(见图3),港口集团完成投资95991万元,占计划的34.31%,下降45.00%(见图4)。

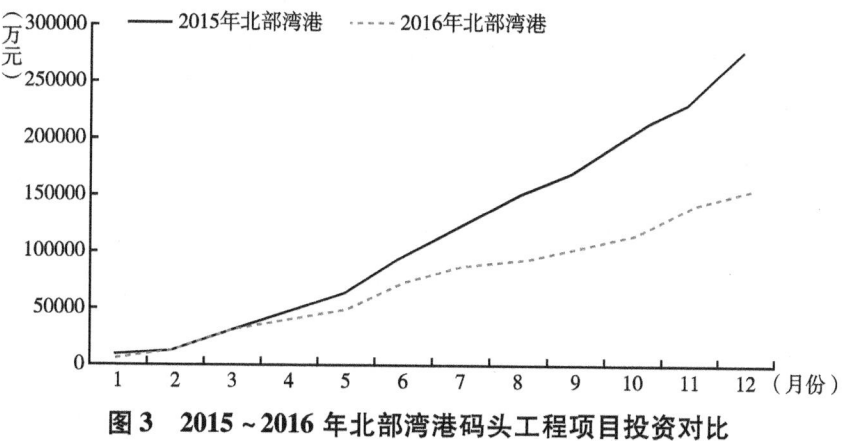

图3 2015~2016年北部湾港码头工程项目投资对比

新建成码头项目有北海港铁山西港区石头埠作业区1号泊位(神华电厂1号泊位)、北暮作业区5~6号泊位、防城港电厂二期配套码头,分别新增1个10万吨级散货泊位、2个15万吨级通用泊位和1个7万吨级煤炭泊位,新增吞吐能力1816万吨。

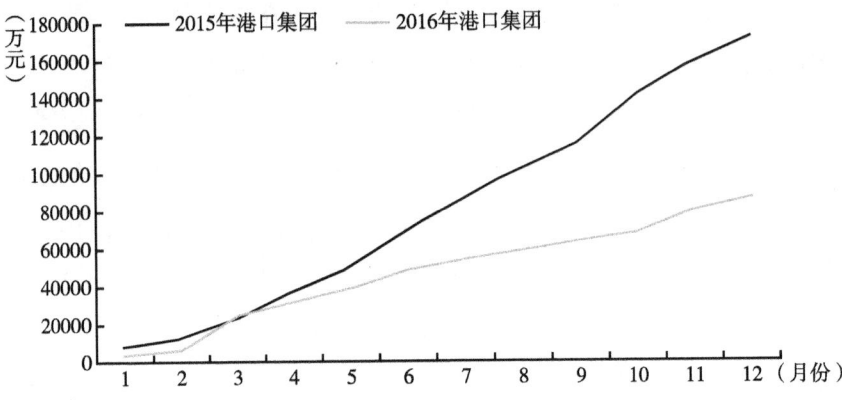

图4　2015～2016年港口集团码头工程项目投资对比

至2016年末,北部湾港共有生产性泊位260个,其中万吨级以上泊位83个,最大靠泊能力为20万吨级,设计吞吐能力24564万吨(其中防城港9029万吨,钦州港10080万吨,北海港5455万吨),其中可接卸集装箱的泊位18个,能力428万标箱。

航道工程:2016年计划完成投资126487万元,全年完成投资138926万元,占计划的109.83%,比2015年增长21.80%,建成项目有钦州港金鼓江航道工程(见图5)。

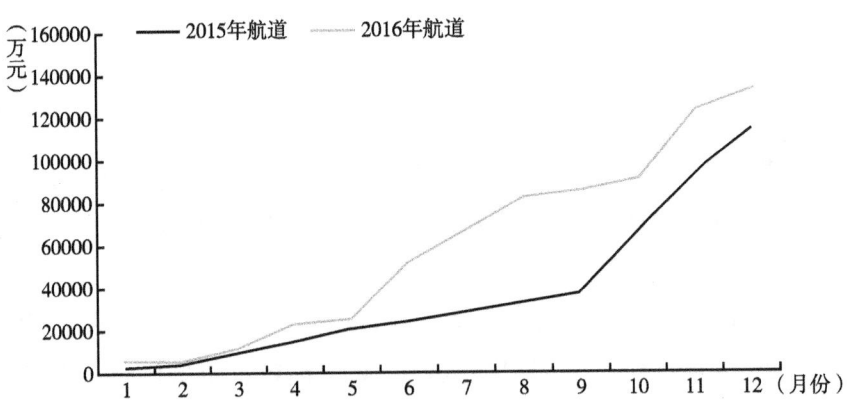

图5　2015～2016年北部湾港港口航道工程投资对比

（二）完成吞吐量情况

2016年北部湾港完成货物吞吐量20387万吨，排名全国规模以上沿海港口第15，年增长率基本为-0.46%，低于全国平均增长率1%和"十二五"期间北部湾港平均增长率11.4%的水平，与毗邻的湛江港差距拉大。其中，防城港10684万吨，同比增长-7.12%；钦州港6953万吨，同比增长6.81%；北海港2750万吨，同比增长11.4%（见图6）。

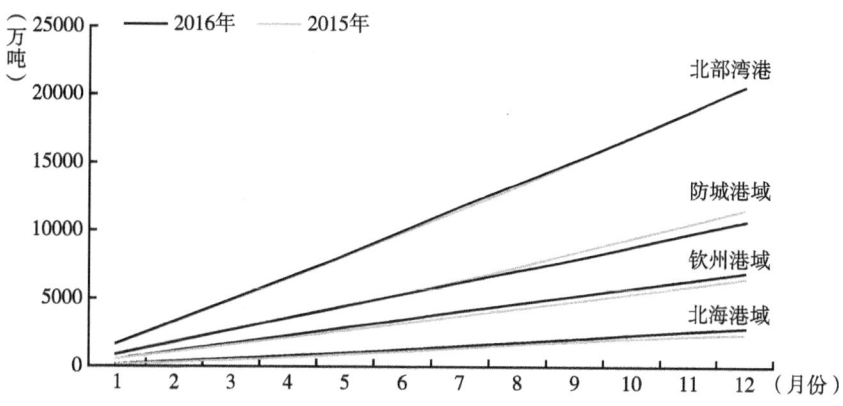

图6　2015~2016年北部湾港货物吞吐量对比

北部湾港2016年完成集装箱吞吐量178.9万标准箱，年增长率为26.4%，远高于全国平均增长率和"十二五"期间北部湾港集装箱吞吐量平均增长率。其中，防城港26.26万标准箱，比2015年减少了28.76%，钦州港137.18万标准箱，年增长率为45.66%，北海港15.48万标准箱，年增长率为47.78%（见图7）。

2017年集装箱增长率与2020年完成500万标准箱需要平均年增长28.7%的目标相比略低。

2016年全年完成非集装箱货物吞吐量18956万吨（其中防城港

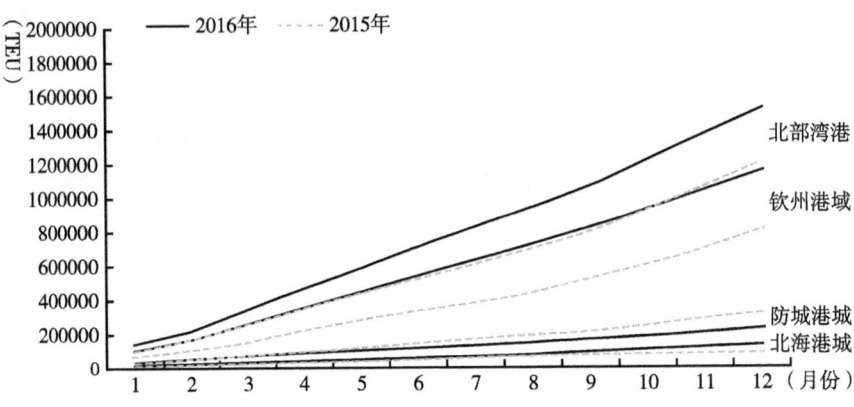

图 7 2015~2016 年北部湾港集装箱吞吐量对比

10474 万吨,年增长率为 -6.56%,钦州港 5856 万吨,年增长率为 1.72%,北海港 2626 万吨,年增长率为 10.12%),年增长率约为 -2.04%(见图 8)。

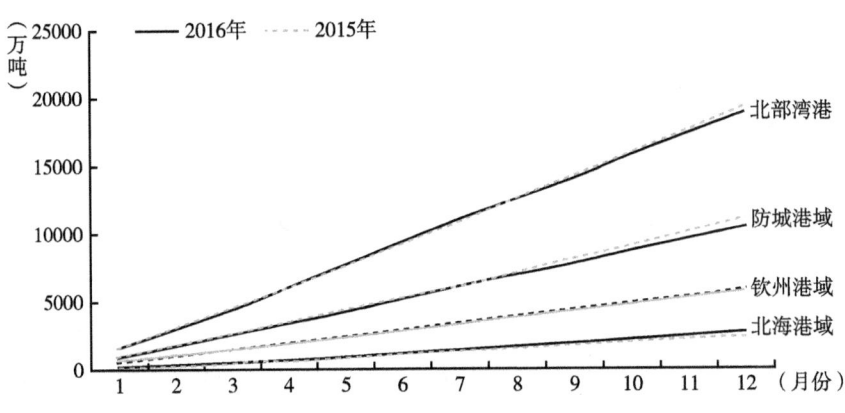

图 8 2015~2016 年北部湾港非集装箱吞吐量对比

(三)集装箱穿梭巴士及航线情况(在防城港专题调研报告中已另行分析)

目前,北部湾港集装箱穿梭巴士投入 6~8 艘船舶运行,每日 2~3

个航次，其中钦州－防城港、钦州－铁山港每日1班，钦州－北海港每日2班，全年完成约2480航次，完成驳运量30万标箱，产生吞吐量约60万标准箱（其中防城港域约20万标准箱，钦州港域约30万标准箱，北海港域约10万标准箱），占全港集装箱吞吐量的约34%。

经计算，排除集装箱穿梭巴士三港转运量、吞吐量，得到2016年进出北部湾港的集装箱吞吐量约为119万标准箱（其中防城港约26.3万标准箱，钦州港约77.2万标准箱，北海港约15.5万标准箱）。

2016年北部湾港新增航线8条，其中外贸4条。目前，全港正在运营的集装箱航线共44条，其中外贸航线29条。停靠钦州的集装箱航线共35条，其中外贸航线20条。

（四）重点项目推进情况

围绕2016年自治区人民政府工作报告以及自治区层面比较关注的项目的进展情况如下。

1. 防城港30万吨级（水工结构按40万吨级预留）矿石专用码头及其配套防波堤、航道

计划建设30万吨级码头（水工结构按40万吨级预留）1个、31千米的40万吨级单向航道和5.039千米防波堤工程，以上三项总投资104亿元。

其中防城港企沙港区企沙南作业区40万吨级码头工程项目总投资53亿元，已完成码头地质勘查、地形测量和码头选址工作，并完成工可报告编制，目前环评、节能、社稳正在开展编制，其他专题报告正在委托，待交通运输部批复修编的防城港总体规划后，再上报各主管部门进行各项专题报告的评审；防城港40万吨级进港航道工程项目总投资36亿元，现已完成航道地质勘查、地形测量工作，以及工可报告编制；防波堤工程项目总投资15亿元，已完成建设方案研究以及工可报告编制。40万吨级矿石码头项目业主是北部湾港股份有限公司，航道、防波堤的项目业主是北部湾港口管理局。项目的实施，关键在于配套航道、防波堤建设资金的筹措落实。按相关法规规定，这部分资金应由政府层面筹措投入。

2. 钦州20万吨级集装箱码头项目

拟建的钦州港大榄坪港区三墩作业区的20万吨级集装箱码头及配套航道工程项目缺乏上位规划支撑，需要对已经批准的港口总体规划进行修编，征求交通运输部同意，并在自治区人民政府批准后，才能组织实施建设。

为了尽快实施这个项目，9月6日广西壮族自治区北部湾经济区和东盟开放合作办公室召开的北部湾港规划建设沟通协调会上，已经要求广西北部湾国际港务集团在已经完成的钦州港三墩作业区二期扩区规划数模物模试验研究基础上，加快开展项目选址等相关论证工作。

3. 防城港渔澫港区第四作业区401号泊位

计划建设20万吨级散货泊位1个，项目总投资94999万元，目前该项目已完成前期相关专题审批并取得自治区发改委核准。原计划2016年8月开工建设，至2016年底完成码头水工工程施工40%，全年完成投资25000万元。实际已完成项目前期投资1798万元，正在进行施工图申报审批。

4. 北海铁山港北暮作业区5~10号泊位

北海港铁山港西港区北暮作业区5号、6号泊位水工工程已交工，后方吹填工程施工合同已签订，吹填工程已按合同约定全部完成，待交工。

北海港铁山港西港区北暮作业区7号、8号泊位工程已完成前期工作，获得规划选址批复，获得项目核准批复、岸线使用批复、海域使用权证书、初步设计审查批复、施工图设计审查批复，已完成水工施工合同签订。

北海港铁山港西港区北暮作业区9号、10号泊位工程前期工作基本完成，项目用海申请材料已上报市海洋局；初步设计、安全设施审查已完成，待批。

5. 北海港铁山港东港区榄根作业区1号、2号泊位及南1号至3号泊位工程(配套龙港新区)

该项目的项目选址、项目核准、节能评估、社会维稳、通航安全论证、项目环评等已获得批复。已取得海域使用权证，收到施工区域林地使用批复，办理了林木砍伐证。施工图设计已审查通过。施工合同、监理合同及后方陆域勘察设计合同在完成合同签订后会组织正式施工。

6. 大榄坪南作业区12号、13号泊位工程功能调整

该工程于2010年11月建设完工，2014年1月通过交工验收。由于建成的广西北部湾港钦州30万吨级原油码头和现有其他石化码头已能够满足钦州中石油国际储备库的配套和钦州港石化产业需求，该项目并未投入运营。为盘活码头资产，同时满足钦州港临港工业发展需要，广西北部湾国际港务集团调整规划，将大榄坪南作业区12号、13号泊位由2个10万吨级原油泊位改造为2个10万吨级多用途泊位。港务集团已委托广西壮族自治区交通规划勘察设计研究院进行《钦州港大榄坪港区大榄坪南作业区12号、13号泊位改造工程可行性研究报告》编制工作。

7. 钦州港东航道扩建工程（10万吨级双向航道）一期工程

钦州港东航道扩建工程（扩建10万吨级双向航道）一期工程长10.6公里，设计宽度360米~390米，总开挖方量约3335万立方米，总投资179321万元。

项目前期工作已经基本完成，待北港局与港务集团签订合作协议，港务集团办理完善3宗抛泥区、纳泥区用海手续，初步获批，后方具备开工条件，本项目即申请交通部里的支持资金。

8. 防城港渔澫港区第五作业区进港航道

该项目是交通运输部、自治区2015年水运项目建设计划投资项目，主要为解决第五作业区在建的513～516号泊位，运宇、信润3不同企业主的泊位而共建的进港航道。项目全长6.6公里，按3万～5万吨级设计，总投资约7.98亿元。其中交通运输部2015～2016年已下达补助投资计划并下拨2.698亿元，北部湾重点产业资金已下拨7000万元。目前北港集团已经签订施工合同，2016年12月12日项目正式实质性开工。

按2016年4月26日交通运输厅召开的第五作业区进港航道推进工作会精神，广西北部湾国际港务集团、信润石化、广西运宇港务公司需要进一步协调、落实议定事项，同时管好、用好国家已经下拨的建设补助资金，确保项目顺利建设，争取早日建成。

9. 北海铁山港进港航道二、三期

北海港铁山港区航道疏浚二期扩建工程航道AB段于2015年12月30日通过交工验收。完成AB段航道10组浮标移位工作并于2016年1月6日完成航标效能验收。航道二期主要施工已基本完成。

北海港铁山港区航道三期工程施工单位船舶设备已进场施工，完成航道疏浚约105万立方米。十三号路和七号路支线延长线工程已经完成立项、规划选址，已完成海域使用论证报告与海洋环评报告评审。自治区海洋局于2016年9月9日回复核准意见。概算建安费108350万元，落实交通部补助资金2.335亿元，建安费缺口8.5亿元。

（五）总结及基本评价

2016年北部湾港全港能力建设，特别是港口工程完成投资下降；同时港口吞吐量增长缓慢，增长率明显低于全国平均水平以及北部湾"十二五"平均水平，增幅与毗邻湛江港的差距拉大。但集装箱量增

长较快,穿梭巴士对以钦州保税港区为核心的集中发展集装箱业务的园区的作用初步显现。

1. 吞吐量第一次出现负增长。北部湾港集装箱吞吐量虽有较大增长,但全港总吞吐量第一次出现负增长情况。从港域上来讲,防城港无论是在集装箱还是其他货种吞吐量上都出现明显下降,北海港域和钦州港域吞吐量持续增长,其中北海港域增长最快。

2. 集装箱吞吐量有明显上升,开通穿梭巴士,使以钦州保税港区为核心集约化发展集装箱运输业务的园区效益凸显。由于穿梭巴士、政策补贴、航线调整等各项措施的综合作用,以钦州保税港区为核心的北部湾港集装箱运输体系已基本形成,目前从钦州出发的各国内、国际航线也在不断增加,集装箱吞吐量持续上升。按照自治区"十三五"目标,至2020年北部湾港集装箱吞吐量将达500万标箱,需要2015~2020年的年增长率达到28.72%,2016年实际增长率为26.4%,集装箱吞吐量虽有较快增长,但与自治区"十三五"目标仍有一定差距。

3. 受经济形势影响,全港基础设施建设投资步伐全面放缓,特别是对码头建设的投资呈现断崖式下跌。目前,由于国际贸易持续低迷,港口货运收益下降,部分产业的产能过剩,企业对港口基础设施建设投资积极性降低,2016年北部湾港全港的基础设施建设投资比2015年减少了将近9.2亿元,下降率为23.34%,仅北部湾国际港务集团的投资就下降了近10.33亿元,下降率为51.63%。三港域中钦州港域下降幅度最大,北海港域最小。由于航道工程投资是增加的,所以下降情况主要在码头工程建设投资上体现得更加突出。北部湾港全港2016年的码头工程建设投资比2015年减少了将近11.70亿元,下降了41.70%,仅北部湾国际港务集团的投资就下降了近7.69亿元,下降了45.00%。三港域中北海港域下降幅度最大,防城港域最小。

4. 航道工程投资稳步增长。在北部湾港口基础设施建设投资全面下降的情况下，沿海航道建设投资逆势上扬。2016年港口航道投资总额超计划，比2015年增加了2.49亿元，增长率为21.8%。其原因为：一是在国家、自治区和项目所在地政府的大力支持下，各方对于沿海航道建设的资金保障支持力度和重视程度不断加强，确保了项目的顺利推进；二是港口行政体制改革任务顺利完成，北部湾港口管理局的成立为政府推动北部湾港港口公共基础设施建设提供了强有力的抓手，促进了北部湾港的建设与发展。

二　存在问题

（一）港口建设力度趋缓

受经济下行大环境和融资影响，各项目业主投资积极性不高，2017上半年北部湾港水运建设投资较2016年大幅下降18.3%左右，投资完成额为近5年最低水平。北部湾港务集团也全面收缩港口建设投资规模，除继续部分在建项目外，新项目开工计划基本延期，新的重大项目投资计划基本没有。据统计，目前在建和计划开工项目总吞吐能力约0.7亿吨，加上现有能力2.4亿吨，如2017年无新大项目开工建设，至2020年北部湾港将难以实现吞吐能力4.5亿吨的目标。

（二）一些重点项目推进不理想

1. 钦州港东航道扩建一期工程于5月28日开工，滞后原计划较多，且由于抛泥区问题未完全解决等影响，尚未能大规模展开施工。

2. 北海港铁山港区航道三期工程由于新的吹填区用海手续未完成，无可利用的疏浚吹填区，已停工。

3. 北海港铁山港东港区榄根作业区1号、2号泊位尚未实质性动工。

（三）港口吞吐量增长幅度低

2017年1~6月，北部湾港完成货物吞吐量同比仅增长1.44%，大大低于全国平均增长率7.3%，远低于湛江港同比增长率15.3%。北部湾港与湛江港完成货物吞吐量差距进一步拉大。但北港集团吞吐量同比增长14.43%，全港吞吐量增长乏力主要是受到防城港中小港点吞吐量大幅下降的影响。

（四）港口消防管理职责亟待明确落实

北部湾港口项目消防审核、验收主体未明确，影响项目试运营和竣工验收工作的开展。部分超期试运行的项目，因之前办理的消防验收是由港口公安出具的，按照交通运输部现行规定，消防验收应由公安消防机构出具，但自治区公安消防总队印发《关于进一步明确港口消防管理有关问题的通知》〔桂工消（监）〔2017〕52〕，要求"自2017年3月22日起，各市公安消防支队、大队不得超出《铁路、交通、民航系统消防监督职责范围协调会纪要》规定范围，不再对港口、码头等区域内的项目和单位进行监管"，目前各港区公安消防机构已经停止对港口的消防监管工作。自2017年3月22日起，北部湾港港口已全面出现消防行政监管真空，北部湾港共有生产性码头泊位270个，其中万吨级以上泊位83个，危险货物泊位40个，港区内危险货物储罐130个、总罐容82.3万立方米。由于出现消防行政监管真空，北部湾港港口安全生产存在重大隐患，安全形势非常严峻。目前仅有防城港市召集了相关部门进行了协调，以会议纪要的方式明确了防城港市公安局海港分局负责渔㵲港区的消防安全执法和监管工作，防城港其他港区消防安全执法和监管工作职责由谁负责并未明确。防城港市公安局海港分局由于人员编制少，尚未履行相应职责。其他各市均未明确相应港口消防安全监管职责由谁负责。

（五）安全监管主体划分不清晰

港口管理部门根据有关规定，对港区内独立立项，未与码头连接的危化罐区项目不进行建设审批管理，但安监部门认为凡是港口规划区域内的危化项目，都应由港口管理部门进行建设管理和安全监督，目前此类项目处于监管空白。如钦州港金谷港区鹰岭作业区3号、4号泊位工程，4号泊位水工已基本建成，但可能因危化罐区无法办理安全监管手续，不能同步投入运营。

三 2017年发展态势及对策建议

（一）发展态势

总体来看，近年来北部湾港水运建设投资目标和实际完成投资逐年下降，各项目业主投资进度放缓，储备项目不足。

1. 基础设施建设方面

受市场大环境下行压力影响，结合当前项目前期工作开展情况以及在建拟建项目的进度，2017年广西北部湾港建设投资节奏继续放缓，新项目主要是推进前期工作，建设工程投资以续建未完工项目为主。

（1）港口规划：完成北部湾港总体规划工作；开展钦州港大环作业区、三墩扩区的控制性详细规划编制工作。

（2）推进前期工作：推进钦州港 20 万吨级集装箱码头、钦州港大榄坪南作业区 1 万标准箱集装箱码头、防城港 30 万吨级散货码头的前期工作。

（3）码头工程建设：开工建设防城港 401 号泊位；开工建设北海港铁山西港区北暮作业区 7～8 号泊位，9～10 号泊位前期工作已基本完成。

（4）港口公共基础设施建设维护。

①航道工程

防城港 30 万吨级进港航道工程：完成工可和初步设计等，预计 2017 年底前完成航道工可报告（报批稿）并报批。

防城港企沙港区企沙南作业区航道一期工程：预计 2017 年完成航道工可报告（报批稿）并报批。

防城港企沙港区企沙南作业区防波堤工程：预计 2017 年底前完成防波堤工可报告（报批稿）并报批。

防城港企沙港区潭油作业区进港航道工程：预计 2017 年 12 月完成航道工可报告（报批稿）并报批，2018 年 6 月完成初步设计。

推进防城港 4、5、6、7 号锚地工程。

②航道疏浚维护

北部湾港口管理局 2016 年对广西沿海港口已建进港航道完成了测量工作，为下一步开展已建航道疏浚维护工作做好准备。2017 年主要推进以下工作。

一是继续并完成北海港石步岭港区航道维护工作。

二是重点开展向国家海洋局南海分局申请办理北部湾沿海三市纳泥区的工作，为今后 5～10 年北部湾港口的航道建设、疏浚维护工程做好保障。

三是开展北部湾各港锚地的测量（按新修编的北部湾港总体规划测量）。

2.集装箱发展方面

受全球航运市场波动影响,以及航线调整从防城港转移至钦州等因素,2017年北部湾港集装箱发展趋势尚未明朗。要达到2020年完成500万标箱需年平均增长率28.7%的目标,任务艰巨。北部湾国际港务集团也正在采取一系列的措施,一是进一步提升北部湾港穿巴业务的运营效率和服务水平,减少航线集中后对北部湾港产生的消极影响;二是积极引进国际航线挂靠钦州港,加大力度新开邻港之间穿梭巴士,大力开拓集装箱国际中转业务;三是加快内陆无水港点的布局,启动在昆明、成都、贵阳、重庆等地设置揽货机构计划,挖掘货源,条件成熟后争取新开"五定班列"。

(二)对策建议

1.科学分析港口发展趋势,调动业主投资积极性

指导项目业主认真分析北部湾港口未来发展趋势,提振项目业主投资信心,针对具备条件的项目抓紧加快建设,确保实现年度投资目标。

2.加强协调,加快推进重点航道项目

加大统筹协调力度,针对钦州港东航道扩建工程一期工程、北海港铁山港区航道三期工程抛泥区影响问题,召集有关部门研究提出解决措施并落实,切实推动项目加快实施。

3.统筹协调,推进广西北部湾港钦州30万吨级原油码头工程加快建成投产

该项目水工主体已建成,栈桥已完成总工程量的79.26%,计划2017年底完成土建工程施工及设备安装。配套30万吨级支航道已基本完成。2018年上半年码头及航道将具备投入使用条件,建议协调后方输送管道及配套设施同步建成,推动码头早日投产。

4. 加快推进防城港30万吨级（水工结构按40万吨级预留）码头和钦州20万吨级集装箱码头及航道工程前期工作

进一步明确推进计划安排，加快项目工可相关工作，推动项目尽快实施，提升北部湾港综合能力和竞争力。

5. 尽快协调明确港口消防监管主体

自治区层面协调公安消防、交通、港航、安监、编办、法制等部门，明确港口消防监管职责，尽快解决广西壮族自治区沿海港口消防安全监管真空问题。根据相关法规，建议明确港口消防监管由港口所在地的公安消防部门负责。

6. 研究设立联合监管机构，落实安全生产监管责任

建议参照湛江港的做法，成立北部湾港石化仓储区安全生产委员会，负责指导和协调北部湾港内各石化仓储企业的安全生产工作，主要成员有自治区安全生产监督管理局、北部湾港口管理局、北港集团及其他大型石化仓储企业。

B.4
中马钦州产业园区2015~2016年开放开发情况及2017年发展态势

中国—马来西亚钦州产业园区管委会经济发展局

摘　要： 中国—马来西亚钦州产业园区，是中外两国政府合作建设的第三个国际园区。2015~2016年，随着中马钦州产业园区基本完成三年基础设施目标，园区开放开发建设进入产城项目加快推进的"五年见成效"新阶段。两年间，园区紧紧围绕国家主席习近平提出的建设"中马两国投资合作旗舰项目"和"中国—东盟合作示范区"的战略目标，进一步厘清发展思路、完善发展规划、创新发展模式，重点项目建设、招商引资、基础设施配套、改革创新、国际合作等工作取得重要进展。

关键词： 中马钦州产业园区　产城项目　创新发展模式

中国—马来西亚钦州产业园区，是中外两国政府合作建设的第三个国际园区[①]。2015~2016年，随着中马钦州产业园区（简称"园区"）基本完成三年基础设施目标，园区开放开发建设进入产城项目加快推进的"五年见成效"新阶段。两年间，园区紧紧围绕国家主

---

① 另外两个是中新苏州工业园区、中新天津生态城。

席习近平提出的建设"中马两国投资合作旗舰项目"和"中国—东盟合作示范区"的战略目标,进一步厘清发展思路、完善发展规划、创新发展模式,重点项目建设、招商引资、基础设施配套、改革创新、国际合作等工作取得重要进展。

一 2015~2016年园区开放开发建设主要成效

(一)启动区基础设施框架基本形成

1. 三年基础设施目标基本完成。截至2016年底,园区7.87平方千米启动区的"七通一平一绿"已经建成,产业和城市项目"即到即入园"的便利条件已经具备,推进产业项目建设成为园区开发新阶段的主要目标。

2. 产业和城市配套功能不断完善。园区周转房、公共服务中心、派出所、医疗室已建成并投入使用;国家燕窝及保健食品检测重点实验室、标准厂房、青年公寓等项目已建成投入使用;农民安置房、标准厂房二期、孵化基地、钦州市技工学校、六年制全日制学校、职业教育实训基地以及太阳能光伏发电示范工程、垃圾处理站、消防站、变电站、加油站等公共服务项目是未来重点开工建设项目,初步形成园区城市规模和服务功能①。

(二)产业项目建设取得重大进展

1. 构建了一批产业发展平台。2015~2016年,战略性新兴产业和跨境服务业集群成为园区发展重点领域,围绕这两个产业的发展,

---

① 唐秀鑫:《中国—马来西亚钦州产业园区行政管理体制创新研究》,广西大学硕士学位论文,2016。

园区优先考虑与龙头商、先导商、集成商实施战略合作,通过相关技术、人才和资本要素的整合,构建了一批融合技术、金融、制造业、现代服务业的科技金融(TFM)产业发展平台,采取"园中园"模式推进战略性新兴产业平台化、集群化、资本化发展①。易通浩光电产业园、弘信创业工场(物流电商平台)等五个产业发展平台,生物医药产业集群、光电产业集群、北斗卫星应用产业集群、传统优势产业集群等产业集群正在加快推进。以建设北部湾自贸试验区为契机,以发展现代服务业为导向,重点规划建设了中马科技园(科技孵化平台)、东盟商谷等项目。中国—东盟国际医药产业园、中国—东盟信息港互联网安全产业基地、北斗应用产业园、教育装备产业基地、清真食品产业园、创意设计园也于2016年上半年启动。

2. 入园项目建设顺利推进。截至2016年底,落户园区的产业项目有50多个,总投资金额超过280亿元②。2016年初,慧宝源生物制药项目(一期,总投资9亿元)试投产,投产后年产值可达10亿元;2016年4月,港青油脂项目建成投产,年产值达60亿元,该项目投资额为6.5亿元;2016年上半年还有鑫德利光电科技项目、保利协鑫分布式能源项目、弘信创业工场项目等相继开工,华亿科技、贝玛教育、尚德光伏、炎志医疗设备、掬水轩食品、耀杰清真食品、大酉新能源电机等一批新引进的项目也相继启动建设。入园项目建设的顺利推进,使园区土地供地率从2015年初的不足40%提高到73%,资金使用率从不足45%提高到91%。

(三)以资本为导向的开发模式成为园区发展新动力

园区积极推进开发模式和政策的创新,以资本为导向推进园区开

---

① 杨青:《"TFM"新引擎推动产业招商》,《钦州日报》2015年9月17日。
② 毕淑娟:《中马携手迈入"钻石40年"》,《中国联合商报》2017年6月5日。

发,并积极探索具有自由贸易功能的第四代(4.0版)开发园区的建设①。

1. 积极实施财政资金资本化。园区积极探索资本导向的开发模式,通过土地、城市、产业和资本的有效整合,开辟新的发展动力。一是出台《中马钦州产业园区财政股权投资资金管理暂行办法》、《中马钦州产业园区战略性新兴产业与重点产业发展平台直投资金投资管理暂行办法》和《中马钦州产业园区产业引导股权投资基金管理暂行办法》等文件,并顺利运作战略性新兴产业与重点产业发展平台直投基金,向广西慧宝源医药科技有限公司拨付直投资金3000万元;与东方汇富基金公司达成合作协议,设立了用于园区开发的股权投资基金。二是积极稳妥推进跨境金融服务中心建设。用足用好广西沿边金融综合改革试验区政策,已拟出《中马钦州产业园区建设跨境金融服务中心工作方案(2015-2017年)》初稿,并征求有关部门意见。三是推动外资股权投资类企业试点工作。与自治区金融办等五部门联合出台《中国—马来西亚钦州产业园区设立外商投资股权投资类企业工作指引》,园区是目前广西区内唯一的设立外资股权投资类企业试点地区。四是开展境外人民币贷款业务。协助合资公司与工行、建行等开展境外人民币贷款合作,2016年累计签订跨境人民币借款合同金额达2.83亿元。五是加大各项财政支出力度。仅2016年,累计拨付中央财政补助资金6.35亿元,用于补助园区基础设施建设、征地搬迁,对园区开发公司直接或间接出资等。

2. 大力打造科技金融产业发展平台(TFM)。园区围绕推进高技术、轻资产和现代服务业发展,重点打造了一批科技金融产业发展平

---

① 陈正湘,陈惟杉:《中马钦州产业园:依托"两国双园"实现国际产能大合作》,《中国经济周刊》2015年10月26日。

台（Technology-Finance-Manufacturing & Modern Service），探索"科技＋金融"发展新业态。为此，园区规划建设了中马国际科技园、国际医药创新园、鑫德利光电产业园、贝玛教育装备产业园、北斗应用产业园、互联网安全产业基地等科技产业社区，加快构建以"五个一"①为支撑的科技金融产业发展平台。

3. 积极吸引战略投资者和社会资本参与园区开发建设。园区以实现投资多元化为目标，积极吸引战略投资者和社会资本参与园区开发建设，积极建立以资本为导向的园区开发体系。这样，改变了传统园区以土地经营为主的开发模式，通过投资收益来源从土地经营向城市经营、产业经营和资本经营相结合转变，实现投资者开发建设的综合收益。

4. 加快完善科技金融产业配套服务体系。围绕发展科技金融产业发展平台，园区出台了"2.5产业项目用地管理试行办法"，按照建设"现代科技产业发展社区"的目标定位，推进高技术产业跨界融合发展，提供集国际合作、科技研发、生产销售、教育培训、产业旅游等于一体的"科技产业发展综合体"。对于符合2.5产业项目的用地，在土地价格、开发强度、建筑密度、批后管理等方面提出明确要求。同时，园区围绕加快形成科技产业配套，满足高层次人才的生产生活需求，及时启动国际医院、国际学校、滨海公园、星级酒店、高端生活社区等建设，下一步还将规划建设国际教育园区、人才特区等，以为中马合作和新兴产业发展提供更加有力的支撑。

（四）园区规划建设管理招商等体制机制改革创新工作取得新进展

1. 完成园区条例立法起草工作。借鉴国内外先进园区立法经验，

---

① 即一个龙头企业、一个公共生产服务基地、一个协同创新研发平台、一个专业投资基金、一批创业型企业和研发团队。

在园区管理办法的基础上，完成了《中国—马来西亚钦州产业园区条例》（简称"《条例》"）编制，并于2016年4月通过自治区常务会议审议，提请自治区人大立法审查并通过一读。《条例》明确中马钦州产业园区作为自治区人民政府派出机构，率先实行法定机构管理模式，园区管委会行使区市级人民政府行政经济管理权限和部分省级管理机构授予的权限。《条例》还对规划建设、产业发展、开放创新、公共服务与社会管理、法治环境等赋予了更多创新内容，将为园区创新体制机制、推动先行先试、促进开放合作，发挥中国—东盟合作中的示范带动作用提供法制保障。

2. 园区城市规划体系及管理机制不断完善。围绕建设第四代开发园区，园区正开展总体规划修编工作，这一工作将使中马钦州产业园区成为我国未来国际化创新园区的雏形。园区总体规划修编工作已经完成并上报自治区人民政府。按程序实施启动区控制性详细规划调整，开展马莱大道以南片区控制性详细规划编制，逐步实现控规全覆盖。同时，积极开展《中马钦州产业园区一期滨水地区概念设计研究》《中马钦州产业园区新兴产业类型与空间布局研究》《园区农民安置就业用地专项规划》《园区传统民居保护利用研究》《园区道路竖向专项规划》《园区污水专项规划》《园区基本生态控制线规划》《中马钦州产业园区全域旅游（文化）总体规划》等相关规划编制工作，探索实行"多规合一"，落实产业空间规划，推进园区生态建设和旅游文化产业发展。为加快建立法制规范、高效运作的园区规划管理服务体制，强化园区城市设计管理，园区还制定了《关于加强中马钦州产业园区政府投资建设项目规划及设计组织管理的指导意见》，编制了《关于中马钦州产业园区建设项目概念性方案设计的指导意见》，进一步规范项目概念性方案设计工作。建设了园区智慧城市及公共信息服务平台，其于2016年9月上线试运行，园区规划审批进入无纸化办公阶段。

3. 政审批制度改革有序推进。2015年，园区按照相关工作目标和任务要求,"明确行政管理职权"工作,拟定了《关于明确中国—马来西亚钦州产业园区管理委员会行政管理职权及行政审批项目目录(权力清单)(2015年)的通知(代拟稿)》,并上报自治区人民政府,目前自治区编办正在承办;下发了《中国—马来西亚钦州产业园区关于进一步加快行政审批制度改革的实施意见》并组织实施。制定了园区行政审批服务局、综合执法服务局组建方案,并于2016年12月正式设立行政审批服务局。根据园区立法工作进展和授权情况,行政审批服务局近期职能主要是加强组织协调工作,为投资者提供法规、政策查询及相关代办服务;远期职能将实现"审管分离",集中办理与投资者和居民密切相关的行政审批事项及各类行政许可证照业务,探索构建与园区法定机构管理相适应的行政管理服务体系及行政审批制度。为加快行政审批改革工作,园区还对需要实施的行政许可项目目录进行了梳理,形成中马钦州产业园区行政许可项目目录清单(第一批,149项),并报自治区编办审批,获批后将初步实现"园区的事情园区办"的改革目标。

4. 加快自贸区建设先行先试工作。根据2014年8月自治区人民政府印发的《中国—马来西亚钦州产业园区建设自治区改革创新先行园区总体方案》(桂政发〔2014〕55号),园区制定了《中马钦州产业园区建设自治区改革创新先行园区工作任务分解方案》,2015~2016年主要开展了以下工作:一是对园区的外商投资准入试行国民待遇;二是探索工商营业执照、组织代码证和税务登记证"三证合一"登记制度;三是探索建设企业注册多部门电子信息交换平台,实现工商、国税、地税、质监和公安的信息共享;四是探索设立园区无偿帮办窗口,为申请人提供全程咨询指导服务、无偿全程帮办;五是推动建立中马两国口岸部门通关合作机制,以"两国双园"机制为平台,推进两国口岸部门信息互换、监管互认、执法互助,实行"两国一检"通关模式;六是依托国家燕窝及营养保健食品检测重点实验室,综合采用"密封监管、批次检验、产地溯源"等方式,积极争取设立进口毛燕指定加工基地,开展进口试点工作。

5. 人事管理体制改革不断深化。大力推进园区绩效考核改革,探索建立以业绩为导向的绩效考核机制,科学设置考核指标和权重,突出招商引资与项目建设,突出部门协作与相互配合,突出结果导向与过程管理。同时,园区管委会实行干部职工轮岗制度,2016年参加轮岗人员共13人,轮岗范围包括中层领导和一般干部,这促使干部职工多岗位锻炼。为构建区域性国际人才交流与合作平台,园区在马来西亚吉隆坡设立国际人才合作示范区工作站,并与中国人力资源权威研究机构——中国人事科学研究院合作,加快推进园区人力资源规划和人力资源产业园建设工作。

(五)园区国有资本实现有效监管和保值增值

1. 建立起符合国际合作园区发展要求的国有资本投资运营和监督管理体制。为进一步理顺园区国有资产管理体制机制,实现对国有资本的有效监管和保值增值,园区管委会起草了《园区国有资产管理体制改革实施方案》(简称"《方案》"),探索建立符合国际合作园区发展要求的国有资本投资运营和监督管理体制。《方案》于2016年12月22日在自治区十一届党委常委会第五次会议上获得审议通过,自治区人民政府授权园区管委会履行园区国有资产出资人、出资人代表职责,对园区出资的国有资产、受托履行出资人代表的国有资产进行监督管理;改组园区国有资本投资公司,将园区管委会现有国有投资平台——广西中马钦州产业园区投资服务有限公司改组为国有资本投资、运营公司,并更名为广西中马钦州产业园区投资控股集团有限公司。园区制定《中马钦州产业园区企业国有资产监督管理办法》,成立园区国有资产监督管理机构,依法对企业国有资产进行监督管理。

2. 形成国有资本引导的多元投资体制。根据中马双方达成的协议，园区"七通一平一绿"等基础设施建设任务由中马合资公司承担。随着园区开发建设进入产城项目推进的新阶段，投资开发任务越来越繁重，需要探索国有资本引导的多元投资体制。2015~2016年，园区加强与马来西亚合作方的沟通和协调，注重发挥合资公司作为基础设施开发运营商的作用，确保启动区基础设施项目和部分城市配套项目加快推进。同时，推进园区两大国有投资运营平台——投资服务公司和金谷公司（中方财团）的实体化运作，主要围绕产业和城市配套项目积极布局，促进中马国际科技园、智慧产业园、燕窝加工贸易基地、国际医院和国际学校等一批重点产城项目开工建设，国有资本的投资带动作用得到进一步加强。

3. 创新中马合资公司盈利模式。合资公司是中马合作的纽带。为了实现公司可持续发展，园区管委会积极推动合资公司盈利模式创新，要求坚持短、中、长期相结合，坚持正常收益与特许经营收益相结合，坚持土地经营、城市经营和资本经营相结合，稳步推进合资公司做大做强，并据此研究制订园区开发整体方案。园区通过成立平台公司盈利模式创新工作领导小组，对四方协议进行研究，分析马方股东选择的盈利模式利弊，提出通过参与土地经营、特许经营、设立或参与投资基金、拓展融资渠道、实施IPO战略等方式提高合资公司利润，确保证合资公司盈利。

（六）探索出"共建共享征地搬迁"安置新模式

1. 组建失地群众"股份合作社"。为破解传统征地搬迁模式的弊端，园区管委会遵循"共建共享"发展理念，按照"试点先行、逐步展开"原则，选择在丹寮社区开展失地群众"股份合作社"试点工作。该试点鼓励引导被征地群众组建股份合作社，把群众从过去的被征拆对象转变为参与园区开发建设的主体。园区管委会按照依法、公平、公正、公开的原则，确保股份合作社参与园区开发建设，有序参与园区范围内征地拆迁、土地清表和场地平整等工作。截至 2016 年 12 月，丹寮社区股份合作社入社群众共计 2023 人，占社区总人口的 94.1%。社区群众参与园区开发建设，调动了其参与开发建设的积极性，在一定程度上遏制部分群众违法抢建抢栽等不利于园区开发建设的行为，大大加快园区征拆安置工作进度，为园区的开发建设提供和谐稳定的发展环境。

2. 实施经营性安置新方式。园区通过推动安置工作从"补偿性安置"转为"经营性安置"，实施农民安置土地资产的资本化方案，最大限度地发挥出安置资产的经济价值和社会效益。以启动区安置小区为例，将原来规划用于安置农民的 150 亩土地划分为三个部分开发利用：一部分土地（约 40 亩）建设高层安置公寓，改变传统的一家一户"天地房"安置方式，提供 60 平方米、90 平方米、120 平方米等不同户型的安置公寓，每户农民原则上可以得到若干套公寓房，除自己居住外，还可以出租部分公寓获得收益；一部分土地（约 40 亩）建设"工业社区综合体"，建设具有综合社区服务功能的"邻里服务中心"，既有助于解决失地农民的就业问题，也为入园企业提供便利的生活配套服务；一部分土地（约 70 亩）用于入园企业职工"集中居住区"建设，由管委会和社区群众合作开发，根据入园企业入驻需要，超前建设一批入园企业职工公寓，这样既有助于解决入园企业员工的生活配套问题，也为社区群众提供了相对稳定的租金收益。

二　2017年中马钦州产业园开放开发态势及对策建议

（一）2017年开放开发态势

1. 从国际看。一是世界经济复苏缓慢。根据国际货币基金组织的预测，2017年全球经济估计增长3.5%，比先前预测值下调了0.1个百分点（发达国家增速为1.6%，发展中国家增速为4.2%），表明全球经济仍持续低迷，还未彻底摆脱衰退迹象。二是国际市场需求仍然疲弱。在全球经济低增长环境下，许多国家投资不景气，对能源资源、中间产品、机械设备、生产原材料的需求不强，国际贸易缺少动力、增长明显放缓。根据WTO的预计，2017年全球贸易量预计增长1.8%~3.1%，增速低于世界经济增速预期。三是国际政治局势动荡影响加剧。美国新任总统施政，英国脱欧，欧洲极右翼政党兴起以及巴西、韩国、菲律宾等国政治局势不稳导致贸易壁垒抬头，一些国家纷纷实施显性或隐性的贸易保护政策。世贸组织的报告显示，2015年10月以来，二十国集团成员实施了140多项新的贸易限制措施，给国际贸易市场正常有序发展带来了不利影响。四是国际商品价格可能处于低位。2016年全球大宗商品价格低位回升，多数商品价格均呈不同幅度上涨、价位较高，2017年全球经济依然疲软，短期内，初级产品供应过剩、需求低迷、库存高企的局面难以改善，商品价格连续上涨的动力不足，预计大宗商品价格比2016年有所下降，且低位运行。

2. 从国内看。一是外贸新动能加快积聚。"一带一路"和国际产能合作带动我国装备制造业出口不断增长，出口产品技术含量、附加值不断提高，以技术、品牌、质量为核心的外贸竞争新优势正在形成。国家在辽宁、浙江、河南、湖北、重庆、四川、陕西新设立7个自由贸易试验区，进一步对接高标准国际经贸规则，不断提高贸易投资便利化、自由化水平，将为外贸发展创造更优环境。同时，近年来国务院连续出台了16个支持外贸发展的政策文件，实施多项措施促进外贸稳定发展，政策效应日益显现。二是人民币汇率趋于稳定。2016年以来，人民币持续贬值，从年初1美元兑6.49元上升到12月的1美元兑6.9元左右。但随着国家稳健货币政策实施和市场化汇率机制不断完善，2017年人民币汇率相对稳定，继续双向浮动、有升有贬，汇率稳定能够减少对外贸进出口的影响。三是外贸企业转型升级加快。越来越多企业选择通过电子商务平台开拓海外市场，并以调整产品结构、技术改造作为主要手段化解高成本压力。《2016年外贸企业生存现状调查报告》显示，在降低出口成本的十项措施中，企业选择调整产品结构和技术改造的比例为21.2%、18.8%，排在第一位和第二位。

3. 从区内看。一是出台的政策措施为外贸发展创造良好环境。2016年，自治区出台了《关于加快培育外贸竞争新优势的实施意见》《关于促进加工贸易创新发展的实施意见》等一系列政策文件，以及20项促外贸稳增长的具体措施，口岸服务水平和查验通关效率有效提升，有利于降低外贸企业运营成本，促进企业开展进出口贸易业务。二是已形成的海关特殊监管区有利于推动外贸发展转型升级。包括钦州保税港区在内的4个海关特殊监管区的出口加工、国际贸易、保税仓储功能日益凸显，2016年进出口额合计超过1000亿元，实现逆势增长，区域内贸易企业发展加快，贸易业务向产业链高端和高附加值方面延伸，有利于提升广西壮族自治区外贸竞争力和扩大进出口贸易增量。

4. 从园区自身看。一是园区总体开发建设进度有望提前。根据中马四方合作协议，计划到2020年完成一期15平方公里的开发建设任务。从2016年开始，园区及时启动一期开发范围余下7平方公里的土地征拆工作，到2017年底有望完成征拆任务，并实现主干路网开工，为新的项目入园创造条件。根据目前的工作进展和项目布局情况，园区一期15平方公里开发建设任务有望提前1~2年实现。二是"两国双园"将有更紧密的工作安排。针对"两国双园"开发建设进入新阶段的新要求，商务部、自治区政府已提议进一步完善中马"两国双园"联合合作理事会架构和组成部门，拟增加国土资源部、科技部、教育部为联合合作理事会成员单位，同时，进一步完善联合合作理事会日常工作机制。

（二）对策建议

1. 强化、硬化重点项目推进机制。继续强化领导帮办服务和跟踪督查机制，以确保重点项目完成年度投资任务为底线，建立健全业绩导向的绩效考评机制，确保目前一批在手重点项目早开工、早建成。探索建立国家支持、自治区有关部门直接参与推动的产业平台发展新模式，共建中马国际科技园、中国—东盟国际医药创新园、鑫德利光电产业园、教育装备产业园等重点科技产业社区，推动高新技术产业集聚发展。积极探索"柔性"产业发展新模式，发展高新技术产业"总部经济"，推动中马产业园区南宁、苏州、桂林科创基地建设，实现入园高技术企业异地化培育和发展。围绕加快完善产业发展的软硬环境，加快出台支持创新发展的政策文件，推动滨海公园、国际医院、中小学、幼儿园等配套项目建设。

2. 重点推进"两国双园"产业合作。围绕建设"两国双园"国际产业合作示范区，委托国家发改委国际合作中心开展产业合作规划编制工作。认真落实联合招商工作安排，隆重举办第二届中马"两国双园"联合招商推介会，积极推动钢铁、陶瓷、铝型材加工、太阳能装备制造基地、龙建新材料等项目进驻马中关丹产业园区。同时，与马来西亚创新中心、MMC以及Herbitec公司等马来西亚企业就科技合作、草药研究与开发、燕窝加工贸易产业发展、橡胶与棕榈油深加工、清真食品开发等产业项目签订合作协议。积极探索设立两园产业合作基金，推动中马优势产业实现互利合作、共赢发展。

3. 积极拓展"两国双园"合作领域。认真落实"两国双园"联合合作理事会议定事项，以推动"两国双园"国际产业合作为重点，在推动我国优势产业进入马来西亚的同时，突出抓好马来西亚橡胶制品、棕榈油加工、清真食品项目的引进工作，加快构建国际产业合作示范区。积极融入中国—东盟信息港建设，探索依托"两国双园"搭建中马数据公共服务平台，研究共同建设"中马数据自贸区"的可行性。大力推进科技教育合作，探索利用中马国际科技园和国际医药创新园等科技创新载体，推进中马双方在清真食品、燕窝开发、草药研究领域的合作；规划建设中马合作的国际教育园区，加强高等教育、职业教育、初等教育等领域的合作。以服务产业合作为重点，推进"两国双园"金融服务开放，探索建立"点对点"金融开放实验区。发挥"两国双园"合作机制的作用，实施"双园"更紧密合作计划，推动"两园"合作迈上新的台阶。

4. 加快建立"两园"更紧密工作安排。进一步完善中马"两国双园"联合合作理事会架构和组成部门，增加国土资源部、科技部、教育部为联合合作理事会成员单位，同时，进一步完善联合合作理事会日常工作机制。围绕推进产业合作规划、开展联合招商、争取两国政府政策支持、设立国际产业合作基金、建立产业项目落地支援机制等方面开展更紧密合作，择时成立"两园"合作联合工作组，建立定期会晤机制，研究落实"两园"更紧密合作计划，加快促进一批重点合作项目落地，进一步发挥"两国双园"在中马国际产业合作中的示范引导作用。

5. 探索建立市场化招商引资新机制。继续强化主要领导分管招商、分管领导配合招商、全体干部服务招商的管理体制，紧紧依托"两国双园"合作体制，围绕推进中马优势产业合作，细化联合招商工作安排，力争在引进高新技术项目和马来西亚项目上实现重大突破。充分发挥中马合资公司作为园区招商主体的作用，探索成立专业招商公司，充实招商专业人才队伍，实现市场化招商引资方式的新突破。强化产业发展的资本支撑，加快完善产业资本生态链，推动更多资本引导的高科技产业项目入园。建立健全招商顾问和代理招商制度,强化"以商引商"制度安排,制定并出台专门优惠政策,推进招商项目集群化布局和发展。

6. 加强园区规划建设管理能力建设。继续完善城市规划体系,着力优化城市空间布局,加强城市风貌设计工作,注重传统地域特色和东盟文化要素融入。加快启动丹寮社区"特色小镇"改造工作,为园区农村社区提升发展积累经验。紧紧依托中衡设计集团、苏州空间规划研究院等优秀规划设计机构,加快完成中马设计公司改制工作,推进中马联衡规划设计研究院实质性运作,力争年内获批甲级设计资质。继续推进规划管理体制改革,全面实施 EPC 总承包、PPP 建设模式,探索实施注册建筑师负责制度,加快完善建筑施工安全管理体制和机制。加强招投标组织工作,完善招投标监督体制,主动寻求与国内一流建设伙伴合作,努力提高城市建设的质量与水平。

7. 推进园区投资平台可持续发展。加快制订园区总体开发方案,优化园区投资服务公司、金谷公司和中马合资公司投资方向和结构,促进园区投资平台差异化发展。坚持合资公司优先,注重短、中、长期相结合,土地经营、资本经营、特许经营相结合,探索符合园区发展要求和企业发展规律的盈利新模式。加快组建中马控股集团公司,尽快推动园区产业布局和产业配套项目建设,发挥其在园区投资开发建设中的引导示范作用。积极制订中马金融控股公司组建方案,尽早启动园区母基金的筹建工作,为园区产城项目建设提供有力支撑。鼓励和支持金谷公司扩大投资计划,在城市项目建设上发挥重要作用。加强与中央直属企业和自治区广投集团、北投集团、金投集团等自治区国有投资集团的对接,探索建立新的投资服务平台,支撑其在园区的投资和发展。

B.5 东兴国家重点开发开放试验区 2015~2016年开放开发情况及 2017年发展态势

东兴国家重点开发开放试验区管委会

摘　要： 东兴国家重点开发开放试验区根据国家批复的东兴试验区建设实施方案和试验区建设总体规划，围绕试验区"四个定位"，坚持先行先试、敢闯敢创，加快落实国家和自治区加快改革，扩大开放以及推进沿边金融综合改革试验区、跨境经济合作区建设，加强与周边国家基础设施互联互通建设等战略部署，努力打造全国沿边地区经济发展新增长极和改革创新"排头兵"，为全国沿边地区做出示范，成为样板。目前，"试验区效应"逐步凸显，主要经济指标稳居全市、全区前列。

关键词： 东兴国家重点开发开放试验区　体制机制改革　试验区效应

东兴国家重点开发开放试验区（简称"东兴试验区"）根据国家批复的东兴试验区建设实施方案和试验区建设总体规划，围绕试验区"四个定位"，坚持先行先试、敢闯敢创，加快落实国家和自治区加快改革，扩大开放以及推进沿边金融综合改革试验区、跨境经济合作区建设，加强与周边国家基础设施互联互通建设等战略部署，努力打造全国沿边地区经济发展新增长极和改革创新排头兵，为全国沿边地区做出示范，成为样板。目前，"试验区效应"逐步凸显，主要经济指标稳居全市、全区前列。

一 东兴国家重点开发开放试验区2015～2016年开放开发主要成效

（一）主要经济指标情况

2015年东兴试验区地区生产总值486.07亿元，增长11.5%，占全市78.3%；财政收入61.85亿元，增长8.3%，占全市87.6%；固定资产投资422.48亿元，增长9.6%，占全市80.3%。

2016年，东兴试验区实现地区生产总值523.97亿元，增长7.8%；实现规模以上工业总产值1313.79亿元，增长14.7%；财政收入66.54亿元，增长7.6%；固定资产投资完成495.82亿元，增长17.4%；新签项目46个，外资到位资金4.89亿美元，增长20.4%，内资到位资金437.2亿元，增长9.3%；城镇居民人均可支配收入32802元，增长7.4%；农村居民人均可支配收入13589元，增长9.5%。

（二）规划及政策体系建设取得突破性进展

1. 组织编制了《东兴试验区开发开放三年行动计划（2016—2018年）》。2016年，按照自治区彭清华书记有关指示精神，组织编制了《东兴试验区开发开放三年行动计划（2016—2018年）》。该计划以试验区建设总体规划、自治区和防城港市"十三五"发展规划为依据，紧密结合试验区发展实际和未来发展目标，科学谋划未来三年试验区开发开放总体思路、主要任务和保障措施，加快推进试验区建设成为全国沿边经济发展新增长极、中国—东盟合作示范区和沿边改革创新排头兵。编制完成后，试验区将形成总体规划、三年行动计划、年度工作计划三位一体的规划实施体系。

2. 中越跨境合作区规划体系日臻成熟。一是中越联合公报明确提出"加快商签《中越跨境经济合作区建设共同总体方案》"。两国高层对跨境合作区建设总体方案已经有了较为成熟的共识，联合签署进程有望进一步加快。二是东兴跨境合作区开发建设规划取得突破性进展。顶层设计已经确定，跨境合作区"1+7"核心区和配套区84平方公里产业分工和功能布局规划、10平方公里核心区三个片区开发时序和功能布局规划以及第一片区城市修建性详细规划都已明确。10平方公里的核心区（3~5年开发完成）主要分为三大片区。一是金融商贸区（2平方公里左右）。主要发展金融商贸、总部经济、跨境电商、旅游会展以及口岸联检服务。二是加工贸易区（5平方公里左右）。这是发挥"两种资源、两个市场"和跨境合作优势，把通道经济转化为口岸经济的中心区域，重点发展电子机械、纺织服装、农副产品等加工贸易产业。三是市场物流区（3平方公里左右）。重点发展大宗商品交易市场、现代物流等第三产业。在北仑河入海口，主要发展跨境旅游等。围绕10平方公里的跨境合作区中方园区的核心区，试验区规划了7个配套园区，共74平方公里。越方园区规划总面积13.5平方公里，用地面积9.82平方公里，分为A、B、C三个区域，重点发展加工贸易、机械制造、金融服务、商贸物流、跨境旅游等产业。

3. 落实和争取一批发展新政策。2015年，研究制定了《游客进入东兴试验区互市区免税购物实施方案》和《游客进入互市区购物管理暂行办法》。制定出台了《东兴边民互市贸易区管理暂行办法》和《东兴边民互助组管理办法》，试运行边民互市贸易区信息化系统和互市贸易指纹申报，研究组建边民互助社，形成的东兴市边民互市贸易金融服务调研报告和建议上报自治区。研究制定了《东兴试验区加工贸易产业扶持办法》，推动试验区加工贸易产业发展。研究制定了跨境合作区东兴园区《产业项目准入办法》、《产业项目准入流程》和《东兴试验区管委会关于鼓励建设和使用标准厂房的指导意见》。2016年，出台《防城港市边民信用互助社管理办法（试行）》，加强边民信用互助社行业管理。

（三）重点项目进展顺利

2015年，防城港红沙核电项目1号机组正式投入商业运行，二期工程3号机组正式开工建设。防城港钢铁基地项目冷轧项目试车成功。中电二期项目总投资47.5亿元，年度完成投资16亿元。广西盛隆冶金公司年产230万吨镍合金项目二期年度完成投资14亿元，项目土建工程基本完成。防城港信润石化项目总投资62.5亿元，累计完成投资47亿元，年度完成投资11亿元，已完成9个储油罐的制作，配套铁路专线已完成铺轨。总投资2亿元的150千吨/年铜材深加工项目实现当年新开工当年投产，年产值可达60亿元。盛弘冶金材料项目、工业品专业市场及江山半岛旅游度假区环岛东路改扩建工程加快推进。

2016年重点推进的18个项目累计完成投资8.8亿多元，年度完成投资3.2亿元。其中，北仑河二桥12月25日（中方侧）通过交工验收；国门楼主楼11月28日实现主体封顶，建成后将树立起南疆"第一门"新形象；国门楼两座辅楼（商贸旅游服务中心、国际商品展示交易中心）、东兴口岸二桥综合服务区查验场、楠木山大道等开工建设；标准厂房、罗浮西路等一批重点项目加快建设；友好大道、沿河大道、跨越大道等道路基本贯通，起步区环形路网即将建成。越南方面也正加快推进越方园区建设，其园区规划已完成，主要道路加快延伸，口岸联检大楼即将开工建设。

（四）体制机制改革创新深入推进

1. 政府职能进一步转变。东兴试验区在广西率先全部晒出市级政府部门权力清单、责任清单，各县（市、区）的权力清单、责任清单完成合法性审查、征求意见等。取消或调整了589项非行政许可事项，压缩审批环节876个，压缩率达28%。积极探索网上审批与现场实体审批相结合的审批模式，加快打造项目联合审批系统。启用市交易中心，实现市本级公共资源集中交易、统一监管。"串联改并联""零散改集中""前置改后审"工作效果初显。

2. 管理体制改革稳步推进。2015年，建立了东兴试验区工委会议制度。在市委市政府主要领导的关心支持下，10月19日召开东兴试验区第一次工委会议，审议通过《东兴试验区工委议事规则（暂行）》等重要事项，进一步理顺了东兴试验区的决策机制，有效整合和发挥了防城港市、试验区管委会和东兴市三个层面共同推进试验区开发建设的积极性。同时，建立了常务副主任办公会议制度、跨境合作区工作机构。2016年，根据彭清华书记到试验区视察时，要求试验区理顺管理体制机制的重要指示精神，东兴试验区管委会与自治区北部湾办联合起草完成《广西东兴国家重点开发开放试验区管理体制改革总体方案》，并经2016年6月12日的自治区政府常务会议审议通过。

3. 投融资体制机制进一步优化。2015年，东兴试验区争取到中央和自治区下达资金2亿元，成为广西首个获亚行技术援助赠款项目。2016年，争取到上级资金3.19亿元。此外，还探索创新PPP模式，大力开展社会融资，积极与大型央企、外企和民企开展战略合作，签订投资额近100亿元的战略合作协议并已开展实质性投资合作。组建广西跨境经济开发投资有限公司，作为东兴跨境合作区的投融资平台公司，其承担投融资主体职能。

4. 形成中越双边多层级协商机制。中越双方已经形成国家层面、省级层面、广西东兴试验区管委会和广宁省口岸经济区管委会、东兴市和芒街市四个层面的沟通工作机制。试验区管委会与广宁省工贸厅、越南工贸部计划司等越南有关部门加强磋商交流，与越南广宁省经济区管委会、芒街市建立了定期互访机制，尤其是与广宁省经济区管委会就加快跨境合作区建设达成"六个共同"共识，即共同争取方案获批、共同推进基础设施建设、共同研究园区政策、共同提升通关效率、共同构建互动机制、共同策划招商引资。东兴试验区管委会和广宁省口岸经济区管委会还共同约定每半年召开一次会议，由双方轮流主办，及时磋商解决双方合作过程中的有关问题。每三个月或不定期进行磋商。

5. 沿边金融综合改革深入推进。东兴试验区东盟货币服务平台和个人跨境贸易人民币结算业务继续深化扩大，人民币与越南盾定价向越南方面探索延伸。防城港核电项目引入30.6亿元人民币的跨境资金。争取到中国农业银行总行批准人民币和越南盾现钞跨境调运。社会信用体系同城一体化信用信息系统正式投入使用，农村产权流转市场体系初具雏形，试点建成东兴市农村产权交易中心。制定扶持农民工创业的金融政策。与越南芒街市政府初步建立金融合作交流机制。出台《促进东兴试验区金融产业集聚发展工作方案》，成功吸引中联集团等金融企业前来考察投资。组建广西东兴农村商业银行，其已获自治区银监局批复正式运营。引导互联网金融下乡，启动"实物还息+乡规民约+保险担保+政策引导"互联网金融服务新模式。在东兴、防城边境行政村开展"三农金融服务室"试点，实施"农金村办"和农村信用体系建设。

6. 商事制度改革持续深化。推进企业名称自主选择改革和企业简易注销全国改革试点工作。其中，企业名称自主选择改革试点正在开展系统需求调研和设计，企业简易注销改革试点进入方案修改、规则设计阶段。在广西商事制度改革中第一个全面实行"三证合一"、第一个启动电子营业执照和登记全程电子化。

7. 边民跨境劳务试点成效凸显。试验区境外边民入境务工试点启动以来，先后印发了《东兴试验区境外边民入境务工试点方案》《东兴试验区境外边民入境务工试点有关证件办理暂行规定》《广西东兴国家重点开发开放试验区加快跨境劳务合作发展实施方案》等，逐步形成"四证两险一中心"的管理模式，实现了境外边民入境务工可管、可控。协助自治区出台了《广西中越跨境劳务合作试点实施方案》，重点在东兴试验区探索实施。目前，共审批跨境劳务合作试点企业10多家，批准聘用越南边民务工人数3000多人。试点区域正逐步扩大至跨境合作区及其配套园区，努力将其打造成广西乃至全国跨境劳务合作示范区。跨境劳务合作成为东兴试验区招商引资的金字招牌。

8. 口岸关检深化创新。落实《防城港市口岸通关一体化工作方案》，与南宁等市实现"六市一关"区域性通关一体化。试点推进口岸"三个一"通关改革，平均单票货物节约1/3报关检验时间，通关成本降低1/3。跨国旅游出境手续进一步便利化，在广西率先将东兴—芒街人员通关时间延长一小时至21：00。

二 存在的主要问题

一是中越跨境合作区总体方案尚未批复。跨境合作区总体方案是中国东兴—越南芒街跨境合作区的顶层设计，目前两国政府尚未批复。由于总体方案尚未批复，双方在园区规划设计、口岸开放、政策安排等方面尚未有明确态度，跨境合作区有关的基础设施、投融资难以全面发力。特别是，总体方案未批复，越方园区的积极性得不到有力释放，影响到双方园区的协调发展。

二是跨境合作区开发建设体制机制不顺。当前跨境合作区管理机构还没有正式建立，跨境合作区建设指挥部作为协调推进跨境合作区建设的临时性机构，没有项目审批权，也没有园区事务管辖权，还无法做到"园区的事园区办"，开发建设、投融资、改革创新先行先试等事务都需要协调属地有关部门，存在协调事务多、难度大的现象。

三是跨境合作区资金缺口较大。东兴跨境合作区开发建设已进入关键时期，资金缺口巨大。经测算，东兴跨境合作区"1+7"园区基础设施投资约需380亿元，其中10平方公里中心区基础设施和征地拆迁等投资需求超过60亿元，目前仅完成投资9亿多元，资金缺口有50多亿元。

四是征地拆迁难度加大。拆迁资金缺口大，启动区2.06平方公里加东郊安置区（D1～D10地块）0.54平方公里需要6.4亿元，已支付2.8亿元，缺口3.6亿元。拆迁工作组工作支出没有得到充分保障。部分群众拆迁补偿没有及时兑现，影响了拆迁的积极性，一些群众思想出现反复甚至抵触。

三 2017年开放开发态势及对策建议

（一）2017年开放开发态势

为加快沿边重点地区的开放开发，构筑经济繁荣、社会稳定的祖国边疆，自治区人民政府根据《国务院关于支持沿边重点地区开发开放若干政策措施的意见》（国发〔2015〕72号）文件精神，于2016年11月下发了《广西壮族自治区关于支持沿边重点地区开发开放的实施意见》（桂政发〔2016〕52号），从深入推进兴边富民行动、改革体制机制、调整贸易结构、促进特色优势产业发展、提升旅游开放水平、加强基础设施建设、加大财税支持力度、鼓励金融创新与开放8个方面提出了48条政策措施，将有利于推动形成加快沿边地区开放发展的强大合力，提升沿边地区开放开发水平，加快构建"四维支撑、四沿联动"的国际国内全方位开放发展新格局。这给2017年的东兴试验区建设带来了前所未有的发展机遇。

（二）对策建议

按照"一二三四"工作思路，大力实施《东兴试验区开发开放三年行动计划（2016—2018年）》，落实《东兴试验区贯彻落实彭清华书记重要指示加快东兴试验区和东兴跨境合作区开发建设"十大行动"措施》。

1. 加快东兴跨境合作区建设

一是推动管理体制机制创新。进一步理顺跨境合作区与东兴市的关系，加快跨境合作区管理体制改革，在跨境合作区尽快实行法定机构管理模式。

二是加快完善规划体系。首先大力争取跨境合作区两国共同总体方案获批。其次加快跨境合作区核心区各项规划编制，启动产业规划编制和跨境合作区控规修编。再次研究制定跨境合作区项目联合审批办法，推进项目审批管理。最后加强跨境合作区劳务合作、跨境产能合作、跨境旅游合作、跨境金融合作、原产地互认等相关政策研究。

三是开展重大项目攻坚建设。大力抓好2017年北部湾经济区重大产业发展专项资金支持项目建设，确保商贸旅游服务中心、查验场、国际金融城尽快开工建设；加快国门楼、标准厂房一期等项目建设，确保项目如期竣工投入使用；推进"两纵一横一环"全面贯通；开工建设一批基础设施项目和公共服务配套项目。

四是加大招商引资力度。创新招商模式，完善招商项目库，构建

"三专一委托"长效招商机制。围绕"一区三园"实施精准招商(跨境合作区金融商贸区、深圳电子科技产业园、香港纺织服装产业园、台湾综合物流产业园),包装策划跨境金融服务、跨境电商、总部基地、电子产品、纺织服装等一批重点产业项目,推动产业项目落地,促进产业集聚发展。围绕跨境劳务合作实施优势资源招商,围绕跨境劳务合作优势开展劳动密集型产业招商推介,充分释放劳动力红利,进一步降低企业成本,推动承接东部产业转移规模化发展。围绕边境贸易转型升级实施产业招商,大力引进一批进出口加工(海产品、食品、服装、红木、咖啡)企业,推进跨境产能合作发展,实现跨境经济、边境经济协同发展。开展多渠道推介,通过互联网、参加各类专题推介会等推介跨境合作区,精心筹办第二届中越跨境经济合作论坛,力争把论坛办成每年一届的高水平、高规格的品牌论坛,使其成为广西面向东盟开放合作的又一平台。

五是拓宽项目融资渠道。一是两年内筹措20亿元资金投入跨境合作区核心区10.2平方公里开发建设。二是加大向上争取资金力度,力争获得4亿~5亿元上级支持。三是创新融资模式,积极开展工程项目PPP模式融资。

六是围绕重点区域重点项目及连片征地开展拆迁攻坚。保重点、保项目,加大资金争取力度,集中使用,拟制出台新的相关政策,确保征地拆迁资金筹集到位和奖励政策有效衔接。各工作组实行精准计划措施,全力推进征迁工作,确保拆迁任务全部完成。

2. 完善对越工作机制

落实与越方达成的定期会晤机制,在跨境合作区规划编制和获批、口岸开放和通关、互联互通基础设施建设、产业融合发展等多个方面进行交流和对接,共同加快跨境合作区建设。同时,进一步加强对跨境合作区政策、产业布局、管理方式的研究,探讨更加有效的开发模式、管理体制与合作方式。

3. 办好第二届中越跨境经济合作论坛暨中国东兴—越南芒街跨境经济合作区专场推介会

争取把跨境经济合作论坛办成中越双边高规格、高层次、高水平的国家级论坛，抓好论坛专家组织、议题研究、会场设计、展馆展位各项前期工作落实，实现中越双边专家、企业共同探讨跨境合作区模式、政策与建设的良好局面，形成共同推介、吸引国内外投资集团、金融实体投资跨境合作区的良好局面。

4. 推进跨境劳务合作试点转型升级

一是加快跨境劳务合作试点从企业试点转向区域试点。按照自治区出台的《广西中越跨境劳务合作试点工作方案》"四证两险一中心"管理要求，完善企业"用工证"（"劳务经营许可证"），境外边民"出入境证"、"务工证"、"临时居留证"和"外国人临时住宿登记"制度，落实意外伤害和工伤商业保险，搭建东兴试验区跨境劳务合作"一站式"管理服务中心，建立跨境劳务服务共享平台、跨境劳务市场、跨境劳务网站，在管理上增加办理境外人员务工健康证，进一步简化办证审批流程。

二是加快落实跨境劳务合作协议。推动落实防城港市和越南广宁省有关方面具体协商跨境劳务合作协议的工作纪要内容。组织防城港市人社部门、试点企业赴广宁省边境市县与跨境劳务合作主管部门对接，请有关部门组织有意向的越南劳工与企业对接。共同开展跨境劳务人员组织、培训、登记等工作，建立规范化劳务输出输入、接收管理合作机制。

专题研究篇

Special Studies

B.6
广西参与"一带一路"建设的思考

吕余生[*]

摘 要： 2015年，习近平总书记提出要把广西建设成"一带一路"有机衔接的重要门户。北部湾作为广西壮族自治区的一个重要区域，在这其中承担的工作处于举足轻重的位置。本报告在分析广西参与"一带一路"建设具有的历史起源背景优势、人文相通地缘优势、海陆交汇区位优势和多重叠加政策优势的基础上，提出了广西参与"一带一路"建设的总体构想、重点任务和对策建议。

关键词： 广西 "一带一路" 重要门户

---

[*] 吕余生，广西北部湾发展研究院院长，广西社会科学院二级研究员，广西"八桂学者"，享受国务院特殊津贴专家。

"一带一路"是习近平总书记着眼于国际国内发展大局提出的对外开放的重要倡议，蕴含多重内涵、肩负大国使命。"一带一路"的实施，将极大地提升沿海沿边地区开放发展的功能、地位。对于推动沿海沿边地区建设开放型经济新体系，打开对外开放新空间，优化区域合作新构架，有序参与国际竞争，具有重大而深远的影响。

2015年"两会"期间，习近平总书记对广西提出了新定位、新要求。要把广西建设成为面向东盟的国际大通道，西南、中南开放发展新的战略支点，"一带一路"有机衔接的重要门户。因此，在"一带一路"建设中，广西将充分发挥沿边、沿海地区海陆联结、江海联动、边海互动的独特区位优势，实施开放带动战略，积极融入"一带一路"建设，在以面向东盟为重点的开放合作中发挥领跑作用。

一　广西参与"一带一路"建设的重要意义

广西作为"一带一路"有机衔接的重要门户，参与"一带一路"建设无论是对广西的发展还是对"一带一路"倡议的实施，都具有非同寻常的意义。

（一）有利于推动国家"一带一路"倡议在广西的贯彻实施

"一带一路"的建设需要充分发挥国内各地的比较优势。《推动共建丝绸之路经济带和21世纪海上丝绸之路的愿景与行动》中，明确提出广西在"一带一路"建设中，要构建面向东盟区域的国际大通道，打造西南、中南地区开放发展新的战略支点，21世纪海上丝绸之路与丝绸之路经济带有机衔接的重要门户。这是国家对广西参与"一带一路"建设的重要定位，也是广西参与"一带一路"建设的目标要求。广西积极参与"一带一路"建设是落实国家战略的具体行动。

（二）有利于推动广西国际大通道、战略支点和重要门户的形成

广西处在"一带一路"交汇对接的重要节点和关键区域，积极参与"一带一路"建设，有利于广西打通"三大通道"、推进"五网"同建，使广西成为与海上东盟与陆上东盟相连，西北与西南相连，中亚与东南亚相连，海上丝路与陆上丝路相连的国际大通道，真正成为"一带一路"有机衔接的重要门户。

打造战略支点明确了广西在中国国内区域经济整合战略中的地位，积极参与"一带一路"建设，有利于充分发挥广西国际通道、开放门户、产业牵引、要素集散、服务中心、试验示范的功能，使广西成为带动我国西南、中南地区开放发展的重点、支撑点、着力点；有利于把广西打造成为西南、中南经济生产要素最集中、最活跃的区域，成为产生新技术、新思想的孵化器，成为各种经济活动繁荣发展的重要平台。

（三）有利于进一步提升广西对外开放合作的水平

积极参与"一带一路"建设，将有利于推动广西从"碎片化"的小开放向"一体化"的大开放转变；从"末梢型"的边贸往来向"接点型"的产业合作转变；从单一同质型的经济开放向多元差异型的全方位开放转变；推动广西迈向对外开放与跨境合作的前沿，形成沿海沿边沿江沿线开放发展的新格局。

（四）有利于广西产业转型升级的推进

积极参与"一带一路"建设，一方面有利于广西加强与西南、中南地区的产业合作，积极承接粤港澳台等东部地区产业转移，合作建设临港产业园，促进临港产业集聚发展，进而促进广西产业的转型

升级；另一方面有利于深化广西与东盟的产业合作。通过积极参与"一带一路"建设，广西可以通过"南宁—新加坡经济走廊"、"文莱—广西经济走廊"和中马"两国双园"、中—印尼沃诺吉利经贸合作区、中泰产业园等国际合作平台建设，发展跨境经济合作，深化与沿线国家的产业合作，加快促进产业转型升级和新的外向型经济的形成。

（五）有利于广西"两个建成"目标的实现

实现"两个建成"是广西"十三五"规划的既定目标。按照十八届五中全会五个理念的要求，广西壮族自治区党委十届六次全会提出了明确三个定位，实施四大战略，打好三大攻坚战的战略构想，这都与"一带一路"建设密切相关。特别是"三大定位"和双核驱动战略、开放带动战略更是与"一带一路"互为因果，相互促进。广西实现"两个建成"的目标，需要新的增长点和支撑点。积极参与"一带一路"建设，有利于充分发挥广西的区位优势和后发优势，通过双核驱动和全面、深度的对外开放来培育新的经济增长点，通过重大项目和重点领域及薄弱环节的投资，创造新的经济增长动力，通过金融体制改革、扩大面向东盟的开放合作，打造坚强的发展后盾。

二 广西参与"一带一路"建设的历史地位、独特优势和现实基础

广西参与"一带一路"建设，具有历史起源的背景优势、人文相通的地缘优势、海陆交汇的区位优势和多重叠加的政策优势。

（一）广西参与"一带一路"建设的历史地位

在古代，广西作为连接海上丝绸之路与广大内陆腹地的咽喉地带和中原地区出海的重要通道，在"一带一路"特别是海上丝绸之路

发展史上具有重要地位，发挥过重要作用。

广西不仅有古代海上丝绸之路最早的重要始发港合浦港，而且凭借灵渠连接岭南岭北，形成湘桂走廊这条南北交通大动脉，连同潇贺古道和牂牁古道，广西成为中原地区和西南地区出海的便捷通道，形成古代海上丝绸之路的"广西通道"。唐中叶以前，广西对于连接海上丝绸之路出发港与广大内陆腹地具有不可取代的历史地位。

《汉书·地理志》记载，海上丝绸之路最早的始发港有合浦（今广西合浦县）、徐闻（今广东徐闻县）、日南（今越南中部）。三个始发港中，合浦港是最重要的港口。合浦扼两广进出交趾的咽喉，在古代沿岸线航海的条件下，是中国通往东南亚的海路要冲。合浦港江海相连，是江海联运港。由于灵渠的开通，湘桂走廊、萧贺古道及牂牁古道的形成，合浦以南流江与内陆腹地相接，通过南流江、北流江、绣江，向北经苍梧（今广西梧州）、桂江、漓江，越灵渠可直达中原；向西逆西江而上，经南宁入左、右江，或经红水河，可抵云南、贵州；向东顺西江东下，直达番禺（今广州）。从南流江南下的船只抵达合浦港即可直接出海。合浦港地处亚热带地区，气候温暖，经济发展水平高，港口终年不结冰，航行不受季节制约。

（二）广西参与"一带一路"建设的独特优势

1. 海陆交汇的区位优势：广西是中国—东盟自贸区海陆交汇的重要区域

在经济全球化、区域一体化的形势下，海陆交汇的独特地理条件使广西成为中国"一带一路"有机衔接的重要门户。广西地处西南经济圈、中南经济圈、华南经济圈和东盟经济圈的接合部，背靠大西南、毗邻粤港澳、面向东南亚，是我国西部唯一既沿海又沿边沿江的省份，也是我国唯一与东盟海陆相连的省区。路上西南面与越南相连，海上与东盟"一湾连七国"，拥有防城港、钦州、北海等北部湾天然良港。在中国—东盟合作框架下,广西既是中国参加大湄公河次区域合作的两个省份之一,又是南宁—新加坡经济走廊的一极,还是中越两国共建"两廊一圈"的重要组成部分,是中国与东盟国家开展泛北部湾经济合作的重要核心区。

2. 人文相通的地缘优势:与东盟人文往来渊源久远

广西与东南亚国家地缘相近,人缘相亲,习俗相通,自古以来就有着深厚的友谊,广西也是在东盟国家华侨人数最多的省份之一。目前,东盟10国中已有越南、老挝、缅甸、泰国、柬埔寨、马来西亚6个国家在南宁设立了总领事馆。广西成为东盟在华留学生最多的省份,东盟在华留学生有1/5在广西就学,来桂留学的东盟学生每年以10%的速度增加,广西区内大学已开设东盟10国的官方语言课程。广西与东盟国家缔结了37对友好城市,数量居全国首位。拥有中国(桂林)国际旅游博览会等大型国际性平台,正在筹建中越国际旅游合作区。至2015年,中国—东盟文化论坛在广西已成功举办10届,中国—东盟智库对话论坛已成功举办9届,这个论坛已经逐渐发展成为中国—东盟文化领域合作的品牌;此外,中国—东盟科技转移与合作中心、中国—东盟青年联合会、中国—东盟青少年培训基地、中国—东盟妇女培训中心等也相继落户南宁。近年来,广西与东盟国家在教育科技、文化卫生、广播影视、新闻出版等方面的交流合作不断扩大。广西桥梁纽带作用的充分发挥,推进了我国与周边国家的人文交流和传统友谊。

3. 多重叠加的政策优势:众多政策优惠条件集聚广西

广西作为我国沿海、沿边和西部少数民族地区,享有民族区域自治政策、西部大开发政策、沿海地区开放政策和边境贸易政策。2008年2月,国家发展和改革委员会下发《广西北部湾经济区发展规划》;2009年12月,国务院颁布《关于进一步促进广西经济社会发展的若干意见》(国发〔2009〕42号);2010年8月,国务院印发《关于中西部地区承接产业转移的指导意见》(国发〔2010〕28号);2011年6月,国务院办公厅下发《关于印发兴边富民行动规划（2011—2015年）的通知》（国办发〔2011〕28号）；2012年10月，商务部印发《国家级经济技术开发区和边境经济合作区"十二五"发展规划（2011—2015年）》；2012年10月，国务院印发《关于促进海关特殊监管区域科学发展的指导意见》（国发〔2012〕58号）；2014年7月，国务院批准实施《珠江—西江经济带发展规划》；2015年2月，国务院批准实施《左右江革命老区振兴规划》，自此，广西区域经济发展已经实现国家战略全覆盖。

（三）广西参与"一带一路"建设的合作基础

1. 面向东盟的国际大通道初步形成

近年来，随着广西与东盟国家的经济交流和产业合作的不断深入发展，广西大力实施交通优先发展的战略，广西不断加强与东盟国家在港口、铁路、公路、航空、口岸等方面基础设施建设，积极推进与东盟国家的互联互通，海陆交通体系得到进一步完善。港口吞吐能力不断提升，港口航运合作不断深化，面向东盟铁路、陆路通道不断提升，航空枢纽不断拓展，口岸建设日益完善。

2. 开放合作不断深化

随着广西北部湾经济区的开放开发，广西凭借良好的海港优势和口岸优势，与东盟的贸易和投资规模不断扩大，双方经贸关系日益紧密。东盟连续多年成为广西第一大贸易伙伴、第二大利用外资来源地和广西企业"走出去"的重点地区，双方合作不断加深，利益纽带日益牢固。中国—东盟博览会、自贸区论坛等越来越多的平台、机制、活动落户广西，推动各领域先后达成一系列合作共识。同时，经贸合作不断加深，与东盟进出口额及贸易额持续增加，外贸结构不断优化，贸易往来日益密切，泛北经济合作不断深化。

3. 开放水平不断提升

2006年以来，广西坚持参与中国—东盟自由贸易区建设，积极推动南宁—新加坡经济走廊建设和泛北部湾经济合作,与东盟的合作全面紧密,取得了显著的成就:一是泛北部湾经济合作开创了新局面;二是跨境经济合作区建设取得了新突破;三是南宁—新加坡经济走廊建设取得新成效;四是国际合作开发产业园区取得新进展;五是与周边省份的联合与协作取得历史性突破。自2006年成立北部湾经济区以来,北部湾经济区实现快速发展,综合经济实力不断增强,产业园区、港口建设、保税物流、互通互联等领域取得了重大突破。

4. 开放平台不断完善

目前,广西对东盟开放合作的重要平台主要有中国—东盟博览会、中国—东盟商务与投资峰会、中国—东盟自由贸易区论坛、泛北部湾经济合作论坛等重要区域性合作平台,形成了中国—东盟合作的"南宁渠道",在中国—东盟合作中发挥着越来越重要的作用。广西与东盟国家建立了中国—马来西亚钦州产业园和关丹产业园"两国双园"、南宁—东盟经济园区、中国—印尼经贸合作区、中国—柬埔寨现代农业示范中心、中国—越南跨境经济合作区、中国(崇左)泰国产业园、东兴重点开发开放试验区等一系列产业合作和投资贸易的重要平台,不断开辟共建、共享、共赢的国际合作新模式。到2016年,中国—东盟博览会已成功举办了13届,成为中国—东盟合作的"南宁渠道"。

5. 合作模式不断创新

近年来,广西与东盟国家产业合作不断深入。中马"两国两园"共同开发,开辟了中国—东盟产业合作的新模式。2011年10月,中马两国正式签署共建中马钦州产业园区项目协议。2012年4月,时任国务院总理温家宝与马来西亚纳吉布总理共同出席中马钦州产业园区开园仪式。2012年6月,中国商务部与马来西亚贸工部签署《中华人民共和国政府和马来西亚政府关于马中关丹产业园合作的协定》。2013年2月,时任全国人大常委会主席贾庆林和纳吉布总理在马来西亚关丹共同主持了马中关丹产业园区开园仪式,两国企业界签订5份策略性文件，投资总额达到 105 亿令吉。2013 年 10 月，习近平总书记和李克强总理出访东盟期间，与纳吉布总理会谈，达成共识，提出将钦州产业园、关丹产业园区打造成为两国投资合作的旗舰项目，带动两国产业集群式发展。2015 年 4 月，国家主席习近平在雅加达会见印度尼西亚总统佐科，双方签署了两国高速铁路合作文件。

三 广西参与"一带一路"建设的总体构想

（一）目标定位

全面贯彻落实"一带一路"倡议，积极参与中国—中南半岛经济走廊建设和"21 世纪海上丝绸之路"建设，着力打造"一带一路"海陆交汇的重要枢纽、"一带一路"各种合作示范区和服务"一带一路"的重要平台，促进丝绸之路经济带和 21 世纪海上丝绸之路无缝对接、联动发展，把广西建设成为"一带一路"有机衔接的重要门户。

1. 近期目标。主要是打基础，谋布局。基本形成面向东盟的国际大通道及实现华南、西南、中南周边省份的互联互通，跨境经济合作和园区建设取得重大进展和新成效。

2. 中期目标。要实现重点突破和重大进展。全面建成面向东盟的国际大通道和中国—中南半岛经济走廊，初步形成东盟海上合作试验区，国际产能合作、海上合作、中国—东盟信息港建设取得重大成效。

3. 远期目标。要实现全面收获。"一带一路"有机衔接的重要门户全面建成，与东盟全面实现五通，各项合作全面收获。

（二）战略布局

立足"双核"，联动"三南"，海陆统筹，面向东盟，拓展全球，形成面向国内国际对外开放新格局。

1. 立足"双核",三区统筹。北部湾经济区、西江经济带和左右江革命老区,是广西参与"一带一路"建设的重要载体和平台,深入实施"双核驱动"和三区统筹战略,倾力打造北部湾经济区、珠江—西江经济带两大核心增长极,加快振兴左右江革命老区,推动"三区统筹"协调发展。重点打造南宁区域性国际交通枢纽和北部湾区域性国际航运中心,形成现代港口网、高速公路网、高速铁路网、密集航空网、光纤通信网、油气管道网等互联互通网络。

2. 联动"三南"。依托广西与国内西南地区、中南地区和华南地区(简称"三南")在地理空间和经济往来上的紧密联系,加强广西和"三南"地区在"一带一路"建设中的分工与协作,共同构建丝绸之路经济带南亚、东南亚大通道,共同开发海上丝绸之路。以此为契机,进一步加强"三南"区域内部合作,着力推进珠江—西江经济带建设,积极推动南广、贵广高铁经济带和湘桂、黔桂、云桂经济走廊建设,加快两广一体化进程,深化与港澳台合作,全面扩大国内开放合作,极大提升开放发展水平。同时,沟通西北,建设兰州—南宁—北海的北向通道。

3. 海陆统筹。根据广西区位条件和"一带一路"建设任务,以海上丝绸之路建设为重点,着力打造"一带一路"海上合作示范区;进一步推进泛北部湾经济合作,同时积极参与中国—中南半岛经济走廊建设,推动南宁—新加坡经济走廊先行一步,进一步深化广西与西南、中南、华南以及粤港澳台等地区的开放合作,形成海陆联动、相辅相成新格局,实现海陆联动协调发展。

4. 面向东盟。依托中国—东盟博览会、中国—东盟商务与投资峰会、泛北部湾经济合作论坛、中国—东盟自贸区升级版论坛等重要平台,积极参与"一带一路"、中国—东盟自贸区升级版、中国—东盟命运共同体建设,积极推动泛北部湾经济合作、大湄公河次区域合作,加快建设南宁—新加坡经济走廊,加快推进与周边国家及中南半岛互联互通,全方位扩大与东盟开放合作,充分发挥广西在"一带一路"建设中面向东盟海陆相连的重要门户作用。

5. 拓展全球。抢抓我国构建亚洲命运共同体、亚太自由贸易区的重大发展机遇,从海上、陆上全面推进与东亚、南亚、西亚等亚洲国家的开放合作;通过"东向海上丝路",进入太平洋,拓展与北美洲、南美洲的开放合作;通过"南向海上丝路",进入大洋洲,拓展与同属亚太地区的澳大利亚、新西兰、巴布亚新几内亚等国家的开放合作;通过"西向海上丝路",进入印度洋,拓展与欧洲、非洲国家和地区的开放合作,形成全方位开放合作新局面。

(三)合作发展战略

围绕国际大通道、战略支点、重要门户的三大定位,主动面向东盟、对接粤港澳、服务西南中南,海陆空齐头并举,实施通道衔接、构建一廊(中国—中南半岛经济走廊)、两港(中国—东盟港口城市合作网络、中国—东盟信息港)并进,四维支撑,四沿联动,七区同建的发展战略。

1. **通道衔接**

全面开展与东盟的对接和合作,形成海上东盟、陆路东盟、衔接"一带一路"、连接西南中南、对接粤港澳的五大通道,打造有机衔接"一带一路"的南北国际大通道。积极参与中国—中南半岛经济走廊建设,着力构建南宁—新加坡经济走廊和泛亚铁路东线。对内畅通与丝绸之路经济带衔接的兰海通道,建设由广西壮族自治区沿海向西南、西北经贵阳、重庆、成都至兰州、西安的交通通道,同时连通以"西江—珠江经济带"为主轴与粤港澳相连接的南向通道。还要连通以湘桂经济走廊为主轴与湘鄂豫相连接的北向通道。对外,以重点建设南宁区域性国际综合交通枢纽为核心,通过面向中南半岛南经越南、泰国、马来西亚到新加坡的铁路、公路通道，形成连接亚欧大陆桥和"一带一路"有机衔接的南北中国际大通道。

2. 两港并进

坚持重点突破，积极推动中国—东盟港口城市合作网络和中国—东盟信息港建设。深化广西沿海港口与东盟各国港口的合作，开辟国际远洋航线，发展外向型经济、临港工业和临港服务业，以港口城市网络促进临港产业集群和港口经济发展。构建中国—东盟信息枢纽服务体系，建设中国—东盟商贸、旅游、经济、文化、教育等大数据平台，打造中国—东盟合作的综合性、一站式信息展示平台、交易服务平台和电子商务平台。

3. 四沿联动

统筹沿海、沿江、沿边、沿线发展，加快形成以北部湾千万标箱港口群为依托，大力发展港航物流、口岸物流，建设与临港产业、海洋经济深度融合的沿海发展带；以西江黄金水道及南广、贵广高铁为依托，突出沿江集疏运体系建设，建设与粤港澳产业深度合作的珠江—西江经济发展带；以左右江革命老区边境口岸和当地资源为依托，大力发展连接内地、直通东盟的沿边国际发展带；与高速公路、高速铁路沿线省区，共同建设高速铁路经济带和产业园区。

4. 七区同建

发挥广西沿海沿边沿江的独特优势，统筹内外双向开放，推动"一带一路"沿线各国人流、物流、信息流、资金流聚集机制的有效构建，促进区域内骨干通道、产业、人文等领域的深度合作，加快把广西建设成为"一带一路"中的互联互通先行区、国际产能合作试验区、重要平台要素集聚区、人文交流合作示范区、中国—东盟生态先行区、中国—东盟金融合作试验区、北部湾自由贸易区。

四 广西参与"一带一路"建设的重点任务和对策建议

(一)建设互联互通先行区

1. 加快海上通道建设。围绕建设广西北部湾区域性国际航运中心,重点推进广西北部湾港深水航道、集装箱枢纽港口、集疏运网络、通关口岸等设施建设,开通和加密通往东盟及世界各国主要港口的航线,打造千万标箱集装箱港口和具有全球影响力的国际大港的垄断。积极深化中国—东盟港口城市合作网络建设,推动与东盟47个港口城市在相互通航、港口建设、临港产业、国际贸易、文化旅游、教育培训等领域紧密合作。

2. 加快陆上通道建设。建设面向东盟,贯通我国西部地区与中南半岛衔接"一带一路"的国际大通道。对外,重点建设连接中国—中南半岛经济走廊的南宁—新加坡通道,对内,重点建设兰州—南宁—北海通道,加快形成连接新亚欧大陆桥和海上丝绸之路的主通道,加快建成渝桂新通道,促进"一带一路"有机衔接。要重点加快推进与越南的陆上互联互通建设,积极推进凭祥—谅山—河内、东兴—下龙—河内、靖西—龙邦—高平—河内三条高速公路;南宁—凭祥—河内、东兴—下龙—海防—河内两条铁路;中越北仑河二桥、水口—驮隆二桥、峒中—横模大桥三座桥梁的"三高两铁三桥"建设。同时,实施重点口岸提升工程。加强通边和沿边公路、铁路、港口码头、口岸联检设施及生活业务用房、口岸车辆查验场所、物流仓储设施等建设,进一步加大广西口岸基础设施及配套设施建设力度。

3. 加快空中通道建设。优先建设南宁、桂林两大干线机场,南宁机场建成面向东盟的门户枢纽机场和航空货运枢纽,形成以南宁、桂林两大干线机场为骨干，相关支线为支撑，与"一带一路"国家高效对接的空中网络，建成中国—东盟重要航空中转枢纽。

4. 加快江海联运建设。积极推进北部湾与西江黄金水道联动建设，重点围绕西江黄金水道，强化港口与陆路腹地的集疏运通道，完善港口服务功能，加快构筑和完善公铁水联运、江河联运、江海联运通道系统，形成以西江黄金水道为核心，"水、陆、铁、空"分工合理、相互衔接、一体化协调发展的江海联运综合交通体系。推动两广经济一体化发展，构建形成以西江黄金水道为主轴，以沿江重点城市为节点，中南半岛与粤港澳有机衔接的经济大通道。

5. 加快信息通道建设。积极构建中国—东盟信息港，以南宁为中心，覆盖广西，辐射东南亚，依托中国联通南宁区域通信业务的重大工程，建设中国—东盟区域网络设施、通信设施等，积极发展中国—东盟跨境电子商务，打造中国—东盟基础设施、技术合作、经贸服务、信息共享和人文交流5大平台，搭建信息高速公路，构建中国—东盟网络空间共同体。加快建设北斗信息产业园区、智慧产业园区，不断壮大软件与信息、电子商务等服务业态，培育新的增长点。

（二）建设国际产能合作试验区

要在农业生产加工、能源、电子信息、汽车机械、生物制药、新材料新能源等方面开展广泛合作。在农业方面，重点建立国家级农业国际合作项目，建立面向东盟农产品出口基地，培植农业出口的龙头企业，发展面向东盟的出口创汇农业。在能源方面，争取国家把广西确定为国家能源储备基地。在煤炭、电力、石化有色金属等多方面开展与东盟国家的合作。在电子信息方面，积极引进国内外著名的电子信息相关产品制造企业，重点发展中高端产品和整套设备制造，建设面向东盟的梯度辐射信息产业中心。在汽车机械方面，按照东盟市场的要求，调整汽车技术性能，使汽车性价比符合东盟市场需求；进一步加强研发中高端轿车和新能源汽车,面向工业化程度较高的国家市场;扩大对越南、印尼、马来西亚等国家的出口,拓展工程机械、小型农用机械在东盟的市场。在医药方面,与东南亚国家建立中药、植物药原料进出口通道和市场,开展生物制药领域合作,提高新药创制能力,新建一批优势桂产道地中药材GAP种植示范基地,打造我国南方民族医药基地和国家基本药物重大疾病原料药基地。在新材料方面,充分利用"一带一路"国家资源优势,重点发展石墨烯、稀土、稀有金属新材料、高端金属结构材料,积极发展新型能源材料、新型电子信息材料、新型建筑材料、先进高分子材料、纳米材料和生物材料。

(三)建设重要平台要素聚集区

1. 会展平台建设。加快中国—东盟博览会、中国—东盟商务与投资峰会升级建设,推动东博会由"10+1"向"10+6"拓展,更好地服务国家对外开放战略,特别是服务国家"一带一路"倡议。利用中国—东盟博览会的品牌效应到东盟国家巡展,打造展会升级版,提升中国—东盟博览会会展品牌,建成国家"一带一路"倡议的重要平台和窗口。继续办好东博会桂林旅游展,提升玉林"玉博会"和药博会、中国(北流)国际陶瓷博览会、中越(东兴—芒街)商贸旅游博览会、陆路东盟崇左国际商务文化(壮族歌坡)节等展会水平。

2. 推广创新"两国双园"发展新模式。目前,中马钦州产业园区已进入全面开发建设阶段,着力建设先进制造基地、信息智慧走廊、文化生态新城、合作交流窗口,打造21世纪海上丝绸之路的示范项目。同时,印度尼西亚、泰国、新加坡、文莱等东盟国家相继与广西设立中国—印尼、中国—泰国、中国—新加坡、中国—柬埔寨、文莱—广西经济走廊等标志性合作产业园区。目前重点是探索"两国双园"发展新模式,把中马钦州产业园区建设成国家改革创新试点园区，开展面向东盟的汽车产业合作，促进中马两国产业合作与转型升级，将中马钦州产业园区建设成为与东盟国家合作的标志性产业园区。

3. 推动与周边省份共建跨区域、跨流域经济合作区。充分发挥广西与广东、云南、贵州同属珠江流域，桂北地区与湖南省同处湘江上游，经济联系紧密，人员交流密切，生态环境同体的有利条件，开展区域合作。在推动粤桂合作特别试验区加快发展的同时，推动建立湘桂、黔桂、滇桂合作特别试验区。

4. 加快推进中越跨境经济合作区建设。中越跨境经济合作区建设被列入了大湄公河次区域经济合作（GMS）区域投资框架，作为GMS的重要项目加快推进。目前，广西配合商务部研究提出了《中越跨境经济合作区共同总体方案》，中越跨境经济合作区主要包括中越东兴—芒街、凭祥—同登两个跨境经济合作区，中方园区建设方案已编制完成，基础设施建设扎实推进。

5. 保税区建设。以南宁保税物流中心为引擎，加快建设农产品加工、机械制造、铝加工、生物工程与制药、电子信息、化工等出口加工基地。以钦州保税港区建设为契机，建设电子、粮油、船舶、汽车和化工产品出口加工基地。以北海出口加工区建设为契机，建设电子信息、新材料、造纸、水（海）产品、轻纺产品出口加工基地。抓住凭祥综合保税区优势，大力发展轻纺、五金家电、塑料制品、农产品、木材等产品的出口加工企业。

6. 中国—东盟海洋合作试验区建设。在海洋资源开发等方面与东盟国家合作先行先试，加强与东盟国家的海洋产业合作，争取共同建立海洋合作试验区。设立中国—东盟海洋研究实验室，积极发展海洋油气、海洋渔业、海洋运输、濒海旅游等产业，培育壮大海洋生物医药、海水综合利用、海洋工程装备制造等新兴产业，加快现代海洋产业集聚。大力发展海水养殖、远洋渔业，建设大型水产品精深加工、集散交易基地。加强海洋基础性、前瞻性、关键性技术合作研发，增强海洋开发利用能力。强化海洋减灾防灾，建立中国—东盟区域应急合作体系，共同维护中国—东盟区域海洋开发利用秩序。

7. 建设面向东盟的大宗商品交易基地。重点在北海建设中国—东盟水产品物流基地，在钦州建设粮油加工物流基地，在防城港建设煤炭、铁矿石、粮油等大宗商品交易所，在凭祥建立农、林产品集散基地。

8. 面向东盟的国际物流基地。主要是充分发挥沿海沿边沿江优势，打造以南宁、柳州、防城港、钦州、梧州、贵港等为重点的江海联动、陆海联运的物流节点城市，深化拓展面向东盟现代物流业合作，建设物流公共信息平台，构建面向东盟的国际物流枢纽。

（四）建设人文合作交流示范区

要在文化、旅游、科技、教育、卫生、扶贫等方面开展全面合作。建立中国—东盟文化产业园区，加强与东盟各国媒体间的合作，合作开办电视、广播、报纸杂志栏目，共同开发数字化的内容和节目。继续办好中国—东盟博览会旅游展，积极与东盟国家和地区共同推进环北部湾旅游圈和南宁—新加坡陆路跨国旅游通道建设，立足海陆联动，形成广西与东盟地区跨国旅游一体化发展格局。以中国—东盟国际技术转移中心为平台，在重点区域部署联合研究中心和国别技术转移中心，建立国际科技特派员创业园区，实施中国—东盟科技伙伴计划，促进共同创新研究，成果共享。参与"一带一路"区域内的高等教育、中等教育、职业教育等各层次学生和教员交流计划，增加对泛北国家中国政府奖学金数量，鼓励学位互认，促进双方学生交流，支持中国与东盟"2020 双十万学生流动计划"倡议。努力办好"中国—东盟商务会展人才培训中心""中国—东盟艺术人才培训中心""东盟国家汉语人才培训中心""中国—东盟金融与财税人才培训中心""中国—东盟农业培训中心""卫生部人才中心东盟卫生人才培训基地"6个国家级东盟教育培训基地。推动中国—东盟联合大学建设。利用中国—东盟博览会等平台，举办中国—东盟传统医药高峰论坛、中国（玉林）中医药博览会，建立中国—东盟传统医药科技文化合作交流中心、东盟卫生人才培训基地，广泛与东盟等国家在传统医药和医疗保健、传染防治、妇幼健康、残疾人康复、应急医疗救助、专业人才培养等领域开展合作。建立适应东盟各发展中国家与中国减贫和社会发展实际需要的国际协作框架。承办好中国—东盟减贫论坛和国际减贫经验研修班，做好中老减贫合作示范项目；推进中国—东盟减贫中心、国际减贫培训考察基地建设。加强国别之间减贫与社会发展交流协作，鼓励多样化投资主体进入，促进减贫。

（五）建设中国—东盟生态合作先行区

继续办好中国—东盟环境合作论坛、中国—东盟环保技术交流合作基地。加强海洋气象预报、地质灾害监测等方面合作，提高海洋事故应急处理能力。增强海洋环境安全合作，建立北部湾"两国四方"海洋保护区网络，建立区域性环境交易中心，建立中国—东盟环保技术服务中心，打造北部湾环保装备制造和对东盟出口的基地。

（六）建设中国—东盟金融合作易试验区

深入实施《云南广西建设沿边金融综合改革试点区总体方案》，加快推进沿边金融综合改革试验区建设，健全中国—东盟区域金融风险预警和救助机制，完善中国—东盟区域货币支付结算系统，推动中国—东盟区域金融机构的互利合作，继续办好中国—东盟金融合作与发展领袖论坛，积极开展多领域多层次的交流和联系，增进信任与理解，共商区域金融合作的长远规划，推动银行业的信息交换、市场准入和危机处理等方面的对话与合作机制的建立，推动跨境人民币国际结算向纵深化、多元化方向发展。

（七）建设北部湾自由贸易试验区

北部湾自由贸易试验区建设，以面向东盟先行先试为主题，以钦州保税港区、中马钦州产业园区、钦州港经济技术开发区为先期实施区域，逐步拓展到南宁、北海、防城港、崇左相关特定区域，形成北部湾对外开放新格局。自贸区将借鉴上海自贸区和国际通行的自贸区运行模式，探索改革货物监管和模式，在金融创新、贸易和投资合作、税收政策、通关和跨境运输便利化、临港产业、行政管理体制改革等领域开展先行先试，建成以临港物流、临港产业区为依托，与国际自贸区体制机制及政策全面接轨的自贸区，打造中国沿海开放新平台。

（八）制定广西建设"一带一路"各项发展规划和行动方案

制定广西参与"一带一路"建设的行动路线图，明确各种计划、规划和项目的开始和完成的时间节点，同时明确各有关部门的任务、责任，使各项工作按照轻重缓急，循序渐进地逐项完成。

（九）加快泛北部湾经济合作可行性研究报告和路线图的实施

2011年8月，《泛北部湾经济合作可行性研究报告》正式发布，该报告提出了泛北部湾经济合作的七个优先领域和泛北部湾经济合作的行动建议。2014年1月，中国—东盟泛北部湾经济合作高官会在广西南宁通过的《泛北部湾经济合作路线图（战略框架）》将重点优先推动港口物流、金融领域发展，标志着泛北部湾经济合作向务实开展迈出了关键性一步。目前，重要的是在已有的基础上加快实施，开展全面的务实合作。

（十）建立和完善广西参与"一带一路"的各项机制

合作机制与平台是广西参与"一带一路"建设的基础和优势。广西要在充分发挥现有的中国—东盟博览会、中国—东盟商务与投资峰会、泛北部湾经济合作论坛、澜湄合作机制等合作机制与平台的基础上，不断建立健全与东盟合作新的机制和平台。以东盟为重点，构建完善以双边为主，多边为辅，双边促多边，多边带动双边的政府间交流机制。完善多边、双边在互联互通、便利化、产业、劳务、人文、生态、民间投资非传统安全等多种合作机制。提升广西与越南边境四省联合工作委员会会晤机制，逐步与东盟国家建立联合会晤机制。重点拓展交通、旅游、矿业、自贸区等领域的合作机制与平台。

B.7
广西北部湾经济区城镇化质量水平提高研究

广西北部湾发展研究院课题组*

摘　要： 党的十八大报告强调，坚持走中国特色新型工业化、信息化、城镇化、农业现代化道路，推动信息化和工业化深度融合、工业化和城镇化良性互动、城镇化和农业现代化相互协调，促进工业化、信息化、城镇化、农业现代化同步发展。提升新型城镇化发展质量已成为广西实现"三个定位""两个建成"目标的重要支撑。《广西壮族自治区新型城镇化规划（2014—2020年）》要求，自治区将重点培育发展北部湾国家级重点城市群，到2020年，北部湾城市群城镇人口规模达到1000万，成为我国城镇人口千万级的城市群。为实现这一目标，课题组在分析和研究北部湾经济区城镇化质量的基础上，提出提升城镇化质量水平的针对性措施，努力推动北部湾经济区城镇化健康有序发展。

关键词： 北部湾经济区　城镇化　城市群

---

* 广西北部湾发展研究院课题组，课题组组长李芳源，成员林锋、闭灏、唐国植、程文豪、周吉意、甘日栋。

一 广西北部湾经济区城镇化质量水平评析

课题组从城乡统筹、产城互动、节约集约、生态宜居、协调发展五项 27 个指标对北部湾经济区城镇质量水平进行了评析，并做出如下分析判断。

（一）城乡统筹

城乡居民收入比值。2014 年南宁市、北海市、防城港市、钦州市的城乡居民收入比值分别为 3.16、2.84、2.78、2.86（见表1）。从全区来看，经济区四市城乡居民收入比值相对较低，南宁市和钦州市高于全区平均水平（2.84）；从全国来看，经济区四市城乡居民收入比值相对较高，均高于全国平均水平（2.75），但在西部地区处于中等水平。

城乡居民家庭恩格尔系数。2014 年南宁市、北海市、防城港市、钦州市的城乡居民家庭恩格尔系数分别为 0.86、0.87、0.80、0.99（见表1）。从全区来看，经济区四市城乡居民家庭恩格尔系数相对较低，仅钦州市高于全区平均水平（0.95）；从全国来看，经济区四市城乡居民收入比值也不高，仅钦州市高于全国平均水平（0.90）。

表1 城乡统筹方面指标值

区　　域	城乡居民收入比值	城乡居民家庭恩格尔系数
全　　国	2.75	0.90
全　　区	2.84	0.95
南　宁　市	3.16	0.86
柳　州　市	3.10	0.94
桂　林　市	2.84	0.91

续表

区　　域	城乡居民收入比值	城乡居民家庭恩格尔系数
梧 州 市	2.91	1.02
北 海 市	2.84	0.87
防 城 港 市	2.78	0.80
钦 州 市	2.86	0.99
贵 港 市	2.55	0.92
玉 林 市	2.86	0.92
百 色 市	3.79	0.92
贺 州 市	3.22	0.97
河 池 市	3.73	0.83
来 宾 市	3.28	0.97
崇 左 市	3.01	1.07

（二）产城互动

城镇人口占常住人口比重。2014年南宁市、北海市、防城港市、钦州市的城镇人口占常住人口比重分别为58.4%、54.5%、54.1%、36.1%（见表2）。从全区来看，经济区四市城镇人口占常住人口比重相对较高，仅钦州市低于全区平均水平（46.01%）；从全国来看，经济区四市城镇人口占常住人口比重不高，仅南宁市高于全国平均水平（54.77%）。

城区面积占地方土地面积比重。2014年南宁市、北海市、防城港市、钦州市的城区面积占地方土地面积比重分别为3.81%、23.99%、3.74%、3.25%（见表2）。从全区来看，经济区四市城区面积占地方土地面积比重相对较高，均高于全区平均水平（2.48%）；从全国来看，经济区四市城区面积占地方土地面积比重更高，均高于全国平均水平（1.92%）。

建成区面积占城区面积比重。2014年南宁市、北海市、防城港市、钦州市的建成区面积占城区面积比重分别为33.9%、7.6%、15.0%、25.1%（见表2）。从全区来看，经济区四市建成区面积占城区面积比重波动较大，南宁市、钦州市高于全区平均水平（20.3%），北海市、防城港市建成区面积占城区面积比重与自治区平均水平有较大差距，后续城镇化发展提升空间大；从全国来看，经济区四市建成区面积占城区面积比重较低，仅南宁市高于全国平均水平（27.0%）。

非农产业增加值占地区生产总值比重。2014年南宁市、北海市、防城港市、钦州市的非农产业增加值占地区生产总值比重分别为88.73%、82.55%、88.02%、77.31%（见表2）。从全区及全国来看，经济区四市该指标值偏低，均低于全国平均水平（90.8%），南宁市、防城港市也仅高于自治区平均水平（84.6%）4个百分点左右。

城镇人口比重与非农产业增加值比重比值。2014年，南宁市、北海市、防城港市、钦州市的城镇人口比重与非农产业增加值比重比值分别为0.66、0.66、0.61、0.47（见表2）。从全区及全国来看，经济区四市城镇人口比重与非农产业增加值比重比值较高，仅钦州市低于全区平均水平（0.47）、全国平均水平（0.60）。

R&D经费支出占GDP比重。2014年，南宁市、北海市、防城港市、钦州市的R&D经费支出占GDP比重分别为0.82%、0.35%、1.43%、0.32%（见表2）。从全区来看，经济区四市R&D经费支出占GDP比重差距较大，最高的防城港市与最低的钦州市差距达到1.11个百分点，南宁市、防城港市分别高于全区平均水平0.11个百分点、0.72个百分点。从全国来看，经济区四市R&D经费支出占GDP比重偏低，均低于全国平均水平（2.05%）。

表2 产城互动方面

单位：%

区域	城镇人口占常住人口比重	城区面积占地方土地面积比重	建成区面积占城区面积比重	非农产业增加值占地区生产总值比重	城镇人口比重与非农产业增加值比重比值	R&D经费支出占GDP比重
全国	54.77	1.92	27.0	90.8	0.60	2.05
全区	46.01	2.48	20.3	84.6	0.54	0.71
南宁市	58.4	3.81	33.9	88.73	0.66	0.82
柳州市	61.1	2.50	38.8	92.75	0.66	1.61
桂林市	45.6	2.04	12.6	82.44	0.55	0.99
梧州市	48.9	3.86	11.1	88.97	0.55	0.22
北海市	54.5	23.99	7.6	82.55	0.66	0.35
防城港市	54.1	3.74	15.0	88.02	0.61	1.43
钦州市	36.1	3.25	25.1	77.31	0.47	0.32
贵港市	45.6	2.84	22.7	79.87	0.57	0.16
玉林市	45.6	2.36	22.1	81.46	0.56	0.44
百色市	32.7	1.00	11.3	82.71	0.40	0.31
贺州市	41.6	0.61	43.0	78.04	0.53	0.12
河池市	33.4	0.24	27.6	77.17	0.43	0.21
来宾市	39.5	0.69	42.4	75.84	0.52	0.44
崇左市	35.3	0.29	56.0	77.33	0.46	0.25

（三）节约集约

人均GDP。2014年南宁市、北海市、防城港市、钦州市的人均GDP分别为45735元、53636元、65178元、26971元（见表3）。从全区来看，经济区四市人均GDP仅钦州市低于全区平均水平（33090元），其他三市均大幅高于全区平均水平，经济区整体经济实力在全区领先。

单位GDP能耗。2014年南宁市、北海市、防城港市、钦州市的单位GDP能耗分别为0.40吨标准煤/万元、0.63吨标准煤/万元、0.91吨标准煤/万元、0.60吨标准煤/万元（见表3）。从全区来看，北海市单位GDP能耗略高于全区平均水平（0.61），防城港市由于高耗能工业较多，该指标大幅高于全区平均水平。从全国来看，经济区四市单位GDP能耗仅防城港市高于全国平均水平，南宁市作为以服务业为主要特征的产业结构体系决定了能耗水平较低。

单位建设用地产出强度。2014年南宁市、北海市、防城港市、钦州市的单位建设用地产出强度分别为14.25亿元每平方公里、21.47亿元每平方公里、9.44亿元每平方公里、7.85亿元每平方公里（见表3）。从全区及全国来看，经济区四市单位建设用地产出强度差异较大，北海市与钦州市差距达到13.62亿元每平方公里，南宁市略高于全区平均水平（13.73亿元每平方公里）和全国平均水平（12.73亿元每平方公里），钦州市与防城港市单位建设用地产出强度较低，有待进一步提高。

人均用水量占人均水资源比重。2014年南宁市、北海市、防城港市、钦州市的人均用水量占人均水资源比重分别为33.85%、41.23%、7.17%、15.67%（见表3）。从全区看，经济区四市仅防城港市低于全区平均水平（15.45%），南宁市及北海市大幅高于全区平均水平，水资源利用效率有待进一步挖掘。从全国看，经济区四市人均用水量占人均水资源比重差异较大，防城港市与钦州市大幅低于全国平均水平（22.35%）。

城市人口密度。2014年南宁市、北海市、防城港市、钦州市的城市人口密度分别为3242人每平方公里、430人每平方公里、763人每平方公里、935人每平方公里（见表3）。从全区及全国看，经济区四市仅南宁市高于全区平均水平（1684人每平方公里）、全国平均水平（2419人每平方公里），其他三市均大幅低于全区平均水平、全国平均水平，城市人口容量仍有较大提升空间。

表3 节约集约方面

区域	人均GDP（元）	单位GDP能耗（吨标准煤/万元）	单位建设用地产出强度（亿元每平方公里）	人均用水量占人均水资源比重（%）	城市人口密度（人每平方公里）
全国	46629	0.80	12.73	22.35	2419
全区	33090	0.61	13.73	15.45	1684
南宁市	45735	0.40	14.25	33.85	3242
柳州市	57049	0.83	11.88	10.94	3466
桂林市	37288	0.59	6.60	12.53	1457
梧州市	35819	0.52	8.45	14.80	1196
北海市	53636	0.63	21.47	41.23	430
防城港市	65178	0.91	9.44	7.17	763
钦州市	26971	0.60	7.85	15.67	935
贵港市	19004	0.93	7.60	36.40	1428
玉林市	23780	0.54	10.46	24.29	2195
百色市	25807	1.42	2.54	10.14	692
贺州市	22375	1.01	3.82	14.02	3927
河池市	17467	0.60	1.80	6.66	2794
来宾市	25558	0.69	4.12	27.68	3108
崇左市	31942	0.67	3.75	10.26	3366

（四）生态宜居

建成区绿地面积覆盖率。2014年南宁市、北海市、防城港市、钦州市的建成区绿地面积覆盖率分别为49.36%、39.92%、33.67%、33.94%（见表4）。从全区及全国看，经济区四市建成区绿地面积覆盖率与全区平均水平（39.3%）、全国平均水平（40.2%）差别不大，其中南宁市为国家园林城市，建成区绿地面积覆盖率大。

城市生活垃圾无害化处理率。2014年南宁市、北海市、防城港市、钦州市的城市生活垃圾无害化处理率分别为100%、100%、

97%、86.65%（见表4）。从全区及全国来看，经济区四市仅钦州市低于全区平均水平（95.4%）、全国平均水平（91.8%），整体来看经济区城市生活垃圾无害化处理率水平较高。

人均城市道路面积。2014年南宁市、北海市、防城港市、钦州市的人均城市道路面积分别为14.16平方公里、21.39平方公里、35.59平方公里、31.67平方公里（见表4）。从全区及全国来看，经济区四市仅南宁市低于全区平均水平（15.75平方公里）、全国平均水平（15.34平方公里），说明南宁市城市人口密度高、道路建设面积少，导致人均城市道路面积偏少，容易出现城市拥堵。

每万人拥有公共汽车。2014年南宁市、北海市、防城港市、钦州市的每万人拥有公共汽车分别为14.00标台、8.65标台、14.05标台、9.06标台（见表4）。从全区及全国来看，经济区四市均低于全区平均水平（39.4标台）、全国平均水平（47.9标台），说明四市应着力加强公共交通建设，提升公共交通出行水平。

表4 生态宜居方面

区　　域	建成区绿地面积覆盖率（%）	城市生活垃圾无害化处理率（%）	人均城市道路面积（平方公里）	每万人拥有公共汽车（标台）
全　　国	40.2	91.8	15.34	47.9
全　　区	39.3	95.4	15.75	39.4
南 宁 市	49.36	100	14.16	14.00
柳 州 市	41.82	100	11.77	7.65
桂 林 市	40.03	73.57	11.85	12.53
梧 州 市	40.13	100	14.60	7.22
北 海 市	39.92	100	21.39	8.65
防城港市	33.67	97	35.59	14.05
钦 州 市	33.94	86.65	31.67	9.06
贵 港 市	24.44	98.67	18.30	5.02

续表

区域	建成区绿地面积覆盖率（%）	城市生活垃圾无害化处理率（%）	人均城市道路面积（平方公里）	每万人拥有公共汽车（标台）
玉林市	37.04	100	14.42	3.68
百色市	37.01	100	17.03	7.05
贺州市	34.25	100	11.16	4.31
河池市	27.68	100	9.51	6.49
来宾市	32.82	100	21.76	9.34
崇左市	39.00	57.86	11.29	2.85

（五）协调发展

居民收入发展速度与劳动生产率发展速度比率。2014年南宁市、北海市、防城港市、钦州市的居民收入发展速度与劳动生产率发展速度比率分别为1.02、0.98、1.00、0.99（见表5）。从全区及全国来看，经济区四市该指标均高于全区平均水平（0.93），但均低于全国平均水平（1.06）。

每千人口医疗卫生机构床位数。2014年南宁市、北海市、防城港市、钦州市的每千人口医疗卫生机构床位数分别为5.12张、4.18张、3.95张、3.27张（见表5）。从全区及全国来看，经济区四市仅南宁市高于全区平均水平（4.24张）、全国平均水平（4.85张），其他三市均低于全区平均水平、全国平均水平，医疗卫生机构建设急需加强。

城乡保险覆盖面（养老＋医疗）。2014年南宁市、北海市、防城港市、钦州市的城乡保险覆盖面（养老＋医疗）分别为40.60%、41.00%、45.60%、20.62%（见表5）。从全区来看，经济区四市仅钦州市低于全区平均水平（34.18%）；从全国来看，经济区四市都大幅低于全国平均水平（68.63%），城乡保险工作力度亟待加强。

教育社保就业支出占财政支出的比重。2014年南宁市、北海市、防城港市、钦州市的教育社保就业支出占财政支出的比重分别为26.04%、24.18%、24.00%、36.44%（见表5）。从全区及全国来看，经济区四市中仅钦州市高于全区平均水平（30.11%）、全国平均水平（28.68%）。

表5 协调发展方面

单位：张，%

区域	居民收入发展速度与劳动生产率发展速度比率	每千人口医疗卫生机构床位数	城乡保险覆盖面（养老+医疗）	教育社保就业支出占财政支出的比重
全 国	1.06	4.85	68.63	28.68
全 区	0.93	4.24	34.18	30.11
南宁市	1.02	5.12	40.60	26.04
柳州市	1.02	5.47	60.83	26.54
桂林市	1.03	3.49	38.00	27.10
梧州市	1.03	3.37	34.36	28.37
北海市	0.98	4.18	41.00	24.18
防城港市	1.00	3.95	45.60	24.00
钦州市	0.99	3.27	20.62	36.44
贵港市	1.05	2.49	18.53	38.65
玉林市	1.03	3.04	21.92	36.51
百色市	1.03	3.84	22.03	29.57
贺州市	1.04	3.11	21.22	11.03
河池市	1.01	3.48	23.97	30.89
来宾市	1.02	3.70	23.78	30.84
崇左市	1.01	3.00	30.50	32.77

二 北部湾经济区城镇化发展质量提升的突出问题

北部湾经济区作为广西壮族自治区经济发展的核心增长极，城镇化质量理应在全区起到示范带动作用，但与全国其他地区相比，经济区四市在城镇化质量建设方面还存在一些突出问题，主要表现如下。

（一）产城互动有待加强

主要表现如下。人口城镇化进展较为缓慢，特别是钦州市的城镇人口占常住人口比重大幅低于全区平均水平和全国平均水平。建成区面积占城区面积比重偏低，北海市、防城港市建成区面积占城区面积比重与自治区平均水平有较大差距。非农产业增加值占地区生产总值比重偏低，大幅低于全国平均水平。R&D经费支出占GDP比重偏低、地区差异较大，四市均低于全国平均水平，最高的防城港市与最低的钦州市差距达到1.11个百分点。

（二）节约集约程度不高

主要表现如下。单位建设用地产出强度不高，钦州市与防城港市单位建设用地产出强度较低，有待进一步提高。人均用水量占人均水资源比重偏高，南宁市及北海市大幅高于全区水平，水资源利用效率有待进一步挖掘。城市人口密度偏低，北海市、防城港市、钦州市的城市人口密度大幅低于全区平均水平、全国平均水平，城市人口容量仍有较大提升空间。

（三）宜居环境亟须改善

主要表现如下。人均城市道路面积不高，南宁市城市人口密度高、道路建设面积少，导致人均城市道路面积偏少，城市拥堵现象显现。每万人拥有公共汽车少，经济区四市均低于全区平均水平、全国平均水平。

（四）公共服务投入亟须提高

主要表现如下。每千人口医疗卫生机构床位数偏少，北海市、钦州市、防城港市均低于全区平均水平、全国平均水平，医疗卫生机构建设急需加强。城乡保险覆盖面（养老＋医疗）不高，经济区四市都大幅低于全国平均水平，城乡保险工作力度亟待加强。教育社保就业支出占财政支出的比重偏低，仅钦州市高于全区平均水平、全国平均水平。

三 提升北部湾经济区城镇化质量的方向和重点

（一）提升经济区城镇化质量的总体思路

全面贯彻党的十八大和十八届三中、四中、五中全会精神，以邓小平理论、"三个代表"重要思想、科学发展观为指导，贯彻创新、协调、绿色、开放、共享五大发展理念，按照中央城市工作会议的总体部署，以国家和自治区城镇化发展规划为指导，坚持以人为本、科学发展、改革创新、依法治市，统筹空间、规模、产业三大结构，统筹规划、建设、管理三大环节，统筹改革、科技、文化三大动力，统筹生产、生活、生态三大布局，统筹政府、社会、市民三大主体，有序推进农业转移人口市民化，优化城镇空间布局，推动大中小城市和小城镇协调发展，推动产城融合发展，促进城乡协调发展，提高新型城镇化水平，充分发挥北部湾经济区城镇群在广西实现"两个建成"目标中的重要作用，走出一条富有活力、宜居宜业、社会和谐、多元特色的北部湾经济区城镇化发展道路。

（二）提升经济区城镇化质量的发展目标

主要从城镇化率、空间布局、基础设施、生态环保等方面设置相关指标。

城镇化水平持续提升。2014年北部湾经济区常住人口城镇化率为52.5%，近十年年均增长1.5个百分点，比全区平均水平高0.2个百分点，预计到2020年北部湾经济区常住人口城镇化率达到

61.5%。近十年经济区年均增长20万人，考虑到经济区经济发展增长高于全区2~3个百分点，吸引人口速度也将呈增加趋势。总人口以年均增加30万人的速度计算，到2020年总人口达到1600万人。到2020年，南宁市城区人口将超350万人，钦州、北海、防城港城区人口分别达到50万人、60万人、40万人。

城市空间布局不断优化。结合北部湾经济区资源禀赋和区位优势，统筹空间、规模、产业三大结构，逐步形成横向错位发展、纵向分工协作的产业协作协同发展格局，实现生产空间集约高效、生活空间宜居适度、生态空间山清水秀的空间结构，培育紧凑集约、高效绿色城镇群。

城镇综合承载力进一步提升。统筹规划，科学布局城镇公共设施，提升承载能力，发展强化中心城区与周边卫星城市的经济联系。到2020年，城镇污水处理率、生活垃圾无害化处理率均达到100%。城镇道路、通信、燃气、供排水、环保、公共交通等基础设施，以及城镇土地、空间、水、能源等资源利用效率大幅提升等。

城镇化体制机制逐步健全完善。稳步实现义务教育、就业服务、基本养老、基本医疗卫生、保障性住房等城镇基本公共服务覆盖全部常住人口。户籍管理、土地管理、就业社保、财税金融、行政管理、生态环境等制度改革取得重大进展，统筹城乡协同发展体制机制逐步完善，影响城镇化质量水平提升的体制障碍基本消除。

（三）提升经济区城镇化发展质量的重点领域和方向

提升城镇化发展水平是一项系统工程，涉及方方面面，需要统筹推进。

1. 加快农民工市民化步伐

广西城镇化规划提出2020年要实现600万符合条件的农业转移人口落户城镇的目标。并将目标任务进行了分解，北部湾经济区四市共需要完成涉及175万人的目标任务。重点要做好以下工作。

一是推进户籍人口城镇化。针对户籍城镇化严重滞后的问题，要制定分类落户的政策。南宁应进一步降低落户门槛，合理设立入户条件。北海、钦州、防城港应与县城、建制镇一样全面放开，不设落户条件。要分类研究不同年龄段农民工的需求，分类有针对性地推进农民工落户城镇，重点做好新生代农民工、返乡农民工和部队转业军人就业，关注农民工比较集中的重点区域、重点城市和人口大县。

二是要重视解决农民工的住房问题。目前农民工收入与城镇房价普遍不匹配，尽管目前中央采取化解房地产库存的政策措施，鼓励房地产企业适当降低商品住房价格，但还是超过了农民工的购买能力，单靠农民工消化庞大的房地产库存是不现实的。还有许多需要改进的地方。首先，城市政府根据每个城市的农民工数量，每年无偿划拨一定数量的土地用于保障房建设，改变以往土地的招拍挂方式，从源头上降低保障房价格。其次，大力发展公租房，规范公租房管理，鼓励企业和个人购买商品房，发展租赁市场业务。再次，要改变以往公租房和保障性住房在城市周边单独建设、配套服务设施少的模式，要结合旧城区改造一并推进，特别是中心城区和旧城区需要如餐饮、酒店等大量服务业，将旧城区改造时，划出一定数量的土地用于公租房，解决农民工的住房租赁需求。最后，要用充分发挥市场的力量解决农民工住房问题，农民工的收入水平也可以分为上中下几个等级，政府的重点是保障收入相对较低的那一部分群体。

三是保证农民工子女接受义务教育。外出打工的农民工子女被送到城镇接受义务教育，导致城镇中小学校班额严重超编。同时，农民工子女在留守地接收教育，产生了各种社会问题，不利于农民工子女的健康成长。要科学合理布局学校，将更多的农民工子女纳入城镇义务教育体系。要加大城市地区、农民工集中地区的教育投入力度，加大义务教育和中等职业教育，特别是南宁市应结合全区和北部湾经济区的重点产业和人才需要，培养产销对路的技工，要学习柳州的技工教育相关经验和做法。

四是统筹推进制度改革。要制定教育培训、养老保险、医疗保险、社会救助与福利服务、公共卫生服务、劳动力技能培训等配套政策，让农民工享受与城镇居民大致相当的待遇。要加快落实国家农民转移人口的"三挂钩"机制，让农民工在城市真正生根落户。

2. 优化城镇化空间、规模和产业结构

一是优化城市内部功能。近10年来经济区四市城镇化进程速度很快，成就明显，可以说是城镇化发展的黄金时期，建成区面积增加了1倍多，特别是南宁市的影响力日益提升。但目前广西仍没有超大型城市，与广西的开放优势、区位优势和中央提出"三大定位"的要求有很大的差距。目前的问题，一方面是有影响力的大城市不够；另一方面交通堵塞、能源消耗高、空气水环境污染重等城市病越来越严重，特别是上下班高峰的交通堵塞，其中除了私家车激增、公共交通发展不够外，也与城市的产业、空间、功能布局不合理有密切的关系。城市规划要围绕人的多种需求展开，特别是将就业、居住、服务等相对集中布局在一起，只有这样，才有可能大量减少交通出行。在功能集中和分散之间找出相对平衡点，从而尽量减少上下班的钟摆流动。

二是强化中心城市和周边卫星城的联系。目前中心城市相对较强，周边卫星城数量远远不够，质量不高，经济联系不够紧密。随着市市通高铁和县县通高速等战略的实施和完成，中心城市与周边县城和城镇的空间距离大为缩短，城市布局方面，可以统筹考虑中心城镇与周边城镇的关系，如南宁市可以将更多的教育功能放在武鸣，将旅游休闲体育功能放在上林和宾阳。

三是加强北部湾经济区城市群之间的联系。南宁市要充分发挥首府功能，大力发展服务业和先进制造业，大力提升经济社会发展水

平，大幅提高国际化程度和国内外竞争力，提升在全国城镇化战略格局中的地位和作用。沿海三市要围绕区位优势，发展重化产业和外向型经济。以南宁为核心促进北海、钦州、防城港四市同城化，强化大中小城市和小城镇产业协作协同，逐步形成横向错位发展、纵向分工协作的发展格局。要推进轨道交通、城际铁路、高速公路和信息基础设施建设，强化城市群之间的联系，推动跨区域基础设施、产业协作、公共服务、生态环保等协调联动。

3. 加快城镇基础设施建设

经济区四市城市群基础设施建设相对沿海地区处于落后地位，城市间快速的对外连接通道不足，基础设施缺少整合共享。

一是加强基础设施规划的衔接。综合考虑城市功能定位、文化特色、建设管理等多种因素来规划建设交通、能源、水利、通信、环保、防灾等基础设施，提升基础设施网络化、共享化水平，为区域资源优化配置打下坚实基础。

二是推进交通一体化发展。构建以南宁为主枢纽、沿海三市为支撑、县城为节点的综合交通网络，重点在南宁与沿海三市之间形成紧密衔接、通边达海的现代化综合交通运输体系。完善综合交通枢纽，加强铁路、公路、民航、水运与城市轨道交通、地面公共交通等多种交通方式的衔接。城市内部交通，坚持以公共交通为主，适度发展小汽车，运用信息技术发展定制化服务、拼车、租车等模式，构建低碳交通模式。加强北部湾港口软硬件建设，建设北部湾港一批大型泊位和深水航道，建设国际邮轮母港和集装箱干线港。

三是加强信息基础设施共享共建。统筹规划建设新一代信息基础设施网络，推进信息网络设施同城化。加快规划建设新一代移动通信、下一代互联网、数字电视、卫星通信等网络设施，构建下一代信息基础设施。推进信息应用一体化，建设区域信息交换共享平台，加快电子政务、社会保障、劳动就业、城市管理、环境保护等公共信息服务平台同城共用，推动居民日常生活"一卡通"，实现信息资源互联共享。推进中国—东盟信息港建设，发展云计算服务平台、大数据产业等。

四是推进产业园区与城市基础设施融合发展。加快实现园区道路、管道与城市交通网的无缝对接，改造升级社区医院、公共住房、学校、银行等公共服务设施，将产业园区打造成集生产、生活、娱乐于一体的新型社区。

五是科学规划建设市政基础设施。要加强对城市地上、平面、地下空间资源的规划和管控，突出城市特色和个性。加强城市供水、污水、雨水、供热等地下管网的建设和改造。推进城市地下综合管廊建设和海绵城市建设。按照综合管廊模式开发建设新道路、城市新区和各类园区地下管网。

六是合理优化区域能源基础设施布局。综合考虑沿海地区环境容量和电力供需情况，积极发展核电，优化布局火电项目和煤炭供应地及储运中心，加快淘汰小火电厂，在有条件的地区，推进分布式能源和热电联产项目。大力发展天然气，提升清洁能源和可再生能源比重，适度发展生物质发电。利用北部湾海洋油气资源，建立海上油气资源开采基地。

4. 加快城市生态文明建设

根据中央城市工作会议对城市生态文明提出的要求，北部湾城市生态文明建设重点要做好以下几个方面。

一是做好空气的文章。加强城镇大气环境综合整治，强化责任考核。建立大气污染治理部门联动和区域联防联治机制，重点推进黄标车及老旧车淘汰、燃煤小锅炉淘汰、重点行业大气主要污染物减排等工作。强化城市环境空气质量监测及预警，将城市环境空气质量情况及排名向社会公布，促进地方政府重视和采取措施改善环境空气质量。开展大气污染物源解析工作，对环境空气质量下降明显的城市提出治理指导意见。

二是做好水的文章。随着经济社会快速发展,城乡人口聚集区域的小江、小河及城市区域内河污染问题日益凸显。要对污染严重的小江小河、内河河道开展全面排查,促使建成区范围"污水管网畅通"、内河水清无味。沿海三市防止重化工业、生活污水对海洋的污染,工业企业要提升工业用水的循环使用水平,减少废水的排放量。

三是做好污水垃圾的文章。全面推进城区污水管网建设,加快各市、县城区生活污水管网建设和人口密集的老旧城区生活污水管网改造建设工作,提高城镇污水厂进水浓度和处理负荷。推进重点建制镇污水处理设施建设,"十三五"时期,建议所有建制镇都要建设污水处理设施。

四是做好绿地生态空间的文章。要控制城市开发强度,划定水体保护线、绿地系统线、基础设施建设控制线、历史文化保护线、永久基本农田和生态保护红线,推动形成绿色低碳的生产生活方式和城市建设运营模式。严格保护城镇中的自然山水,依托山体、湖泊、水系、交通干线等建设绿色生态廊道,加大公园、街道绿地、绿色廊道等建设,打造亲水亲山亲绿宜居城镇。

五是做好循环和集约的文章。牢固树立绿色发展的理念,重视土地、水和能源等资源集约、回收和循环利用,大力发展循环经济。用循环化的理念和方法来改造提升传统产业,推广绿色建材,重点推进制糖、铝业、石化、化工、建材等行业的绿色循环发展。开展低碳城镇试点,推广绿色生活方式和绿色消费模式。

四 加快提升北部湾经济区城镇化质量对策建议

提升城镇化质量是一项长期艰巨的任务,必须立足当前、着眼长远,采取有效措施,扎实稳步推进。

（一）强化协作推进，争取国家支持北部湾城市群建设

1. 通力合作推进北部湾城市群上升为国家战略。目前，国家"十三五"规划纲要已明确提出要培育中西部地区城市群，而环北部湾城市群是纳入规划引导发展的8个城市群之首。环北部湾城市群涉及粤桂琼三省区，建设环北部湾城市群上升为国家战略，机遇难得，南宁、湛江、海口等环北部湾中心城市应摒弃"各自为战"，抓住机遇，共商大事，共谋发展，加强协调与合作，统一步调，共同落实国家关于建设环北部湾城市群的规划布局，力争在规划引导发展的8个城市群里脱颖而出，成为亮点。从目前工作基础来看，建议三省区建立北部湾城市群顶层协调机制和内部协调机制，共同推动完成北部湾城市群发展的总体规划与各专项规划，力争在相关领域的基础性工作和基础建设方面取得良好开局。

2. 争取国家政策支持北部湾城市群建设。随着北部湾城市群开放开发上升为国家战略和中国—东盟自由贸易区的建成，北部湾城市群不仅是广西壮族自治区的增长引擎，还将成为中国未来经济增长的新引擎和西南沿海的重要增长极之一。因此，广西壮族自治区应充分发挥北部湾经济区沿海、沿江、沿边区位优势，抓住建设中国—东盟自由贸易区升级版、"一带一路"建设以及中央赋予广西"三大定位"等重大机遇，将北部湾经济区城镇化建设纳入环北部湾城市群建设内容，争取国家加大对北部湾经济区城市建设的支持力度，建议从国家层面制订发展规划，明确北部湾城市群发展目标、空间结构和开发方向，明确各城市的功能定位和分工，统筹交通基础设施和信息网络布局，加快推进城市群一体化进程。加大中央财政对北部湾城市群建设的一般转移支付力度，实施更优惠的财税金融政策、土地政策，在基础设施建设、产业布局和重大项目建设、科技创新和人才建设等方面对北部湾地区给予优先考虑和重点支持。

（二）坚持规划引导，着力推进经济区同城一体化发展

根据《国家新型城镇化规划（2014—2020年）》《中共中央国务院关于进一步加强城市规划建设管理工作的若干意见》等要求，在《广西北部湾经济区发展规划》《南宁北海钦州防城港玉林崇左百色市区域一体化发展规划》等规划框架下，结合北部湾经济区各市资源禀赋，统筹协调，开展北部湾经济区城市群基础设施建设、产业布局、市场规划、生态环境、社会等的城镇化整体协同发展规划编制，实行"多规合一，一规到底"，将北部湾经济区作为一个整体区域进行规划，强化北部湾经济区城镇化分工互补、协同发展。

（三）加强产城互动，合力打造经济区优势产业集群

1. 统筹产城互动的底层设计。产业是提升城镇化质量的重要支撑，产城协同融合是城镇化可持续发展的重要保障。推动城镇布局与产业布局有机结合，实现城镇规划与产业发展的同步推进。组织编制《北部湾经济区产城融合发展规划》，根据产业发展的实际需求，明确各市产城的工作布局和发展目标，提升产城互动规划的整体性和科学性。不断优化用地空间布局，通过改造升级公共服务、配套服务设施，加快推进产业园区化、园区城镇化、产城一体化建设步伐，形成工业化带动城镇化、城镇化推进工业化的发展格局。

2. 突出产业分工打造优势产业集群。以园区建设为抓手，明确各个园区的主导产业和特色产业，大力发展石化、钢铁、汽车、能源、新材料、电子信息、装备制造等先进制造业，升级改造重化工业，加快发展战略性新兴产业和现代服务业，发展临港产业集群，构建具有国际竞争力的现代产业体系。按照产业链合理分工、有序衔

接，上下游配套发展原则，合理规划优势产业布局，打造具有较强区域竞争力和区域特色的产业集群，实现各园区产业优势互补，错位发展的一体化产业发展新格局。

（四）深化同城对接，稳步推进城乡公共服务均等化

1. 统筹推进经济区四市城乡公共资源布局。根据北部湾经济区城镇布局，科学规划，统筹优化公共资源分布。建议加强顶层规划及设计，将北部湾经济区城镇化发展规划与公共资源布局规划统筹同步推进。根据北部湾经济区未来城镇布局及功能、结构规模的调整，城镇人口的流动及变化特点，制订公共资源分布规划，分步骤有重点地进行城镇公共资源布局。加强开展实地调研，科学测算北部湾经济区工业化、城镇化进程中人口的流动趋势及增减区域，为合理配置公共资源提供依据。在城镇化程度相对较高、人口集中度高的区域，应提高公共资源的分布密度。在城镇化程度较低、人口集中度相对较低的地区，应科学测算布局公共资源总量，充分集中共享公共资源。

2. 推进经济区同城化向区域基本公共服务一体化延伸。深化户籍制度改革，淡化行政区划概念，县城及以下城镇的落户限制全面放开，加快户籍同城化步伐，消除附着在户籍上的就业、医疗、养老、教育、住房保障等方面的地区差异，真正实现区域基本公共服务同城化。合理规划布局、优化配置区域公共资源，着力推动公共资源要素流动便利化，逐步实现公共资源均等化。通过实施社会保障"一卡通"，门诊、急诊"病历一本通"，出行咨询服务、投诉、维修救援"一号通"等措施，构建集应急信息平台、应急网络通信平台、应急决策支持平台和应急指挥平台于一体的灾害救助应急指挥系统，推动覆盖城市群的城乡统筹的社会保障体系进程，不断缩小区域基本公共服务差距。

（五）突出城市文明，提升经济区城镇生态宜居水平

1. 突出推进绿色城市建设。强化城市绿色规划引领，完善绿色城乡规划体系，突出绿色发展导向，合理确定城市规模，适度控制各类建设用地总量，逐步增加生态用地比例，明确绿地率、绿容率、绿色建筑比例、可透水地面比例等绿色发展指标要求。推动基础设施建设绿色化，积极开展南宁市海绵城市建设试点和城市地下综合管廊建设试点。完善城镇园林绿地系统，持续推进城镇园林绿化提升行动，打造一批园林绿化精品示范工程，创造条件力争四市联合申报并获得国家园林城市，积极创建绿色低碳城市。加强城市环境治理，开展城镇生活垃圾分类和建筑垃圾资源化利用，开展"三线三边"治理。

2. 突出推进智慧城市建设。加快推进智慧城市建设重点工作，结合中国—东盟信息港建设，以"互联网＋"为引擎，加强信息基础设施建设，实现光纤到户改造，推进市政基础设施信息系统建设；整合城市基础空间、人口、法人、建筑物等基础数据资源，推进智慧城市公共信息平台建设一体化。实现云计算、大数据等信息技术在道路、桥梁、城市、污水垃圾处理、园林绿化等城市基础设施管理中的智能化应用。充分利用现代信息技术，推进城建档案数字化异地备份。依托数字化城市管理系统，实现对市容保洁、渣土运输、占道经营、景观亮化控制等系统管理拓展。通过搭建数字城管平台对城市基础设施部件、城市管理事件实施网格化、精细化管理。

3. 突出绿色村镇建设。传承村镇风貌特色，完善村镇规划编制标准，在经济区优先开展宜居小镇、特色景观旅游名镇（名村）示范创建。依托美丽广西清洁乡村行动，持续推进村庄建设、环境整治、兴业富民、土地整治、管理创新工程，培育中心村、整治自然

村、提升特色村，优先在经济区推进农村新型社区建设试点。

4. 突出绿色低碳出行。统筹重大交通基础设施建设，合理分配城市交通路权，优化重要交通节点设置和方便衔接换乘，完善路网结构。统筹配置各种交通资源，优先发展公共交通，推广新能源车辆和公共自行车，开展国家步行和自行车交通系统示范区建设试点，加强与个体机动化交通以及步行、自行车出行的协调。

（六）加快先行先试，探索新型城镇化建设制度供给

1. 开展小城市和特色城镇培育试点。把加快发展中小城市和特色城镇作为北部湾经济区各市新型城镇化建设的重要方向，努力将培育发展小城市作为打造千万级城镇人口的北部湾城市群的重要路径，开展小城市和特色城镇培育试点工程。区别划分不同类型的主导城镇，突出中小城市发展的专业特色、比较优势和功能作用。扎实做好小城镇发展规划，对中心镇特别是10万人以上的重点镇，按照现代城市的理念、功能和框架进行规划、设计、建设与管理，不断完善公共服务功能，突出民族特色、地域性和个性化。

2. 开展经济区农民工市民化试点。以人的城镇化为核心是新型城镇化的重要内容。提升北部湾经济区城镇化质量不仅是指城市空间的扩张，还应把农民工市民化作为提升城镇化质量的重大任务，建议在北部湾经济区开展农民工市民化试点，大胆先行先试。把推进农民工市民化纳入政府职责，强化各部门工作职责，促进农民工在城镇稳定就业，开展社会管理创新，促进新生代农民工主动融入城市。以健全公共服务制度为突破口，稳步推进农民工市民化，分群分类、差异化地提高市民化程度。积极探索城市建设用地与外来人口增加挂钩的办法，加大财政对农民工市民化的支持力度，建立低门槛、广覆盖、可接转的农民工社会保障制度等。

3. 开展多元化可持续城镇化投融资试点。资金是推进城镇化发

展的重要保障。如何解决城镇基础设施建设、公共服务投资等，是推进城镇化的大难题。因此，提升北部湾经济区城镇化质量，必须对投融资机制进行创新。以市场机制来实现产城互动融合发展与当地经济的有机融合，以市场化运作引导产城互动融合朝着利益最大化、效益最优化的可持续发展方向发展。提高社会资本参与城镇化建设的比重，鼓励金融机构加大信贷投放和创新金融产品，发展资本市场，扩大城镇化直接融资比例。如土地开发，在初期由政府统一规划开发，在开发过程中可运用招商引资等专业化分工建设的发展模式。积极探索园区资源运营模式，提高工业园区标准厂房出租率，强化储备，稳步推进工业园区土地回购，为统一实施产业结构调整的综合开发建设奠定基础。此外，可以放开市政公用市场，盘活城市存量资产，广泛吸引社会投资，鼓励更多的社会资金投入城镇化建设。

4. 开展北部湾经济区城镇化质量评估试点。在北部湾经济区开展城镇化质量评估试点，建立和完善城镇化进程中人口规模、人口流动、布局、公共服务、基础设施、生态环境、城乡一体化等方面的统计监测指标体系，开展城镇化发展动态监测与跟踪分析，及时研究和解决北部湾经济区城镇化发展中的新情况新问题。自治区层面研究制定提升北部湾经济区城镇化质量的绩效评价体系和督查考核机制，将新型城镇化发展工作纳入各级各部门目标责任考核范围，充分发挥绩效评价和督查考核的导向作用，形成激励机制，进一步促进提升北部湾经济区城镇化发展质量。

（七）创新要素投入，健全共享合作一体化体制机制

牢固树立贯彻创新、协调、绿色、开放、共享的发展理念，把创新贯穿于供给侧结构性改革的全过程，着力构建北部湾城市群创新机制体制。不断完善决策、沟通、考核评价机制，实施优惠创新政策，

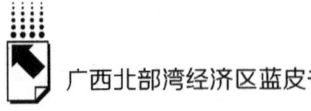

鼓励支持开拓创新先行先试，不断优化产业培育、财税扶持、土地使用、金融、外经贸发展、人力资源和科技开发、优化投资环境。加大创新要素投入，促进产业转型升级，着力增强城市群投入体系的要素的吸引力、协调力和整合力，逐步实现城镇化建设由政策驱动向市场驱动转变。

经济区各地市篇

Development of Cities

B.8
南宁市2015~2016年开放开发进展及2017年发展态势

南宁市北部湾（广西）经济区规划建设管理委员会办公室

摘　要： 本报告简要回顾了2015年、2016年南宁市的开放开发情况，重点对2017年南宁市开放开发的态势进行分析，指出了2017年南宁市开放开发所面临的机遇和挑战，并针对发展提出了相应的对策建议。

关键词： 南宁渠道　同城化　开放发展平台　外向型经济

一　2015~2016年南宁市开放开发的进展情况

（一）南宁市2015年开放开发主要工作及成效

2015年，南宁市面对经济下行压力持续加大和改革发展稳定任务重的严峻形势,在全市开放开发中主动适应经济发展新常态,实现了稳中提质、稳中增效、稳中有进。全年实现地区生产总值3410.09亿元,其中:第一产业增加值370.35亿元,同比增长4.1%;第二产业增加值1345.66亿元,同比增长8.2%;第三产业增加值1694.08亿元,同比增长9.9%。并在以下几方面成效显著。

1. "南宁渠道"作用凸显,开放合作水平不断提升

2015年,南宁市积极参与"一带一路"、中国—东盟自贸区升级版、南宁—新加坡经济走廊建设,"南宁渠道"作用更加凸显。成功服务中国—东盟博览会、中国—东盟商务与投资峰会及中越青年大联欢、中国—东盟生态宜居论坛、中国—东盟市长论坛等国际活动,中国—东盟技术转移中心等一批面向东盟的合作平台落户南宁,中国—东盟信息港南宁核心基地建设正式启动。6个东盟国家在南宁设立总领馆,东盟十国、日韩商务联络部建成使用。2015年,南宁市全年进出口总额达58.69亿美元,同比增长21.9%,高于全区增速8.4个百分点,其中:出口额达32.61亿美元,同比增长24.6%;进口额达26.08亿美元,同比增长18.7%;出口额达1000万美元以上的企业有34家,机电产品出口比重提高到43%,高新技术产品出口比重提高到32%。"十二五"期间,累计利用外资27.9亿美元,年均增长16.04%,外贸进出口总额年均增长21.54%。2015年,南宁市全年新增境外投资企业19家,增资企业1家,中方协议投资额7.4亿美元,同比增长106%。南宁市正阔步走向面向东盟开放合作的区域性国际城市。

2. 落实"全面深化改革"战略决策部署,创新措施、改革亮点不断涌现

2015年,南宁市共承担自治区20项重大改革举措任务,实施65项国家、自治区级试点任务,推进市本级八大类148项改革任务,其中有46项重点改革任务。为贯彻落实全面深化改革重大决策部署,南宁市强力推进重要领域和关键环节改革,有效促进了调结构稳增

长,完成自治区改革任务103项,在全市掀起了全面深化改革新高潮。

3. 南北钦防同城化加快推进,先导带动作用持续增强

南北钦防同城化加快推进,户籍、电信、医保、就业政策、公积金异地贷款基本实现同城化。通过实施简化户籍办理手续、放宽入户条件、创新居民身份证管理等措施,创新户籍管理。全面率先实行同城化社保政策、社保"一卡通"、健全劳动就业同城化服务体系等配套措施,统一社会保障。推进新农合基金市级统筹试点工作,推进城乡医保"三合一",共享基本医疗卫生计生服务。同步放宽异地购房和住房公积金贷款限制。基础设施、教育和旅游待遇同城化进程也不断推进。

(二)南宁市2016年开放开发主要工作及成效

2016年,南宁市在全市开放开发中认真践行五大发展理念,坚持稳中求进的工作总基调,按照"六个着力"要求,积极应对经济发展新常态,实现了开放开发新进展。全年实现地区生产总值3703.4亿元,其中:第一产业增加值400.67亿元,同比增长3.9%;第二产业增加值1427.16亿元,同比增长5.8%;第三产业增加值1875.57亿元,同比增长8.5%。并在以下几方面成效显著。

1. 描绘开放合作新路线图

2016年,南宁市高度重视、周密组织、统筹谋划,为加快形成面向国内国际的开放合作新格局谋篇划局。一年来,市"十三五"规划正式出台,规划以五大发展理念为主线,贯彻"四个全面"战略布局、落实"三大定位"新使命,谋划和推动南宁市"十三五"经济社会发展。市政府审议通过《南宁市关于全面提升开放发展水平的实施意见》,意见从融入国际国内开放新格局,加快"引进来"和"走出去",搭建开放平台,拓展开放领域,优化开放环境,加强组织保障等方面提出具体的29条实施意见，出台后成为南宁市全方位开放发展的指导性文件。南宁市参与建设"一带一路"实施方案编制完成，方案围绕建设"一带一路"有机衔接的重要门户城市定位，从推进基础设施互联互通、深化商贸物流合作、拓展跨境产业合作空间、推进国际金融合作、密切人文交流合作、完善合作机制平台六个方面提出26条重点任务，规划建设79个"一带一路"重点项目。

2. 外向型经济加快发展

2016年，南宁市深入实施加快外经贸发展三年行动计划，强力推进"1126"行动计划，着力提升外向型经济发展水平。全市全年实现外贸进出口总额416.23亿元，同比增长14.2%，增速高于全区、全国平均水平，其中：出口总额211.13亿元，同比增长4.27%；全年区外境内实际到位内资682.89亿元，增长11.69%；全年外商直接投资7.7亿美元，增长9.83%；三资企业1057家，建成投产三资企业588家。在工作措施上，实施外贸综合通关提速工程，开展"广西—东盟区域（南宁）外贸一体化综合体通关服务提速工程"项目建设。打造高效便利的外贸发展环境，南宁口岸无纸化通关率居于广西前列，提升原产地签证便利化水平，原产地证书签证种类已达15种。实施"走出去"战略，加大对企业境外投资行为指导和规范的力度，引导企业积极赴境外投资，对外投资形式更加多元化，涌现了一批有影响力的投资合作项目。投资涉及领域有油港口码头、专用铁路、公路、汽车制造及农业、林业、渔业、牧业等，"走出去"主体进一步扩大，民营企业成为主力军。实施"加工贸易倍增计划"，加快建设加工贸易梯度转移重点承接地，成功引进广西科天水性科技产业园项目、海南葫芦娃药业集团儿童用药生产基地项目等，富士康、南宁源正新能源汽车有限公司等一批企业做大做强，电子信息、机械装备、铝加工等产业逐步形成辐射东盟市场的产业竞争新优势。打造连接国内外市场的南宁跨境贸易电子商务平台上线以来已办理34个国家1万余单跨境电商零售出口业务,世界500强企业谷歌体验中心、德国SAP、杭州聚贸、阿里—达通等知名跨境电商项目已落户南宁,跨境电子商务产业集聚效应凸显。继续加大外贸出口品牌建设,增强出口品牌企业的龙头带动效应,重点培育南南铝、广西怡凯等五家"广西出口名牌"企业,新推荐苏氏集团、永江食品2家企业申报广西出口名牌。

3. 招商引资效增质提

2016年,南宁市深入实施招商引资三年行动计划,围绕重点领域、重大产业、重大项目推进招商引资"六大专项行动"。根据产业特色和发展需求,组织小分队分别赴广州、深圳、佛山、东莞、杭州、宁波、上海等地开展多次专题招商活动,重点在电子信息、先进装备制造、生物医药等产业以及铝加工、轻工食品等产业和物流业、电子商务、金融等服务业精准招商,成功引进颐高电子商务产业园(东盟梦想小镇)、明匠工业4.0智能制造研发、服务基地项目,南宁研祥智谷暨科技装备业商会东南亚总部集群项目,广州宝湾物流项目等。2016年"两会"期间,成功签约项目24个,其中工业项目占45.83%,签约项目投资方主要来自粤港台地区,金融项目、电子商务项目数量超过历年。

4. 互联互通水平不断提升

2016年,南宁市统筹推进重大交通基础设施建设,着力完善陆路、水运、航空大通道网络布局,推进以南宁为中心,辐射西南、沟通东盟、内外衔接、便捷畅通国际大通道的建设。基本形成"12310"高铁经济网:2015年12月,云桂铁路南宁至百色段通车,百色与南宁、桂林、柳州、梧州、广州等城市实现高铁连通。柳南客运专线、南钦高铁、南广高铁、云桂高铁(南百段)等高速铁路的开通,将南宁到北部湾城市群的时间缩短至1个小时,基本实现以南宁为中心2小时通达北部湾经济区城市与港口，4小时通达全区14个地级市，一日通达邻省省会、邻国首都的发展目标。郁江老口航运枢纽工程投入使用；西津水利枢纽二线船闸工程提速建设，进入施工关键阶段；南宁港六景港区鹤笋作业区一期工程开工建设并有序推进，黄金水道能力跨越提升。南宁吴圩国际机场与包含东盟十国、日本、韩国及中国港澳台地区在内的102个城市实现常态化同行，基本形成了覆盖东盟和国内主要城市的"东盟通"和"省会通"航线网络格局。

5. 开放发展平台支撑作用凸显

2016年，南宁市把建好用好平台载体作为新一轮高水平开放重要突破口，平台支撑作用凸显。成功举办第13届中国—东盟博览会、中国—东盟商务与投资峰会，紧扣中国—东盟自贸区升级版建设，突出国际产能合作，力促中国—东盟信息港等重大项目建设，经贸实效显著提升。南宁综合保税区一期顺利通过国家联合验收组的正式验收并成功引进中国邮政东盟跨境电商监管中心项目，实现广西区内各海关特殊监管区正式验收前项目引进"零"的突破。南宁·中关村双创示范基地正式揭牌运营，成为中关村在国内设立的首个双创示范基地。此外，五象新区申报国家级新区、经开区申报临空经济区、将南宁市纳入中国（北部湾）自由贸易试验区南宁片区等工作正在积极推动。

6. 人文合作渠道逐渐拓宽

2016年，南宁市主动发挥区位优势，深化与东盟等国家的人文交流，着重在科技、教育、文化、体育、卫生、旅游等领域深化交流合作。加强与东盟国家科技合作交流，组织南宁市企业赴越南参加第十三届中国—东盟博览会越南展和中国—越南技术与投资对接会，在新能源、农业技术等领域达成合作协议14项、签约金额2620万元，采集合作需求5项，与中国驻越南大使馆科技参赞、越南社会科学翰林院和越南农业遗传研究院蘑菇研究发展院等建立联系。实施扩大教育国际交流合作建设工程，与泰国、越南等东盟国家开展职业技术人才培训教育，推进"留学绿城"计划。成功举办第四届中国—东盟（南宁）戏剧周，建立中国—东盟（南宁）戏剧交流协作机制，春天的旋律跨国春节晚会连续第八年举办，晚会播出信号辐射亚洲、欧洲、大洋洲、北美洲，覆盖境外观众达1.5亿人。积极申办国际知名体育赛事，努力做活东盟体育文章，成功举办南宁东盟国际龙舟邀请赛、中国南宁—东盟国际棋牌邀请赛、TIF国际女子网球巡回赛·南宁站比赛、全国跳水冠军赛暨里约奥运会选拔赛、2016中国·南宁WBO重量级洲际拳王争霸赛等一系列重大国际体育赛事。加快推动南宁市中医民族医走向东盟，朱琏针灸国际研究基地建设项目拟建海外二级基地进展顺利。加快建设区域性国际旅游目的地，成功举办"南宁·东南亚国际旅游美食节"，采取"走出去，请进来"的办法，巩固主要客源市场，加大境外旅游营销力度，拓宽东南亚入境旅游客源市场空间领域，加强区域旅游合作。加强友城间高层接触，南宁市与克雷马市签订经贸合作谅解备忘录，与马恩河谷省签订2016～2017年友好交流计划书。

二 开放开发存在的困难和问题

（一）经济总量不够大，影响南宁市在参与"一带一路"建设和提升开放开发水平中发挥更大作用

2015年、2016年，南宁市地区生产总值分别为3410.09亿元、3703.39亿元，虽位居我国5个少数民族自治区首府生产总值之首，但在全国27个省会城市中，一直都在第18位、第19位附近徘徊，规模以上工业增加值、社会消费品零售总额、固定资产投资、一般公共预算收入等主要经济指标也大体排在第 15~20 位，在省会城市中相对靠后。跟同处西部的贵阳、昆明、呼和浩特三市相比，地区生产总值增速也较低，且差距逐渐拉大，其他几项主要经济指标增速总体来说都相对缓慢，这些都影响南宁市在参与"一带一路"建设和提升开放开发水平中发挥更大的作用。

（二）外贸发展水平相对不高，与沿海沿江沿边区位优势及东盟合作高地的定位要求还不匹配

南宁外贸进出口规模不大、产业结构不优、企业规模及竞争力不强的问题仍较突出。2015 年，全市进出口额仅占全区进出口总额的 11.4%；进出口额超 1 亿美元的企业只有 7 家；出口产品结构相对单一，抗风性能力不足；跨境贸易电子商务业务起步晚，只开展了跨境电商零售出口业务，配套服务体系尚不完善；装备制造、清洁能源等一些战略性新兴产业带动外贸增长的能力也有待提高。

（三）衔接"一带一路"现代综合交通体系尚不完善

南宁市目前高速铁路网络、高速公路网络、水运港口设施、航运网络都尚不完善。南宁市面向东盟的铁路建设无实质推进，南广高铁设计时速低（黎塘至广州仅 200 千米每小时），难以适应两地之间密切的人员往来要求，尚未实现广西北部湾城市群内部各城市之间的高速铁路全覆盖。贵港经宾阳、隆安至硕龙（对接越南）高速公路建设前期推进缓慢，高等级公路比例不高。西江航道未能实现与北部湾港口群的联动，南宁沟通北部湾港口群、东盟国家的水上通道尚未打通。南宁吴圩国际机场军用、民用功能尚未完全分离，面向东盟的区域性国际门户机场地位还未确立，面向东盟的国际航线密度不足，除曼谷每日 3 班、吉隆坡每日 1 班外，其余东盟航线均不能实现每日发班，与昆明长水国际机场 3000 万旅客吞吐量的设计能力、东盟航线日均发班 16 班相比，仍有较大差距。

（四）产业基础薄弱、实力不强、结构不优，外向型产业发展后劲有所减弱

"十二五"期间，南宁市三次产业结构由2010年的13.58∶36.21∶50.21调整为2015年的10.86∶39.46∶49.68，产业结构已经明显优化。但是，南宁市目前仍处于工业化中级阶段加速发展过程，工业基础比较薄弱，总体实力不强，产业布局分散，龙头企业少，知名品牌不多，2015年，南宁市全部工业总产值3323.82亿元，工业增加值1000.37亿元，分别为区内柳州全部工业总产值4541.25亿元的73.19%、工业增加值1174.93亿元的85.14%，与区外发达城市相比，差距更大。全市制造业新增投资占全市新增投资比重偏低，先进制造业发展相对滞后，科技创新能力相对薄弱，产业集聚度不够，上下游配套产业链不完整，出口持续低迷。南宁部分产业园区承接东部产业转移的储备用地不足，专业人才和用工紧缺，监管水平有待提升，加之受到劳动力、土地等各类要素成本进入集中上升期等影响，承接加工贸易产业梯度转移仍存在较大困难。

（五）政策优势明显，但用足用好活用各类政策缺乏有效办法，现有开放合作平台和机制的功能作用尚未充分发挥

广西已经实现国家战略全覆盖，国家给予广西一系列开放开发相关政策支持，尤其是广西北部湾经济区的政策扶持，南宁市作为"一带一路"有机衔接的重要门户城市、北部湾经济区和珠江—西江经济带的核心城市是各类开放开发政策的富集区、试验区，政策优势十分明显。但是，一方面，由于广西壮族自治区关于参与建设"一带一路"、参与建设珠江—西江经济带的相关政策正在制定，南宁市目前也尚未单独针对"一带一路"、珠江—西江经济带制定对应政策；另一方面，对于用好现有政策，促进各类政策落地，将政策转化为开放开发优势的能力还有待进一步加强。

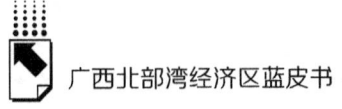

三 2017年开放开发面临的形势及对策建议

（一）面临形势

2017年是"十三五"规划实施的第二年，也是结构性改革的攻坚之年，国内外经济仍处于下行调整周期，南宁市对外开放开发面临的短期困难挑战与长期战略机遇并存。

从全球看，主要经济体经济增速普遍低于预期，全球总需求增速放缓，英国脱欧、美国大选及货币紧缩政策等不确定影响较多，2018年全球经济走势难以判断。从我国看，经济仍面临增长速度换挡期、结构调整阵痛期和前期刺激政策消化期"三期叠加"的挑战，全要素生产率降低，经济下行态势仍未扭转，制造业和民间投资受经济周期影响更大，重大工程和基建投资大幅增长的可能性不大，房地产爆发加剧资金"脱实入虚"并一定程度上透支了居民收入，消费难以进一步扩大，出口难有改观，供给侧结构性改革成效还未显现。从南宁市看，内外因素、新旧矛盾交织，周期性、结构性影响并存，经济发展形势日趋严峻。一是工业增长困难。重点产业还没形成产业链和产业集群，太过于依赖个别大企业，低端产能快速淘汰，近几年缺乏新落地重大产业项目，研祥、中恒、斐讯等一批在建项目进展迟缓甚至停滞，政源、中车等一批投产项目成效低于预期，新动能短期内难以形成较大拉动作用。二是服务业增长乏力。工业经济持续低迷对服务业的影响加深，金融、交通运输、营利性服务业等主要行业增长放缓，居民消费进一步加快增长难度较大，服务业集聚效应尚未形成。三是资金、土地、劳动力等要素制约加紧。劳动力、土地、资源等传统增长动力正在减弱，吸引和承接产业转移的能力和竞争力尚未形成，国内加工贸易和劳动密集型产业向劳动力密集、资源丰富的东南亚国家加速转移。

但国内外宏观环境总体呈现稳定态势，南宁市仍处于大有可为的战略机遇期，经济平稳增长的基础仍在。多项国家重大战略全覆盖，供给侧结构性改革系列政策进一步释放红利。南宁市机械装备制造、电子信息、生物医药等先进制造业逐渐发展壮大，铝工业和糖业启动"二次创业"，金融、现代物流、电子商务等现代服务业加快发展，产业转型升级逐步发挥成效。对外开放合作水平不断加深，中国—东盟信息港南宁核心基地、南宁·中关村双创示范基地、"智慧南宁"等重大工程加快推进，发展新动能正在累积。

（二）对策建议

推进南宁市对外开放发展，应主要抓好以下几项工作。

1. 抓产业培育，壮大实体经济

一是加快"引进来"。继续深入实施招商引资"三年行动计划"，突出工业主导产业、重点服务业以及特色产业和特色园区精准招商，深化"泛珠经济圈"、粤桂黔高铁经济带合作以及京桂两地区域合作招商，大力发展PPP招商、国企混合所有制改革招商、平台招商、以商招商等招商模式，探索实践共建产业园区及园区整体开发招商、工业标准厂房招商、飞地招商、委托招商、境外招商、"互联网＋招商"等招商方式，科学策划包装项目、加快建立招商项目库、客商信息库、政策库，做好重大项目储备，实现快捷高效地获取招商信息、线上互动、招商产业布局地图等互联网功能，全面提升招商引资工作智能化、高效化、科学化水平。二是推动"走出去"。以参与"一带一路"建设为主攻方向，开拓欧美市场，鼓励农业等优势产业到"一带一路"沿线国家开展对外投资，利用当地资源进行基础化、园区化建设，提升产业链一体化和资源整合能力，重点支持企业在境外开展生产加工、资源开发、营销网络、技术研发、品牌并购、文化和教育等对外投资项目以及对外工程总承包项目。三是大力发展加工贸易。继续深入实施"加工贸易倍增计划",巩固现有传统优势产业,以南宁高新区和南宁综合保税区两大自治区级加工贸易重点产业园区为依托,加快加工贸易承接平台建设,培育新兴产业。大力承接以高技术为重点的加工贸易产业转移,不断壮大南宁市加工贸易规模。

2. 抓贸易提升,促进外向型经济发展

一是实施外贸发展创新提质工程。推进外贸供给侧结构性改革,优化对外贸易结构,提高机电产品和高新技术产品在全市出口中的比重;支持企业构建海外自主营销服务体系,拓展贸易渠道,融入全球产业分工合作和境外批发零售渠道,加强外贸品牌建设,提高出口盈利能力,形成新的外贸增长点。二是促进贸易便利。实施外贸综合通关提速工程,开展"广西—东盟区域(南宁)外贸一体化综合体通关服务提速工程"项目建设,以引入通关环节为起点和突破口,实现高效通关目标,建成具有南宁特色的内陆版"单一窗口"。三是做大电子商务。推进传统企业电子商务转型升级工作,鼓励商贸企业在发展传统业态的同时,采取线上线下结合的方式开展电子商务营销。完善跨境电子商务发展环境,进一步提升跨境电子商务通关效率,加快推进跨境电子商务产业聚集区建设,加快推动广西邮政集团跨境电商项目、跨境电子商务综合服务平台二期项目、三祺广场光彩国际项目等一批电子商务重点项目建设。四是发展服务贸易。大力发展服务贸易跨境人民币结算业务,加快发展旅游服务贸易,依托中国—东盟博览会,培育一批专业性强、具有较大影响力的品牌展会。推进邕港澳服务贸易自由化,培育高新区成为自治区实施CEPA先行先试示范基地。加快建设中国服务外包示范城市,大力发展软件和信息技术、金融、工业、交通物流、文化创意设计、生物医药等领域服务外包,建设高新区为服务外包核心集聚区,加快培育五象新区4个服务外包特色集聚区。

3. 抓区域协作，融入国际国内开放新格局

一是积极融入"一带一路"倡议。鼓励企业大力开拓沿线国家市场，积极拓展贸易、投资、文化、物流、教育、产业等区域合作。加快推动中国—中南半岛经济走廊合作，推动中国—中南半岛经济走廊示范区建设，建设"一带一路"有机衔接的重要门户城市。二是全面加强与西南中南地区联动。加强与西南中南地区战略和规划对接，着力构建现代交通、通信、信息、金融、会展等支撑服务体系，为西南中南地区出海出边提供通道，加强经贸往来，提升与西南中南地区互联互通、资源开发、产业对接、生态环保、人才交流、文化旅游等合作。三是深度参与珠江—西江经济带建设。推进落实粤桂共同行动计划，贯彻实施珠江—西江经济带发展规划，发挥经济带核心城市带动作用，继续实施珠江—西江经济带基础设施大会战建设，积极承接珠三角地区产业转移，参与南广高铁经济带建设，与粤港澳建立更加紧密的经贸合作关系。四是主动引领广西北部湾经济区发展。继续加强产业园区建设，大力提升互联互通能力和水平，加快培育现代产业体系，加大重点领域和关键环节改革力度，配合自治区推进南北钦防同城化，完善核心城市综合功能，引领和带动北部湾经济区升级发展。

4. 抓通道建设，加快打造区域性国际交通枢纽中心

一是畅通陆路通道。完善对外高速铁路网络布局，重点建设贵阳至南宁客运专线、南昆铁路南宁至百色段增建二线、湘桂铁路南宁至凭祥段扩能改造等项目，争取尽快形成泛亚铁路—中东线铁路运输通道。加快推动南广高铁的提速改造。完善出区、出边、出海高速公路主通道网络，加速形成以南宁为中心辐射东盟和西南中南的"一环六射三横一纵"高速公路网络，重点建设贵港经隆安至硕龙高速公路、柳州经合山至南宁第二高速、吴圩经大塘至浦北高速公路，积极推进南宁新江至崇左扶绥一级公路等一批通边、出海干线项目。二是拓展航空网络。大力提升南宁吴圩国际机场枢纽地位，按照4F级国

际机场标准提级完善，规划建设中心城区通达机场的铁路和轨道线路，规划建设南宁机场第二跑道及T3航站楼等配套实施扩建工程。巩固并加密现有内地及港澳台地区航线，拓展以东盟为主的国际航线，尽快实现通航区域东盟国家重点城市全覆盖，开辟与西北、中部、北部地区主要城市国内干线航班。大力发展通用航空，形成较完善的通用航空起降网络。三是建设内河航道。全面提升西江航线的通航能力，积极推进"黄金水道"建设，打造内河航运枢纽，完善港口集疏运体系，配合自治区研究规划平陆运河，进一步打通南宁港与北部湾港口群水运通道。四是完善综合交通枢纽。优化铁路枢纽场站布局，全面扩容改造南宁铁路枢纽，规划建设五象站和北站，改造南宁站，完善南站，提升东站南宁现代化铁路枢纽中心功能。完善客运、货运枢纽场站布局，重点建设新五象客运站，改造安吉等客运站，提升玉洞等货运站场。

5. 抓平台建设，增强开放发展支撑力

一是建设五象新区。继续保持五象新区项目完成投资快速增长的态势，集聚功能效应持续凸显。二是打造园区平台。打造好、利用好南宁高新区、经开区、广西—东盟经开区国家级园区平台，推动外向型经济持续发展。加快建设中国—东盟信息港南宁核心基地，形成以广西为支点的中国和东盟信息枢纽。加快推动南宁空港经济区，建设成为面向东盟的区域性国际航空物流中心和现代化临空产业基地。三是搭建开放合作平台。充分发挥中国—东盟博览会和中国—东盟商务与投资峰会平台作用，探索整合现有的经贸活动和展会平台，建立常态化、国际化、综合性投资贸易平台。以国外政府、投资机构、商贸协会等在南宁的代表处和办事机构为国际交流与合作平台，构建招商引资新渠道。依托国家驻外经贸促进机构，搭建面向东盟、港澳台等地的招商平台。充分利用友好城市资源，建立各领域交流机制，服务并助推双边开展经贸合作。

6. 抓要素保障，积聚开放发展新动能

一是强化资金保障。进一步发挥沿边金融综合改革试验区先行先试政策优势，推动跨境人民币业务开展，推进南宁跨境金融信息服务基地建设工作。继续实施"引金入邕""引资入邕"战略，强化与国内外金融中心的交流合作。二是强化土地保障。通过各种途径争取用地指标，盘活存量土地，全力保障项目用地需求。对重点支持、符合条件的项目加快土地审批和办证速度，积极协调好征地拆迁建设中的具体问题。三是强化人才保障。完善人才培养机制，造就一支国际化、复合型领导干部队伍，培养一批高素质的招商人才和国际贸易人才。制定开放型人才引进培育政策，加强国际贸易、金融、物流和服务外包等领域专业人才引进，在相应待遇、生活服务、公共配套等方面提供便利，使人才"引得进、留得住、用得好"。

7. 抓体制创新，激发开放发展新活力

一是深化外商投资管理制度改革。在国家统一政策框架下，对外商投资实行准入前国民待遇加负面清单管理模式，以广西实施CEPA先行先试为契机，最大限度地开放南宁市投资领域，进一步降低市场准入门槛。完善外商投资企业行政审批制度，构建外商投资企业事中事后监管工作机制，贯彻执行外商投资企业联合年报制度。二是深化口岸监管服务模式改革。提高通关便利化水平，实施"一次申报、分步处置"的通关模式。以电子口岸为基础推进国际贸易"单一窗口"建设，全面推进"一次申报，一次查验，一次放行"等口岸相关管理部门"一站式作业"，加强口岸管理相关部门间信息数据及查验设备等资源共享，加快跨境贸易电子商务平台等公共信息服务平台建设，不断优化通关整体环境，提升贸易便利化水平。三是深化行政审批制度改革。做好涉外经济审批权限的"接、放、管"，建立健全南宁市行政审批局运行机制，打造电子政务平台，建立审管联动机制，进一步规范权力运行，不断提升政务服务水平质量。

B.9
钦州市2015~2016年开放开发进展及2017年发展态势

钦州市北部湾（广西）经济区规划建设管理委员会办公室

摘　要： 本报告回顾了2015~2016年钦州市开放开发的主要工作和成效，分析了钦州市当前面临的问题和困难，紧紧围绕改革创新，立足于新的形势变化要求，提出了2017年钦州市开放开发的发展目标、主要工作措施以及发展对策建议。

关键词： 钦州市　港口建设　园区发展

一　2015~2016年钦州市开放开发情况

（一）大力推进港口建设，北部湾集装箱干线港初具规模

一是港口开发建设全面加快。2015年，钦州市组建成立了广西北部湾国际集装箱码头有限公司；新加坡国际港务集团、太平船务、丹麦马士基集团等国际港口运营商被引进钦州；钦州保税港区大榄坪南1~5号泊位通过对外开放验收，大榄坪南作业区码头泊位营运步入正轨；另外，勒沟、果子山作业区等一批码头也通过对外开放验收，钦州市港口建设全面加快①。

---

① 谢立品：《关于钦州市2015年国民经济和社会发展计划执行情况与2016年国民经济和社会发展计划草案的报告》，《钦州日报》2016年3月8日。

二是海陆并举，出海大通道建设加快。公路方面，沿海高速公路建设不断推进，2015年，大塘至浦北高速公路、南宁至钦州二级公路改扩建等开启前期工作；沿海高速公路改扩建"6改8"工程等项目在2016年开工建设。铁路方面，2015~2016年，黎塘至钦州铁路复线、大榄坪至保税港区铁路开通运营；钦州港至昆明集装箱海铁联运"五定"班列、至贵阳铁路货运专列相继开通运行，西南出海大通道建设不断提速。海运航线方面，2015年，钦州港新开通7条内外贸集装箱直航航线，外贸航线主要是钦州直航到新加坡、马来西亚关丹港、越南胡志明港的航线，内贸航线为钦州—广东南沙；2016年，钦州港又新开通集装箱直航航线5条，主要是到中东和马来西亚等国家或地区；广西北部湾港集装箱内贸航线集中转移到钦州港。钦州港集装箱航线达到27条。在航线不断增多的基础上，钦州港集装箱吞吐量也实现快速增长。2015年年集装箱吞吐量达到94.2万标箱，同比增长34%；2016年10月，钦州港集装箱吞吐量突破100万标箱，全年新增港口吞吐能力1135万吨，港口吞吐能力达到1.14亿吨。

（二）进出口贸易在波动中发展

2015年，钦州市货物进出口总额为58.27亿美元，同比增长9.2%。其中：货物出口额为24.76亿美元，同比增长23.1%；货物进口额为33.52亿美元，同比增长0.9%[1]。2015年，钦州市全力开拓国外市场，对北美洲、拉丁美洲、亚洲市场的进出口额实现快速增长，增速分别高达138.7%、29.3%、37%。但相比较2014年51.1%的高速增长，钦州进出口贸易增速大幅放缓。2016年，

---

[1] 《2015年钦州市国民经济和社会发展统计公报》，钦州市人民政府网站，http://www.qinzhou.gov.cn/sjtj_277/tjgb/201607/t20160725_42994.html。

钦州市货物进出口总额为44.28亿美元，同比下降23.5%。其中，货物出口额为16.15亿美元，同比下降34.8%；货物进口额为28.13亿美元，同比下降15.2%①。总体而言，钦州市对外贸易在波动中逐步放缓。为稳定对外贸易发展，钦州市采取了多种措施，如积极组织企业参加国内外商品展会，并利用广西成为CEPA试点省区的契机，制定出台相关政策，积极推进与香港、澳门等地的经贸合作等。

（三）全面实施"两个年"活动，固定资产投资保持快速增长

2015~2016年，钦州市组织实施"重大项目攻坚年""园区基础设施会战年"活动，其中2016年共统筹推进540个重点项目和124个园区基础设施项目；全市总投资500万元以上项目竣工2568个，同比增长41.5%②。为全面推进"两个年"活动，2016年10月17日，钦州市召开了2016年投资和"两个年"活动推进工作会议。招商引资方面，钦州市还抓精准大招商，实施招商引资三年行动计划，2015年钦州市招商引资出现波动，新签内资项目总投资额为469.8亿元，同比下降2%，实际利用外资（招商全口径）金额为4.49亿美元，同比下降12.2%。2016年通过创新推行驻点招商、市场化招商，钦州市招商引资恢复增长，实际利用投资522.2亿元，同比增长3.1%，其中：外资4.9841亿美元，同比增长10.9%③。新引进150多个投资额超过亿元的项目。固定投资保持快速增长，2015年，钦州市社会固定资产投资额达866.23亿元，同比

---

① 《2016年钦州市国民经济和社会发展统计公报》，钦州市人民政府网站，http://www.qinzhou.gov.cn/sjtj_277/tjgb/201706/t20170630_69626.html。
② 谢立品：《关于钦州市2015年国民经济和社会发展计划执行情况与2016年国民经济和社会发展计划草案的报告》，《钦州日报》2016年3月8日。
③ 《钦州市超额完成2016年招商引资任务》，钦州文明网，http://gxqz.wenming.cn/szyw/201702/t20170220_3112136.html。

增长21.2%[1]；2016年，完成固定资产投资额达950.9亿元，同比增长17.4%。

（四）北部湾自由贸易试验区申报取得实质性推进

2015年，钦州市完成了北部湾自由贸易试验区钦州片区申报方案，并建立了自贸区建设"四区联动"机制，积极开展了78项自由贸易区改革事项，成功实施27项自由贸易区改革事项。2016年，钦州市出台了对外开放先行先试方案，提出了8个方面48项创新事项[2]。

（五）钦州保税港区运营实现新突破

一是跨境电子商务平台建设顺利推进。2015年钦州保税港区跨境电商平台建成运营，海购365平台在2016年正式上线运行，这是目前广西第一个跨境电商进口零售平台。二是国际商品直销中心2015年正式运营，截至2016年底，国际商品直销中心进驻电商企业超过60家。三是全国进口酒类品牌示范区建设取得明显成效，2015~2016年进口酒类分别为135.9万升、185万升，同比分别增长41.6%和36.2%。四是汽车进口业务量不断攀升。2015年，钦州保税港区设立全国首只平行进口汽车供应链产业基金。2016年，进口汽车数量为2936辆，总价值7.32亿元，截至2016年底，进驻企业总量达307家，其中：2015年新增90家，2016年新增83家。

---

[1] 《2015年钦州市国民经济和社会发展统计公报》，钦州市人民政府网站，http://www.qinzhou.gov.cn/sjtj_277/tjgb/201607/t20160725_42994.html。

[2] 谢立品：《关于钦州市2015年国民经济和社会发展计划执行情况与2016年国民经济和社会发展计划草案的报告》，《钦州日报》2016年3月8日。

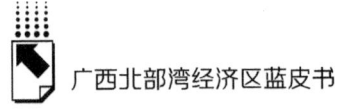

（六）中马钦州产业园区开发建设全面加快

2015年，开展设立外商股权投资类企业试点工作在中马钦州产业园区率先开展，园区目前已经全面完成启动区土地征收，多个项目及产业配套项目相继建成并投入运营，新引进项目也相继启动建设。2016，中马"两国双园"联合合作理事会第三次会议和第二届"两国双园"联合推介会相继在广西钦州和马来西亚吉隆坡举办，2016年，园区新引进入园项目40个，总投资额高达240亿元。

（七）中国—东盟港口城市合作网络建设形成成果

2015年，中国—东盟港口城市合作网络获得中国—东盟海上合作基金6000万元，2016年，中国—东盟港口城市合作网络工作会议顺利举行，合作网络中方秘书处正式挂牌并设在钦州。目前合作网络主要项目建设顺利，中国—东盟港口物流信息中心一期于2016年正式启用；中国—东盟海上搜救分中心、中国—东盟海洋气象预警监测基地、中国—东盟水上训练基地等项目开工建设，"中国—东盟海事法庭办案点"挂牌成立。2015~2016年，钦州港国际姐妹港缔结工作开展顺利，相继与澳大利亚汤斯维尔港、老挝琅勃拉邦港缔结为姐妹港；2016年新加坡太平船务公司、马来西亚马六甲皇京港等加入合作网络。

二 存在的困难和问题

（一）产业质量总体不高

临港企业主要依靠中石油等有限几个大企业支撑，企业数量少，以大企业为龙头的产业链未真正形成，特别是，石化产业的原料供应机制未理顺，石化下游企业的生产原料需要外购解决。县域工业仍以传统产业为主，木材加工、建材等已形成规模的产业以初级加工为主，电子信息、医药等产值占县域工业产值的比重小，仅为16%，产业整体质量不高。

（二）出海通道效应未能充分发挥

钦州港是西南地区的"出海口"，腹地经济潜力巨大，但铁路运营机制不畅、内陆无水港及物流节点建设滞后、对外班轮航线网络不完善、港口进出效率不够高等原因，使物流成本相对较高，导致广西货物不走北部湾港、钦州货物不走钦州港的现状没有得到改观，西南地区的货源流失到周边湛江等港口，通道和"出海口"的作用没真正发挥，区位、港口优势未能真正转化为经济优势。

（三）开放平台的政策功能未充分发挥

钦州拥有钦州保税港区、中马钦州产业园区、钦州港经济技术开发区、整车进口口岸等多个开放合作平台，但这些平台建设总体上还处于起步阶段，平台所包含的很多政策和功能，特别是面向东盟的先行先试政策功能还未能充分利用，政策优势还未真正转化为经济优势、开放优势[1]。

（四）开放体制机制不够健全

钦州市跨境、跨区域的国家级开放平台对外开放的政策实际效应和辐射范围还比较有限，在涉外管理、人员往来、城市功能国际化等

---

[1] 谢立品：《"一带一路"战略下的钦州开放开发思路》，《广西经济》2015年11月26日。

体制机制环境建设总体滞后,还未能完全适应全面对外开放的要求①。

三 2017年钦州市对外开放开发面临的形势及对策建议

(一)面临的形势

对钦州市来说,2017年的形势和环境,总体上机遇与挑战并存,机遇大于挑战。

从国际看,美国经济2016年下半年以来好转,第三季度经济增长3.2%,创下两年来季度增幅最高纪录,2017年美国经济增长保持好转势头;新兴经济体增长2017年继续总体回升,而日本、欧盟两大经济体2017年经济前景堪忧,IMF等机构预测日本将转入负增长,欧盟受英国"脱欧"影响经济复苏势头放缓,"逆全球化"、贸易保护主义等现象升温,全球贸易难以回暖,总体上看,2017年世界经济形势仍然复杂,钦州市面对的出口等外部环境依然存在很大不确定性。

从国内看,2016年以来,我国经济保持平稳增长,中国制造业采购经理指数(PMI)、非制造业商务活动指数11月分别达到51.7%、54.7%,延续上行走势,进入扩张阶段。实施积极的财政政策和稳健的货币政策,深化供给侧结构性改革,进一步加大减税、降费、降低要素成本等工作力度,深入推进产权、商事、行政、财税、金融等改革,有利于增强企业投资和生产、居民消费的预期和信心,积累的积极增长因素增加,2017年全国宏观经济环境

---

① 谢立品:《"一带一路"战略下的钦州开放开发思路》,《广西经济》2015年11月26日。

将总体保持稳定,将比2016年有所好转。全区全面落实"三大定位"等战略部署,实施稳增长及开放发展、创新驱动、海洋经济、县域经济等方面的政策措施,将加大推进北部湾经济区升级发展、以东盟为重点的开放合作等工作,有利于钦州市在重大项目布局、重大基础设施建设、口岸通关、园区平台建设等方面争取自治区更大支持。同时,我国经济下行压力仍然存在,各方面风险因素积聚交织,部分行业产能过剩、地方债务存在局部风险隐患、银行不良贷款率抬升、国际市场需求减少、人民币汇率波动等仍影响经济稳定运行。

从钦州市看,中石油、金桂等支柱企业2017年有望稳产达产,中船一期修船资源整合、力顺5万辆轻型载货汽车等重点产业项目正式投产,形成新的工业增长点,芳烃、华谊煤基多联产、大塘至浦北高速公路、10万吨级集装箱双向航道等重大项目开工建设,中马钦州产业园区、钦州保税港区等国家级平台集聚效应增强,将为经济发展注入强大活力。同时,钦州市的发展将直接面对一些困难和问题,主要是:一是受工业品价格回升不快、大宗商品价格低迷等大环境影响,钦州市部分工业企业产销不旺、外贸增长乏力的局面短期内难以根本改变;二是总体投资意愿下降,部分企业因市场行情不好,选择观望的态度,放缓了投资进度,增加了招商引资、重大项目建设的难度;三是融资难更加突出,在经济下行的背景下银行对企业贷款条件更加严格,2016年国家实施了限制土地储备机构向银行金融机构举借土地储备贷款等新政,地方政府债务风险敞口扩大可能导致国家对政府性举债融资的政策收紧,企业和政府融资渠道受限;四是节能减排与临港产业发展矛盾加剧,国家实施更加严厉的节能减排政策,下达给钦州市的"十三五"时期节能减排总量指标预计难以满足钦州市重大产业项目建设的需要,临港大项目的布局和审批将受到更多限制。

（二）对策建议

1. 深入开展精准大招商，力争招商引资取得新突破

一是健全精准招商机制。积极采用委托招商、市场化招商等新的机制，通过选聘有实力和基础好的投资中介机构、个人为钦州市服务，开展招商引资工作，不断扩大钦州市的招商网络和资源。建立项目洽谈专家咨询和部门快速会商机制，服务项目引进。发挥钦州多个开放平台的综合效应，促进钦州保税港区、中马钦州产业园区等主要平台与广西北部湾国际港务集团、华为集团等大型企业建立联合招商机制，合作开展招商推介活动，形成招商合力。积极参加自治区组织的招商推介活动，利用自治区的招商平台和资源拓展钦州市招商网络。二是加大重点区域精准招商。以承接产业转移为主要切入点，把东部沿海省区及北京、上海、深圳等作为重点区域，组织相关招商小组精准招商。三是开展重点产业和产业链招商。突出龙头和产业链招商，以石化、装备制造、现代服务业三个产业为重点招商对象，积极开展对龙头企业和产业链的招商①。

2. 大力提升港口综合能力，加快打造北部湾集装箱干线港

一是全力提升港口通航能力。尽快建成30万吨级码头栈桥工程，实现30万吨级航道和油码头正式同步运营，把港口通航能力提升到30万吨级。2017年钦州开工建设的20万吨级集装箱航道及码头、10万吨级集装箱双向航道、大榄坪南作业区9~11号集装箱码头等深水航道、大能力泊位，争取在"十三五"中期全部建成后新增港口吞吐能力1.2亿吨、集装箱吞吐能力新增500万标箱。二是全面推进大榄坪区域整体开发。通过加强与北部湾国际港务集团的合作，尽快启

---

① 谢立品：《关于钦州市2015年国民经济和社会发展计划执行情况与2016年国民经济和社会发展计划草案的报告》，《钦州日报》2016年3月8日。

动相关基础设施建设,加快打造集产业、物流、港航于一体的港区。三是加快建设完善集疏运体系。四是构建完善港航物流网络。尽快出台打造千万标箱集装箱大港三年扶持政策,争取再新开通钦州港至东南亚国家的集装箱班轮航线,重点开通到马来西亚和越南的航线。加快西南地区内陆"无水港"建设,尽快实现贵阳至钦州港铁路货运专列的常态化运行等。五是加快创建全区优质口岸服务示范区。复制推广自贸试验区等口岸监管创新模式,深化关检通关一体化、"无纸化"报关、"一站式"作业、自助式通关等改革,建立健全对接全国通关一体化的机制,完善国际贸易"单一窗口"并扩大平台应用,以电子口岸为基础建多功能于一体的口岸公共信息平台,不断优化和完善货物通关通检流程及物流监管模式。

3. 推进平台先行先试,扩大"钦州平台"开放带动效应

一是促进中马钦州产业园区建设提速和产业集聚。争取国家支持规划建设"两国双园"国际产能合作示范区,创新推进国际产能合作,构建跨国产业链与服务链,开展科技合作、橡胶产业和草药研究等合作,争取引进建设燕联网电商平台、橡胶深加工产业基地等项目,推动设立毛燕进口指定口岸。加快建设自治区改革创新先行园区,争取《中国—马来西亚钦州产业园区条例》尽快获得自治区颁布实施,实行法定机构治理模式;完善"两国双园"合作机制。推进跨境金融服务中心建设,引进金融等总部经济企业。

二是做大做优保税港区特色业务。完善汽车进出口贸易服务体系,运营好汽车供应链产业基金,建设完善汽车滚装码头配套设施,争取新开通钦州保税港区"南车北运"滚装船直航线,尽快打通柳州汽车"南车北运"海上通道,推进与相关城市平行进口汽车体验中心的业务合作,壮大汽车进出口业务,加快打造西南汽车集散港。完善提升国际商品直销中心设施,以"蚂蚁洋货"国际商品直销品牌加盟为途径促进其发展。完善跨境电商支撑体系,扩大跨境电商网购保税进口业务。积极培育飞机整机进口贸易交付、飞机发动机采购等通航产业。建成加工贸易标准厂房一期工程、LCD液晶屏、机器人伺服系统芯片、棉纺产业园等项目，发展电子信息、纺织等加工贸易产业。按照海关总署的要求，按时完成保税港区未围网区域的围网整改建设和封关验收。在保税港区周边规划产业配套区，加快开发建设，促进网内网外互动发展。

三是推进中国—东盟港口城市合作网络建设。健全合作网络中方秘书处机构设置、工作机制，争取举办相关主题的工作会议、论坛等活动，尽量争取东盟国家更多的港口参与网络的建设，不断提升合作网络的影响力①。

另外，钦州还应深入开展自由贸易试验区先行先试，在复制推广已批复自贸试验区的先行先试政策的基础上积极推进申报工作。进一步扩大对外贸易，积极通过多种展会，开展贸易促进活动。进一步拓展城市人文交流，重点推进与东盟国家友好城市、姐妹港口等关系的发展，并健全常态化交流。深入参与"一带一路"建设。通过制订出台参与"一带一路"建设的相关行动计划，争取国家和自治区的项目支持。

---

① 谢立品：《关于钦州市2015年国民经济和社会发展计划执行情况与2016年国民经济和社会发展计划草案的报告》，《钦州日报》2016年3月8日。

B.10
北海市2015~2016年开放开发进展及2017年发展态势

邵雷鹏*

摘　要： 本报告在分析北海市2015~2016年综合经济实力不断增强，地区生产总值首次突破一千亿元，固定资产投资和规模以上工业总产值分别首次突破一千亿元和两千亿元大关的基础上，提出了北海市开放开发存在的问题及加快各项改革有序推进、增强发展动力的对策建议。

关键词： 北海市　园区经济　特色产业　民生改善

一　2015~2016年北海市开放开发情况

（一）综合经济实力不断增强

1. 主要经济指标发展情况

（1）2015年北海市主要经济指标发展情况

2015年，北海市统筹做好稳增长、促改革、调结构等工作，开创了北海科学发展的新局面。地区生产总值（以下简称"GDP"）实现892.1亿元，同比增长11.4%，GDP总量和增速在全区14个地级

---

* 邵雷鹏，广西社会科学院数量经济研究所统计师、助理研究员。

市中排名分别为第8和第1；固定资产投资实现920.4亿元，同比增长17.1%，固定资产投资总量和增速在全区14个地级市中排名分别为第7和第8；规模以上工业总产值实现1871.4亿元，同比增长16.7%，增速在全区14个地级市中排名第1；财政收入实现142.98亿元，同比增长12.2%，财政收入总量和增速在全区14个地级市中排名分别为第5和第3。外贸进出口总额实现37.9亿美元，其中加工贸易增长迅速，增速高达73.5%。招商引资实际到位资金实现372.8亿元，实际利用外资达到4.3亿美元。北海港实现货物吞吐量2468.23万吨，同比增长8.47%，增速在3个沿海港口中排名第1。

(2) 2016年北海市主要经济指标发展情况

2016年，北海市主动适应经济发展新常态，积极应对困难和挑战，在多项有力措施的促进下，开放开发工作取得了显著成效，实现了"十三五"发展良好开局。2016年，北海市GDP首次突破一千亿元大关，实现1007.3亿元，同比增长8.6%，比全区平均增速高1.3个百分点，GDP总量和增速在全区14个地级市中排名分别为第8和第4。北海市2016年固定资产投资首次突破一千亿元大关，实现1011.1亿元，同比增长9.9%。规模以上工业总产值首次突破两千亿元大关，实现2180.7亿元，同比增长16.4%，规模以上工业增加值完成448.6亿元，同比增长10.3%，增速在全区14个地级市中排名第4。财政收入实现166.3亿元，同比增长16.3%，财政收入总量和增速在全区14个地级市中排名分别为第4和第1，其中北海市国税收入首次突破一百亿元，成为广西第4个国税收入超过一百亿元的城市。2016年，北海市外贸进出口总额实现29.99亿美元，其中出口总额实现16.15亿美元，外贸进出口总额和出口总额在全区14个地级市中排名分别为第5和第4。2016年北海市外贸进出口总额和出口总额分别同比下降20.9%和

14.6%，外贸进出口总额和出口总额增速在全区14个地级市中排名分别为第10和第8。2016年，北海市新引进项目达194个，实际到位资金（含续建项目）达到388.2亿元。全口径实际利用外资4.98亿美元，同比增长15.4%，完成自治区下达任务的160.67%。外资项目来源于中国香港、中国台湾、美国、瑞典等地区和国家，行业涉及种养植业、电子信息业、商贸业、旅游业等各个行业。北海港实现货物吞吐量2749.66万吨，同比增长11.4%，增速在3个沿海港口中排名第1。

2. 园区经济不断焕发新活力

（1）2015年园区经济发展情况。北海港口岸扩大开放获得批复，范围扩大至石步岭、铁山和涠洲岛3个港区。北海国家高新技术产业开发区升级为国家级高新技术产业开发区，成为我国西部地区唯一一家沿海和广西第4家国家级高新技术产业开发区。北海市2015年建成2个国家级科技孵化器，总面积达到10万平方米。新增自治区级企业技术中心3家、技术创新示范企业2家，高新技术企业达27家。广西三诺智慧产业园联想智能云终端笔记本电脑项目正式投产。北海出口加工区B区项目开始投产运营，国家海洋局第三海洋研究所北海基地揭牌，北海国家（海洋）农业科技园区暨北海海洋产业科技园加快建设。

（2）2016年园区经济发展情况。北海市园区产业承载能力不断提升，累计实现产值超两千亿元，达到2052.2亿元，同比增长17.7%，占北海市规模以上工业总产值超过九成。北海工业园区继续加快发展电子信息、生物制药、机械制造和食品加工等产业，2016年累计完成产值750.1亿元，同比增长19.2%。铁山港（临海）工业区以石油、冶炼等产业为支撑，累计实现产值725.5亿元，同比增长16.8%。北海出口加工区以检测、加工为重点，累计实现产值373.1亿元，同比增长16.4%。北海市高新技术产业开发区以软件、电力电子、海洋生物三大主导产业以及文化创意、电子商务等产业为支撑,实现产值100.8亿元,同比增长16.9%。合浦工业园集中发展加工、物流、商贸等产业,累计完成产值102.7亿元,同比增长17.1%。

3. 支柱产业实现新发展

(1) 2015年,北海市电子信息、石油化工、临港新材料三大支柱产业产值实现增长18.8%,产值占全市规模以上工业总产值的87.5%。其中,电子信息制造业、石油化工产业和临港新材料产业产值分别达到990.8亿元、259.1亿元和332.8亿元。北海市2015年加快建设中电北部湾信息港、广投北海能源基地等一大批重点项目,重点项目累计投资达151.4亿元。"十二五"期间,北海市电子信息从百亿元产业发展成为千亿元产业,电子信息、石油化工、临港新材料三大产业对全市经济增长年均贡献率达四分之三。林纸一体化、中石化广西LNG等重大项目建成投产。

(2) 2016年,北海市三大支柱产业同比增长18%。其中,电子信息制造业、石油化工产业和临港新材料产业产值分别达到1174.5亿元、303.1亿元和388.7亿元,增速分别实现18.4%、17%和16.8%,三大支持产业均实现了两位数的高速增长。此外,北海市2016年新开工重点项目70个,年内建设重点项目达266个。

4. 现代服务业实现稳定增长

(1) 2015年现代服务业发展情况。旅游业方面,北海市2015年累计接待国内游客2143.7万人次,同比增长21.1%。入境旅游人数12.09万人次,国际旅游(外汇)收入5087万美元。金融方面,北海市2015年继续推进沿边金融综合改革,大力发展普惠金融,多项主要业务实现创新发展。2015年金融机构人民币存款余额实现748.49亿元,同比增长10.5%。金融机构贷款余额实现484.13亿元,同比增长17.5%。商贸方面,东盟国际商贸城、红星美凯龙项目和万达国际广场项目加快建设，北海市电子商务蓬勃发展，社会消费品零售总额实现202.9亿元，同比增长9.2%。"十二五"时期，北海市第三产业增加值年均增长8.6%，接待游客总人数和旅游收入分别年均增长16.31%和25.45%。

（2）2016年现代服务业发展情况。旅游业方面。2016年，北海市成功入选首批国家全域旅游示范区创建城市，成为唯一一个广西首批获得此荣誉的地级市。2016年，北海市接待国内旅游者和入境旅游者分别达到2473万人次和13.6万人次，分别实现同比增长15.4%和12.5%。国内旅游消费和国际旅游消费分别实现284亿元和5571万美元，分别实现同比增长29.4%和9.5%。此外，金海湾红树林景区获评"全国生态文化示范基地"，涠洲岛被国家海洋局评为中国"十大美丽海岛"。会展业方面，海上丝路北海工艺美术博览园2016年1月开园，博览园占地120亩，展品精致而且富有历史内涵。合浦汉代文化博物馆内有仿汉石阙大门、汉墓保护展示厅以及仿汉代风格建筑，它是区内唯一以汉文化展示为主的遗址类博物馆。金融业方面，北海市金融环境不断优化。2016年金融机构人民币存款余额实现815.63亿元，同比增长9.0%。金融机构贷款余额实现535.15亿元，同比增长10.5%。港口方面。2016年北海市港口货物吞吐量实现2749.66万吨，同比增长11.4%，增速在北部湾沿海3市中排名第1。另外，2016年北海市社会消费品零售总额实现225亿元，同比增长11%。

5. 特色现代农业呈现新气象

（1）2015年，北海市第一产业（农林牧渔业）实现增加值161亿元，同比增长3.5%。现代特色农业（核心）示范区建设加快发展，银海区果蔬产业（核心）示范区等被认定为广西现代特色农业（核心）示范区。2015年北海市累计投入水利固定资产达11亿元。"十二五"时期，特色现代农业蓬勃发展，农业设施化水平稳居广西前列，农林牧渔业增加值年均增长3.6%。

（2）2016年，北海市第一产业（农林牧渔业）实现增加值175.09亿元，同比增长4.1%，增速在全区排第2。2016年北海市建成现代农业核心示范区达16个。积极创建以果蔬、夏橙、罗汉松等为重点的现代特色农业示范区。2016年北海市累计投入水利固定资产达13.8亿元。"美丽北海·生态乡村"建设成效显著，近2000个村屯完成绿化任务。

（二）有序推进改革、保障和改善民生

1. 继续扎实推进供给侧结构性改革

（1）2015年，北海市审批项目减少313项，仅保留287项，精简率超50%，且精简后的审批项目承诺办结时间超过六成的为广西最短。实现"三证合一"全覆盖，办证时间平均缩减到5个工作日。将注册资本从"实缴制"改为"认缴制"，极大地激发了民众投资创业热情，新设立企业数量增长迅速。全面推进依法行政取得新进展，市县（区）两级政府和市政府各部门都已基本建立法律顾问制度。

（2）北海市2016年全部取消非行政许可审批事项，行政审批项目累计减少31项，为企事业单位降低成本约9亿元。北海市2016年在广西第一个施行"六证合一、一照一码"等改革。北海市2016年国家级高新技术企业新增十家，高新区21度聚变空间两家企业被评为国家级众创空间。政府建设展现新作为，简化办事流程，权力事项精简率超40%。人大代表建议、政协提案办结率和满意率均达100%。

2. 民生改善增添新成效

2016年，北海市一般公共预算用于民生领域的支出超过四分之三，改革发展的成果更多惠及全市人民。教育、医疗、卫生、文化等民生事业较大发展，体育馆、文化宫、图书馆等民生项目不断完善。

北海市成立了我国首支国家级海（水）上紧急医学救援队伍。北海市2016年城镇居民人均可支配收入和农村居民人均可支配收入分别同比增长6.9%和9.4%。居民收入保持稳定增长。北海市2016年城镇新增就业超2万人，城镇登记失业率控制在合理水平。

（三）基础设施建设不断夯实

1.2015年基础设施建设情况。航空方面，北海机场旅客吞吐量达107.8万人次，同比增长7.5%。2015年10月，春秋航空开通哈尔滨经停北海至泰国曼谷的新航线，北海市首条国际航线开通。北海机场首条国际航线的开通结束了北海机场开航28年来无国际航班的历史，也为"一带一路"架起了中国与东盟国家之间的一座桥梁。铁路方面，2015年，玉林至铁山港铁路和铁山港铁路支线开通运营，合浦至湛江铁路开工建设，北海火车站每日开行动车达24对，比2014年增加15对。"十二五"时期，北海市新增铁路105公里，合浦火车站投入使用，火车开进了铁山港。北海港被列入全国沿海邮轮港口布局规划方案。高速公路方面，贵港至合浦高速公路、广西滨海公路山口支线建设加快推进，兰海高速公路北海段改建工程完成。公路方面，"十二五"时期，北海市新增高速公路41.9公里，公路通车总里程有2800多公里，公路密度位居全区首位。港口方面，铁山港5~6号泊位、石头埠作业区水工等工程基本建成，中石化成品油码头建成使用。

2.2016年基础设施建设情况。航空方面，2016年北海机场旅客吞吐量达到123万人次，是2008年的4.6倍，旅客吞吐量创历史新高。北海机场已开通航线20条，通达25个城市，目前已有中国国际航空、东方航空、深圳航空、南方航空等8家航空公司参与北海航线运营。铁路方面，2016年客运到发量突破700万人次，进出北海动车车次最多时每天达27对。港口方面，铁山港北暮作业区5~6号泊位竣工,港口吞吐量实现新突破,2016年北海市实现货物吞吐量同比增长11.40%,实现集装箱吞吐量同比增长47.78%,实现货物吞吐量、集装箱吞吐量双创佳绩。北海港口岸扩大开放通过自治区预验收,与湛江市签署《湛江-北海粤桂北部湾经济合作区框架协议》,共建湛江-北海粤桂北部湾经济区合作区,同时合湛铁路和松旺至铁山港东岸高速公路开工建设,省际合作迈上新台阶。

(四)宜居城市建设取得新进展

以创建全国文明城市为契机,全面加强城市管理。一批重点市政项目投入使用,北海市区"七纵七横"的城市主干路网基本贯通,交通通行效率进一步提升。2016年,北海市集中开展城市环境综合整治百日行动,市容市貌和道路交通秩序明显改善。一批内涝整治项目建成,北海主城区内涝问题基本解决。北海市2016年空气质量优良率高达95.6%,海水浴场水质优良率高达100%,城市功能不断完善,宜居城市建设取得新进展。

二 2017年开放开发态势及对策建议

(一)2017年开放开发态势

2016年9月,中国共产党北海市第十一次代表大会提出未来几年要在北海深入实施"四大会战",奋力舞起"四个龙头"。"四大会战"就是要实施工业转型升级大会战、实施城乡建设管理大会战、实施全域旅游城市建设大会战和实施农村脱贫攻坚大会战。"四个龙头"就是北海市要舞起北部湾经济区扩大开放合作的龙头、临港产业尤其是电子信息产业升级发展的龙头、海洋经济发展的龙头和滨海旅游发展的龙头,当好广西排头兵,北海市继续扎实推进供给侧结构性改革。2017年4月，习近平总书记来到广西壮族自治区考察调研的首站就是北海市。对北海市在参与"一带一路"建设、港口发展、向海经济发展、生态环境保护等方面做出了新的重要指示。

（二）对策建议

围绕习近平总书记的重要指示精神，北海市在接下来应进一步加快北海港口建设，进一步加快发展电子信息产业，形成"一带一路"的经济高地，并加快做好以下工作。

1. 积极参与"一带一路"建设

北海市是西南出海大通道的重要出海口，也是汉代海上丝绸之路早期始发港，是贯彻"一带一路"交汇对接重要门户。继续深化同以东盟为重点的"一带一路"沿线国家合作，在发展战略上打好东盟牌，实施"双核驱动"，开创21世纪海上丝路新篇章。同时，积极推动《碧海丝路》商演，扎实推进海上丝绸之路申遗工作。

2. 大力推进区域合作

用足用好CEPA先行先试政策，率先在金融、旅游、通信、建筑服务等领域与港澳合作先行先试。加快建设龙港新区铁山东港产业园，力争将其上升到粤桂两省区的省际层面。建设中西部进出口水（海）产品加工交易和展示中心。积极开展广西北部湾经济区内部城市合作，大力落实《北部湾城市群发展规划》，并打造面向东盟的开放高地。

3. 加强开放通道和合作平台建设

创新园区建设的体制机制，加强产业园区基础设施建设，促进园区形成新的集聚效应和增长动力。加快构建综合口岸体系，建立国际贸易综合服务平台。增强口岸开放能力，在广西率先实施国际贸易"单一窗口"模式，提高通关便利化水平。推动北海出口加工区尽快升格为综合保税区。

4. 加强交通基础设施建设，提升发展的承载力

公路建设方面。确保贵合高速公路北海段建成通车，加快建设松旺至铁山港东岸等高速公路。开展广西滨海公路和铁山港滨海大道工程等公路项目前期工作，开展北铁一级公路等改造筹划工作。

铁路建设方面。启动建设铁山港客运站，积极筹划建设合浦至铁山港铁路和北海火车北站综合交通枢纽，推进铁山港至石头埠铁路支线等前期工作。建设北海动车所，增加北海火车站每天开行的动车车次，并适时提高列车运行速度。

港口建设方面。加快铁山港榄根作业区泊位等建设步伐。开展铁山港北暮作业区港池、石化专用液体化工码头、和润项目配套码头等项目前期工作。

5. 加快产业供给侧结构性改革发展

一是推进千亿元产业大发展。电子产业方面，大力实施电子信息产业发展倍增计划，推动电子信息产业转型升级，加快推进中国—东盟信息港北海基地北部湾表面处理中心等重点平台项目建设，力争实现电子信息制造业产值1350亿元。石化产业方面，重点推进中石化北海炼化质量升级项目，积极推进广西液化天然气项目二期、中航化等一批重点项目建设，促进石油化工延伸产业链条发展，力争实现产值350亿元。临港产业方面，大力推进北海林浆纸一体化项目和热磨机械木浆生产线等项目，力争实现产值450亿元。

二是大力发展农业生产，加快发展县域经济。重点发展科技含量高、标准化、安全程度高的种植业和养殖业，以提升农业综合效益。加快推进现代特色农业示范区建设，促进三次产业之间融合发展。加快铁山港中心城区和合浦县城发展，推进合浦县新型城镇化示范县建设。统筹推进县区基础设施建设，支持特色小镇创建和壮大，培育县域经济实力。

三是积极培育新业态和增长点，推动产业优化升级。积极培育发

展装备制造、新能源、节能环保等产业,积极培育和引入新兴骨干企业,着力创造拳头产品,逐步推动新兴产业不断壮大。

四是加快发展海洋产业。加快发展海洋运输、临海工业等海洋产业。推广和扶持生态健康养殖模式壮大,发展具有北海特色的优势水产养殖种类。大力发展海洋科技服务、港航服务、海洋信息等基础服务业态。建设北海海洋产业科技园区,立足海洋农业,全面发展海洋产业。园区分为海洋科研创新园、海洋加工物流园(A/B园)和海洋科普观光园。加快建设国家海洋局第四海洋研究所。为了更好地支持北海海洋产业科技园区基础设施建设,支持海洋科技研发和成果转化以及创新平台建设,北海市政府将设立海洋产业发展基金。加快推进"中民远洋北海项目",建设国家级中心渔港、现代海洋产业基地、水产养殖示范基地和发展滨海旅游业、高端船舶制造业。

五是加快推进旅游开放合作。对接国家"一带一路"倡议,积极创建面向东盟的旅游开放合作项目。加快建设北部湾国际邮轮母港尚未完成建设的联检大楼、候船厅、配套服务设施等项目,尽早投入使用北部湾国际邮轮母港,培育发展更多航空航线,尤其是直航航线,多方面提升北海旅游城市形象和便捷通达性。尽快建成合浦汉文化国家考古遗址公园,更好地发挥合浦古代海上丝绸之路的价值。大力推进金海湾红树林、涠洲岛鳄鱼山等景点创国家5A级旅游景区工作。开展涠洲岛总体规划修编,推进涠洲岛高端度假酒店和更加便捷的交通设施等方面的建设。持续推进"美丽北海"活动,开展银滩风景区生态修复工作。着力开发和推出滨海休闲度假旅游产品。

参考文献

[1] 王可:《凝心聚力 乘胜前进 为把北海建设成为创新型开放城市

而努力奋斗》,《北海日报》2017年3月13日。

[2] 市长李延强:《政府工作报告(摘要)》,《北海日报》2017年2月16日。

[3] 代市长李延强:《政府工作报告(摘要)》,《北海日报》2016年9月28日。

[4] 市长林山青:《政府工作报告(摘要)》,《北海日报》2016年1月14日。

[5] 本报评论员:《实施四大会议努力实现富民强市新突破》,《北海日报》2016年9月9日。

[6] 张卓敏:《全域旅游大会战:舞起龙头谋发展》,《国际商报》2017年3月13日。

[7] 张卓敏:《工业转型升级大会战:提升产业竞争力》,《国际商报》2017年3月13日。

[8] 本报评论员:《舞起临港产业尤其是电子信息产业升级发展的龙头》,《北海日报》2017年1月22日。

[9] 张卓敏:《北海电商"风景这边正好"》,《国际商报》2017年3月13日。

[10] 黄娴:《传达学习自治区"两会"精神》,《北海日报》2017年3月26日。

[11] 扶建邦:《北海市第十五届人民代表大会第一次会议开幕》,《北海日报》2016年9月28日。

[12] 蔡文婷:《未来五年涠洲岛将在"合"字上做好文章》,《北海日报》2016年9月10日。

[13]《2015年北海市国民经济和社会发展统计公报》和《2016年北海市国民经济和社会发展统计公报》。

[14]《广西北部湾经济区统计月报》(2015年12月)和《广西北部湾经济区统计月报》(2016年12月)。

[15]《广西要情手册 2016年和广西要情手册》(内部资料),2017年。

B.11
防城港市2015~2016年开放开发进展及2017年发展态势

张 磊*

摘 要： 2015~2016年，防城港市经济保持稳定发展，增速位居广西前列，招商引资和沿边开放开发取得显著成效，但也面临对外贸易增速放缓、海洋经济发展减速等挑战。2016年，防城港市获批成为开放型经济新体制综合试点，这为该市开放开发创造了新的机遇。因此，2017年，防城港市以开展开放型经济新体制综合试点工作为抓手，全面推进沿边开放开发、海洋经济发展，并以融入"一带一路"建设为纽带，进一步加强对外合作，不断开拓新的市场空间，构建该市参与国际合作的新格局。

关键词： 防城港市 开放开发 对外贸易 沿边开放

防城港市既沿海又沿边，是广西北部湾经济区开放开发的重要核心城市之一，在经济社会实现稳定、快速发展的同时，全市围绕"海""边"展开的开放开发也取得显著成效。

---

* 张磊，广西社会科学院台湾研究中心助理研究员，硕士。

一 2015~2016年防城港市开放开发情况

(一)经济保持稳定发展,增速位居广西前列

在全国及广西经济发展进入新常态的大背景下,2015~2016年,防城港市经济保持较快稳定增长。2015年,防城港市经济增速达10.2%,高于广西全区平均增速2.1个百分点[①],位列广西14个市第2;2016年,防城港经济增速较上年虽有所放缓,但仍达9.1%,位列广西各市第1,高于全区平均增速1.8个百分点(见表1)。

表1 2015~2016防城港市经济增速

单位:亿元,%

年份	地区生产总值	增长	增速在广西排名
2015	620.72	10.2	2
2016	676.12	9.1	1

资料来源:2015年、2016年《北部湾经济区经济运行情况》。

(二)对外贸易增速放缓,连续处于逆差地位

1. 对外贸易增速放缓,逆差扩大

2015年,防城港对外贸易保持快速发展,进出口总额达536.12亿元,同比增长59.6%,规模在广西排名第2,其中,进口总额392.52亿元,同比增长14.8%,占全区进口总额比重高达27.1%,居全区首位;出口总额143.6亿元,同比增长55.3%。贸易以逆差

[①] 2015年,广西地区生产总值为16803.12亿元,比上年增长8.1%。资料来源于《2015年广西壮族自治区国民经济和社会发展统计公报》。

为主,逆差额为248.92亿元。2016年,该市对外贸易虽保持增长,但较2015年的高速增长有所放缓,仅同比增长8.5%,达578.91亿元。其中出口总额出现22.2%的大幅下滑,而进口总额保持快速增长,导致贸易逆差进一步扩大,逆差额为355.33亿元,比2015年增加106.38亿元(见表2)。

表2　2015~2016年防城港外贸进出口统计

单位:亿元,%

年份	进出口		出口		进口	
	总额	增长	总额	增长	总额	增长
2015	536.12	59.6	143.6	55.3	392.52	14.8
2016	578.91	8.5	111.79	-22.2	467.12	19.01

资料来源:2015年、2016年《北部湾经济区经济运行情况》。

2. 主要贸易对象保持稳定

2015年,防城港市主要贸易对象为越南、巴西、美国、加拿大、印度尼西亚等,其中与越南的贸易额为40.74亿美元,占防城港对外贸易总额的比重达47.37%。2016年,该市贸易对象仍以东盟国家为主,2016年与东盟国家进出口总额为336亿元,同比增长22.2%,占其贸易总额的比重进一步提升,达58%;位居第二的是拉丁美洲国家,进出口总额为142.1亿元;位居第三的是美国,进出口总额为47.3亿元,同比增长35.8%[1]。

3. 对外贸易主体日益多元

一方面,民营企业成为防城港市对外贸易的主力。2015年,民营企业进出口总额达166.5亿元,增长58.6%[2];2016年,在该市对

---

[1] 防城港海关:《2016年我市外贸进出口分析》,防城港市人民政府网,http://www.fcgs.gov.cn/xxgk/jcxxgk/tjxx/tjsjjd/201702/t20170216_38121.html。

[2] 黄山、粟端:《2015年我市外贸大幅增长》,《防城港日报》2016年2月8日。

外贸易总体放缓的背景下,民营企业进出口总额实现115.7亿元,同比下降30.5%。另一方面,外商投资企业、国有企业在该市对外贸易中发挥重要作用。2015~2016年,外商投资企业进出口总额分别为126.7亿元、125.5亿元;国有企业进出口总额分别为124.9亿元、112.5亿元,都有所下降,但降幅较小。

4. 对外贸易产品集中

2015~2016年,防城港市对外贸易产品集中,进口以大豆、煤、铜等初级农产品和矿产品为主。出口以机电产品,纺织纱线、织物及制品,机械设备,服装,高新技术产品等为主。2016年,除了大豆进口额和机械设备出口额保持增长外,其他主要产品进出口额均呈下降态势。其中:大豆进口额为104.7亿元,同比增长11.9%;机械设备出口额为7.5亿元,同比增长14.3%;纺织纱线、织物及制品出口额下降幅度最大,同比减少33.5%,出口额为25.5亿元;机电产品出口额减少22.8%,出口额为29.3亿元;高新技术产品出口额减少12.1%,出口额为6031.3万元[1]。

(三)吸引外资快速增长

2015年,防城港市新引进外来投资项目58个;新增招商引资到位资金(含续建项目)467.23亿元,其中,内资到位资金437.84亿元,外资到位资金4.59亿美元[2];2016年,防城港实际利用外资额为8981万美元,同比增长214.02%。2015~2016年,防城港市积极利用中国—东盟博览会等平台进行招商引资,以促进该市的开放开发。2015年,第12届中国—东盟博览会期间,防城港市共签约25个项目,

---

[1] 防城港海关:《2016年我市外贸进出口分析》,防城港市人民政府网,http://www.fcgs.gov.cn/xxgk/jcxxgk/tjxx/tjsjjd/201702/t20170216_38121.html。
[2] 《2015年防城港市国民经济和社会发展统计公报》,广西统计局网站,http://www.gxtj.gov.cn/tjsj/tjgb/sxgb/201606/t20160601_125204.html。

总投资额达2043亿元,其中内资项目22个,投资额达168.15亿元,外资项目3个,投资额达5.72亿美元①。2016年,第13届中国—东盟博览会期间,防城港市签约项目26个,总投资额达734.15亿元。

(四)构建开放型经济新体制综合试点工作顺利开展

2016年5月,防城港市被商务部、国家发展和改革委纳入全国12个开放型经济新体制综合试点城市之一。8月17日,商务部公布《防城港市构建开放型经济新体制综合试点试验实施方案要点》。防城港市根据该实施方案要点,积极推进试点工作。2016年年内的试点工作进展顺利,成效显著。

一是构建开放型经济运行管理新模式。积极推进防城港地方、口岸联检干部双向挂任职交流,建设"单一窗口"及"两国一检"监管模式;深化实施"外国人出入境证""用工资格证""劳务经营证""务工证"和居住登记管理制度,试点为境外边民务工人员购买雇主责任险。二是打造各类开发区(园区)协同开放新机制。出台了《防城港市企沙工业区、大西南临港工业园"产城融合"体制机制改革方案》制度。三是创新国际投资合作方式。积极申请亚行贷款,全面推进边民互市贸易转型升级改革试点。四是促进加工贸易发展。制定实施《防城港市促进加工贸易产业发展工作方案》。五是加快金融服务业开放合作发展。全市已有3家保险机构与东盟国家和地区签订了总对总互代查勘合作机制。六是启动建设中越东兴—芒街跨境旅游合作区,加快形成全方位开放新格局。

(五)向海开放成效显著,海洋经济保持良好发展

作为后发展的滨海城市,防城港市海洋资源是其经济发展的主要

---

① 林宴伊:《防城港在中国—东盟博览会上签约项目总投资超200亿》,新华网,http://www.gx.xinhuanet.com/dtzx/fcg/2015-09/21/c_1116626632.htm。

支柱之一,在"海洋强国"战略推动下,2015~2016年,防城港市向海开放成效显著,临海工业、海洋渔业、滨海旅游业等海洋经济取得迅速发展。

2015年,防城港市海洋生产总值为278亿元,约占该市GDP的44.8%,占广西海洋生产总值(1098亿元)的25.3%[1]。海洋渔业养殖是重要支柱产业之一,2015年海洋渔业增加值占该市海洋经济增加值的比重达35.3%,同比增长5.7%,海世通、怡成、东成等成为该市海洋渔业养殖的龙头企业。滨海旅游业也发展迅速,2015年,滨海旅游业占主要海洋产业增加值的比重为14.2%,同比增长26.2%[2]。海洋运输业方面,2015年,防城港市港口货物吞吐量达11504万吨,同比增长0.03%,其中集装箱吞吐量完成36.86万标准箱,同比增长14.5%。

2016年,防城港海洋经济发展呈放缓趋势。1~6月,海洋经济总产值为114.71亿元,同比下降40%;海洋产业增加值为57.25亿元,同比下降23.9%,其中海洋渔业、海洋工程建筑业、滨海旅游业三大产业是该市海洋经济发展的三大支柱产业,增加值分别为14.72亿元、7.59亿元、33.35亿元,除了滨海旅游业增长34.37%外,海洋渔业、海洋工程建筑业均为负增长,增速分别为-12.33%、-72.51%[3]。2016年,防城港港口吞吐量也呈现下降态势,总量为10684万吨,同比下降7.12%。

(六)沿边开放开发稳步推进

沿边是防城港市开放开发的又一优势,2015~2016年,依托边

---

[1] 防城港市海洋局:《我市海洋经济发展需迎难赶上》,防城港市人民政府网,http://www.fcgs.gov.cn/zxzx/bmdt/201607/t20160706_26403.html,2016年7月2日。

[2] 防城港市海洋局:《我市海洋经济发展良好》,防城港市人民政府网,http://www.fcgs.gov.cn/zxzx/jrfcg/csdt/201609/t20160914_30401.html。

[3] 防城港市海洋局:《上半年防城港全市海洋经济总产值114.71亿元》,腾讯网,http://qinfang.house.qq.com/a/20160802/006239.htm。

境口岸、东兴重点开发开放试验区等平台，全市沿边开放开发取得明显成效。

一是边境贸易保持稳定发展。2015年，防城港市边境小额贸易额为123亿元，同比增长46.45%，边民互市贸易额为118亿元，同比增长22.6%[1]。2016年，边境贸易成交额为287.9亿元，同比增长23.4%，其中边境小额贸易同比下降30.7%，贸易额为85.3亿元；边民互市贸易额为225.3亿元，同比增长90.9%[2]。

二是东兴重点开发开放试验区建设成效显著。2015年，东兴重点开发开放试验区地区生产总值达486.07亿元，同比增长11.5%，占东兴市的78.3%；财政收入61.85亿元，同比增长8.3%；固定资产投资422.48亿元，同比增长9.6%[3]。同年，《东兴试验区开发开放三年行动计划（2016—2018年）》编制完成，企沙工业区、大西南临港工业园、江山半岛旅游度假区等建设取得突破性进展。2016年，东兴重点开发开放试验区实现地区生产总值523.97亿元，增长7.8%；实现规模以上工业总产值1313.79亿元，增长14.7%；财政收入66.54亿元，增长7.6%；固定资产投资495.82亿元，增长17.4%。"六证合一、一照一码"登记制度改革正式启动；以个人跨境贸易人民币结算为主体的个人本外币兑换特许业务试点进一步拓展并实现中国—东盟货币业务中心、中国（东兴试验区）—东盟货币服务平台两大平台交易金额较快上涨。2016年，东兴口岸出入境游客突破710万人次，同比增长16%[4]。另外，东兴重点开发开放试验

---

[1] 《防城港2015年外贸进出口总值536.1亿元，增长逾两成》，中国网，http://jiangsu.china.com.cn/html/2016/gxnews_ 0129/3748271.html。
[2] 防城港海关：《2016年我市外贸进出口分析》，防城港市人民政府网，http://www.fcgs.gov.cn/xxgk/jcxxgk/tjxx/tjsjjd/201702/t20170216_ 38121.html。
[3] 《广西东兴国家重点开发开放试验区2015年工作绩效展示》，广西东兴国家重点开发开放试验区网站，http://www.gxdxsyq.gov.cn/info/show/2016－1－7/2014.shtml。
[4] 《广西东兴口岸2016年通关量首破700万人次》，中华人民共和国商务部网站，http://www.mofcom.gov.cn/article/resume/n/201702/20170202514626.shtml。

区跨境劳务合作试点扎实推进；东兴—芒街跨境自驾游正式开通，东兴陆路进境水果口岸获批。2016年12月，中越北仑河二桥（中方侧）竣工，口岸联检楼也正式封顶。

二 2017年防城港市开放开发面临的新形势

（一）面临的机遇

防城港市作为北部湾经济区的重要组成部分、国家沿边重点开发开放地区，在国家积极打造中国—东盟自由贸易区升级版、积极推进"一带一路"建设及广西深入实施"双核驱动"战略的背景下，将迎来新一轮沿海、沿边开放开发的重大历史机遇。

1. 开放型经济新体制综合试点试验面临新的机遇

2017年4月7日，商务部、国家发改委、中国人民银行、海关总署、质检总局联合下发《关于进一步推进开放型经济新体制综合试点试验的若干意见》（商政发〔2017〕125号），就支持试点地区探索扩大贸易投资便利化、推进放管服改革等事项提出具体意见。防城港市作为12个试点城市之一，在国家政策的保障和支持下，2017年的试验工作在国家和自治区的支持下继续有序开展。

2. 海洋经济发展面临新的机遇

2017年4月，习近平总书记视察广西时提出，"要建设好北部湾港口，打造好向海经济"。防城港作为北部湾港口的一部分，其建设和发展将迎来新的机遇。根据《广西海洋经济可持续发展"十三五"规划》，自治区对防城港的定位是"着重发展钢铁、有色金属、核电等龙头临港工业，突出发展沿边贸易和生态旅游，推进北部湾现代物流中心建设"。这也为防城港市向海经济的发展明确了方向。2017年4月17日，广西壮族自治区人民政府印发《关于推动物流业降本增效促进我区物流业健康发展若干政策的意见》（桂政办发〔2017〕55号），并提出要扩大物流业的开放合作，加强中国—东盟港口物流城市合作网络建设，打造中国—东盟物流合作圈①，防城港市作为与东盟海陆相接的重要节点城市，在海洋运输、港口建设等方面具有明显的发展优势。

3. 沿边开放开发面临新的机遇

2017年3月，国家发改委正式印发《西部大开发"十三五"规划》，按照该规划，"十三五"期间西部大开发构建"五横两纵一环"的总体空间格局，防城港（东兴）是"一环"的组成部分②。2017年2月，广西印发的《广西沿边地区开发开放"十三五"规划》，提出"以防城港市防城区、东兴市等沿边重点地区为开放枢纽，以东兴重点开发开放试验区、东兴边境经济合作区、中越东兴—芒街跨境经济合作区等为载体，积极建设面向东盟国家的南宁—防城—东兴—芒街边海联动经济合作带"。并大力推进东兴—芒街—下龙—河内高速公路、中越峒中—横模大桥、中越铁路防城至东兴段、防城港东兴—越南海防、防城至上思铁路、防城港支线机场等基础设施建设③。这都为防城港进一步推进沿边地区开发开放，融入国家"一带一路"建设创造了新的机遇。

（二）面临的挑战

目前，国际经济形势仍复杂多变，国际金融危机深层次影响在相

---

① 《广西壮族自治区人民政府办公厅关于推动物流业降本增效促进我区物流业健康发展若干政策的意见》（桂政办发〔2017〕55号），广西商务厅网站，http://www.gxswt.gov.cn/SpecialReport/HtmlContent/Detail/205b6605-603c-4269-b3fc-b4c94e44f977。

② 《国家发展改革委关于印发西部大开发"十三五"规划的通知》（发改西部〔2017〕89号），中央人民政府网站，http://www.gov.cn/xinwen/2017-01/23/content_5162468.htm。

③ 《广西壮族自治区人民政府办公厅关于印发广西沿边地区开发开放"十三五"规划的通知》，广西商务厅网站，http://www.gxswt.gov.cn/htmlContent/detail/a3e33e43-eb5d-4fdd-bd37-ba489f31f40a。

当长时期依然存在,世界经济增长放缓、国际市场需求萎缩、大宗商品价格下跌,对整体贸易投资增长不利。在此大背景下,防城港市开放开发也面临诸多挑战。

一是经济社会发展不平衡、不协调、不可持续问题突出。具体表现在全市经济总量仍较小,经济下行压力大,产业结构和空间布局不够合理,转方式调结构任务重,沿海沿边发展不够均衡,影响社会和谐稳定因素仍较多。二是经济增长内生动力不足。具体表现在该市传统行业增长动力减弱,创新驱动能力不足,现代服务业发展滞后,实现经济持续平稳较快增长任务重。三是工业投资和民间投资增长放缓,港口生产增速回落。这些因素都将直接影响防城港市开放开发的进程。

三 做好2017年防城港市开放开发工作的几点建议

(一)加快推进开放型经济新体制综合试点工作

2017年4月7日,商务部、国家发展改革委、中国人民银行、海关总署、质检总局联合下发《关于进一步推进开放型经济新体制综合试点试验的若干意见》(商政发〔2017〕125号),就支持试点地区探索扩大贸易投资便利化、推进放管服改革等事项提出具体意见。2017年,防城港市按照国家要求,加快全面推进构建开放型经济新体制的改革和探索工作,并逐步形成可以在全国复制和推广的"防城港经验和模式"。加快东兴重点开发开放试验区开放开发,扩大先行先试成果;大力推进中越跨境经济合作区纳入国家"一带一路"重大标志性工程清单;推进沿边金融综合改革试验区建设,拓展人民币与越南盾可兑换业务,探索建立人民币回流机制,布局建设股权产权交易中心、商品交易所,打造中国—东盟跨境金融中心等。

（二）大力推进沿边地区开放开发

2017年3月，国家发改委正式印发《西部大开发"十三五"规划》。按照该规划，"十三五"期间西部大开发将构建"五横两纵一环"的总体空间格局，其中，防城港（东兴）是"一环"的组成部分，这为防城港进一步推进沿边地区开放开发，融入国家"一带一路"建设创造了新的机遇。因此，防城港市要进一步挖掘和发挥沿边的独特区位和地缘优势，继续推动口岸开放升级，深化口岸通关便利化改革，拓展防城港口岸、云约江南作业区、中电码头、企沙口岸开放范围，并积极申报禽畜、肉类产品，生猪活体进口等指定口岸。推动峒中口岸升格，加快建设里火互市区、北仑河二桥开放通道，完善陆运电子口岸。推行东兴口岸"两国一检"监管模式，建设"三个一"信息平台，完善国际贸易"单一窗口"。实现以开放带动开发、以开发促进开放，推动沿边地区经济社会加快发展的目标。

（三）通过促进海洋经济发展培育新经济增长点

重点围绕自治区对防城港的定位"着重发展钢铁、有色金属、核电等龙头临港工业，突出发展沿边贸易和生态旅游，推进北部湾现代物流中心建设"，大力发展临港产业，积极推进港口等基础设施建设，促进海洋经济取得新发展。加快防城港至东兴高速铁路、防城港渔澫港区501号和东湾513~516号泊位等项目建设，对港口多个续建、新开工、前期工作项目加大推进及实施力度，为海洋经济的发展奠定坚实的基础。

（四）积极融入"一带一路"建设

进一步加强对外合作，积极融入"一带一路"建设，以不断开拓新的市场空间，在保障与主要贸易伙伴稳定关系的基础上，不断建立贸易关系，构建防城港市参与国际合作的新格局。一是继续拓展东盟国家，尤其是与越南、印度尼西亚的经贸往来和港口合作，积极参与中国—东盟信息港、中国—东盟港口城市网络等建设，并积极谋划建设中·印尼经贸合作区。二是以参与"一带一路"建设为契机，在保持与巴西、智利、美国等经贸合作关系的基础，大力开展与欧美等国家先进产能合作，并进一步开拓拉丁美洲市场。三是进一步提升参与中国—东盟博览会的水平，积极利用博览会平台，广泛招商引资，为防城港的开放开发注入新的活力。

（五）深化与国内其他区域的合作发展

积极加强国内合作，不断深化与我国西南、中南地区的合作发展，通过飞地经济和"无水港"建设，积极服务广西建设中国—东盟国际大通道的宗旨，并加强与广东、浙江等东部沿海省份合作，积极承接产业转移。

B.12
崇左市2015～2016年开放开发进展及2017年发展态势

崇左市北部湾（广西）经济区规划建设管理委员会办公室*

摘　要： 本报告在分析2015～2016年崇左市围绕自治区提出的"双核驱动"战略，做好"两篇大文章"、打好"四大攻坚战"等开放开发工作的基础上，提出了崇左市开放开发存在的问题和困难以及相应的对策建议。

关键词： 崇左市　口岸经济　现代服务业

一　2015～2016年崇左市开放开发情况回顾

2015～2016年，崇左市贯彻落实中央、自治区决策部署，凝心聚力，迎难而上，全力做好口岸经济、文化旅游发展两篇大文章，打好产业转型升级、农村全面脱贫、新型城镇化、基础设施建设四大攻坚战，全市经济总体呈现企稳回升、向好趋势进一步增强的良好态势，实现了"十三五"平稳开局。2015年全市地区生产总值完成682.82亿元，增长8.0%；规模以上工业总产值完成274.61亿元，下降1%；规模以上工业增加值完成226.38亿元，下降2.7%；固定资产投资完成691.57亿元，增长26.1%；财政收入完成75.15亿元，

---

* 执笔：周黄忠、苏毅。周黄忠，崇左市北部湾办常务副主任；苏毅，崇左市北部湾办科长。

增长2.7%；外贸进出口总额完成1255.14亿美元，增长26.1%；社会消费品零售总额完成119.39亿元，增长10.1%；城镇居民人均可支配收入24668元，增长6.4%；农村居民人均可支配收入8308元，增长7.8%。2016年全市地区生产总值完成766.2亿元，增长8.2%；规模以上工业总产值完成747.06亿元，增长12.8%；规模以上工业增加值完成251.97亿元，增长7.1%；固定资产投资完成831.41亿元，增长20.2%；财政收入完成58.2亿元，下降22.6%；外贸进出口总额完成1230.82亿美元，继续领跑全区，占全区外贸进出口总额的四成；社会消费品零售总额完成131.34亿元，增长10%；城镇居民人均可支配收入26605元，增长8%；农村居民人均可支配收入9801元，增长9.9%。2015~2016年，崇左市的开放开发还呈现以下特征。

（一）口岸经济取得新突破

开放合作平台建设取得新成效。经过多年努力争取，2016年8月2日广西凭祥重点开发开放试验区获国务院批复设立，正式进入实质性建设阶段。中越凭祥－同登跨境经济合作区基础设施建设取得良好进展，凭祥综合保税区二期、凭祥－宁明贸易加工区建设有序推进。口岸升格扩大开放实现新突破。水口口岸获批升格为国际口岸并扩大开放至水口—驮隆界河二桥，其获批为水果进境指定口岸；友谊关口岸获批开展签证业务，成为广西口岸功能最完备的国际口岸；爱店口岸升格基础设施项目（一期）基本完成，口岸旅客联检楼扩建项目即将竣工。集报关、退税、关税和税务服务等功能于一体的"广贸通"边境贸易综合服务平台正式上线运行。通关便利化进一步提升。全国第一个国检试验区——凭祥（卡凤）国检试验区揭牌，正式投入使用；口岸查验部门实现通关查验整合优化，申报项目从原来的169项优化成92项，企业办理查验等候时间缩短50%以上。沿边金融综合改革深入实施。凭祥边贸结算银行与越南银行及东盟各国银行合作,探索开展与越南盾现钞兑换业务,完善了中国(广西凭祥试验区)东盟货币服务平台建设,平台知名度和影响力进一步扩大,全年全市跨境人民币结算量有望突破900亿元,边民互市贸易结算更加便利。跨境电商平台开发稳步推进。跨境电子商务监管中心项目落户凭祥综合保税区,中国-东盟(凭祥)电子商务信息港、跨境电商产业园等项目正加快建设,跨境电子商务基础设施不断完善。外贸进出口继续领跑全区。全年外贸进出口总额1230.82亿美元,总量继续稳居全区首位。

(二)投资项目建设加快推进

投资规模持续扩大。全年固定资产投资超830亿元,增长20%,增速位居全区前列。重大项目建设稳步推进。全市市层面以上统筹推进重大项目完成投资132.4亿元,完成年度计划的73.6%,其中:自治区层面重大项目完成投资56.9亿元,完成年度计划的105.2%。基础设施建设取得新进展。左江治旱驮英水库及灌区工程、崇左市渠弄供水工程(一期)等重大项目实现开工,崇左至靖西高速公路、广西扶绥龙谷湾旅游休闲度假区、崇左市农副产品交易中心、中越边境药材商贸物流中心等项目竣工使用。筹融资工作呈现新亮点。争取到中央预算内投资9.13亿元、专项建设基金19.87亿元,涉及农林水利、社会公益建设、公检法司、口岸基础设施及边防基础设施等领域;亚行贷款区域合作发展促进项目已初步确定获得第一批贷款1.026亿元人民币;与北部湾银行合作设立基金10亿元,与桂林银行、兴业银行、浦发银行合作设立基金正在落实。

(三)文化旅游发展势头良好

2016年全年全市累计接待游客2030万人次,增长27.1%;实现旅游总消费182亿元，增长37.5%。旅游品牌创建卓有成效。左江花山岩画文化景观成功列入世界遗产名录，成为广西第一处世界文化遗产和我国第一处岩画类世界文化遗产。凭祥市列入首批国家全域旅游示范区。特色旅游名县创建顺利推进，大新县成功创建广西特色旅游名县，宁明县成功由广西特色旅游名县备选县进入创建县。德天瀑布列入创建国家5A级景区预备名单，大新老木棉漫心度假酒店被评定为四星级旅游饭店。积极推进跨境旅游合作区创建，完成了《中越德天—板约国际旅游合作区（中方）规划》编制。文化旅游重点项目建设加快。启动实施文化旅游大发展三年行动计划，扶绥龙谷湾旅游休闲度假区实现开园，红木文博城景区已建成一、二期并对外开放，左江花山岩画文化景观景区创建国家4A级景区已完成待验收，正在编制创建国家5A级景区项目建议书、可行性研究报告。"大德天景区"升级改造（创5A级景区）项目配套开发附属景点，以及公共服务设施提升改造项目正在抓紧建设。文化旅游宣传形式多样。制作崇左市旅游形象标志、宣传手册、旅游地图，运营旅游公众微信号、旅游微博等平面视觉系统及拍摄"发现山水崇左·圆梦别样桂林"主题旅游宣传片。在广西电视台《广西新闻》栏目、南宁至北京"广西旅游号"、南宁吴圩国际机场和桂林两江国际机场等平台投放旅游视频和平面广告。与南宁国际民歌节组委会联合举办第18届南宁国际民歌艺术节2016年本色花山·大地飞歌晚会，取得了良好宣传效应。

（四）工业呈回暖上升趋势

崇左市积极降低企业成本，出台21条稳增长降成本措施，有效降低企业生产成本，推动企业扩大生产。规模以上工业企业效益有所好转。2016年全年全市规模以上工业主营业务收入达635亿元，增长15%，亏损企业同比减少10家。产业结构加快调整取得初步成效。除锰、电力行业外，其他主要工业行业实现较快增长，全年全市制糖业实现产值330亿元，增长15%；水泥制造业实现产值47亿元，增长40%；化工业实现产值13.5亿元，增长10%；木材加工产业实现产值32亿元，增长28%；口岸加工业实现产值30亿元，增长55%。一批重大工业产业项目加快建设。南国铜项目加快推进，中信大锰电池级高纯硫酸锰项目一期已试产，中铝国盛稀土一期年处理3000吨稀土矿生产线已生产小批量产品；崇左湘桂糖业和法国乐斯福集团合作年产2万吨活性酵母项目开工建设，中粮屯河崇左生物科技产业园二期木糖（阿拉伯糖）/低聚果糖项目募集资金基本完成。

（五）现代农业发展初显成效

种植业保持平稳发展。2016年，全市完成农作物种植面积847.46万亩（不含水果），其中：粮食种植188.1万亩，产量51.9万吨；甘蔗种植面积412.7万亩。双高基地建设扎实推进，2016年，全市累计落实基地业主506家、建设主体506家，完成双高基地建设32.4万亩，平均亩产6吨以上；完成植树造林17.9万亩，义务植树356万株，森林抚育面积20.7万亩。水产畜牧业发展势头良好。庭院龟鳖养殖、山羊圈养、林下养鸡等特色养殖走在全区的前列，2016年，水产品总产量达7.43万吨，增长4.45%；肉类总产量达12.81万吨，增长2.33%。现代特色农业（核心）示范区建设成效喜人。全市已启动创建示范区88个，其中被授予自治区级示范区3个、市级7个、县级10个、乡级10个，已有156个新型经营主体进驻示范区，累计投入9.62亿元，现代生产要素正向示范区进一步集聚，示范效应逐步显现。农村改革取得有效进展。农村土地经营权确权登记试点工作已完成入户调查33万户，占总户数的74.3%；可发证面积为192万亩，占五年总任务的74.5%；可发证书户为27.67万户，占五年总户数的69.4%。新型农业经营主体加快发展。目前全市农业企业达425家,其中自治区级农业产业化重点龙头企业8家、市级13个;新增农民专业合作社897个,全市累计达2605个;新增家庭农场70个,全市累计达130个。生态建设顺利推进。2016年9月,崇左市被国家林业局授予"国家森林城市"光荣称号;"生态乡村"村屯绿化专项活动扎实开展,示范村屯绿化竣工188个,一般村屯绿化竣工3075个。

(六)现代服务业稳步推进

2016年服务业增加值完成287.82亿元,增长11.5%,占GDP比重的37.6%,完成投资409.59亿元,增长31.7%,占固定资产投资的63.1%。营利性服务业营业收入增速大幅提升,2016年社会消费品零售总额完成131.33亿元,同比增长10%。商贸服务业加快发展。2016年,全市物流企业累计达317家,商业网点48353个,各类市场256个,具备一定规模的超市、连锁店1085家,消费品市场呈现城乡市场共同繁荣发展的良好局面。电子商务产业快速发展。通过实施"互联网+"工程,2016年凭祥跨境电子商务交易额突破50亿元人民币,排名全国百佳县第十七。金融运行保持平稳。2016年12月末全市金融机构人民币存款余额699.5亿元,增长15.3%;贷款余额390.23亿元,增长4.6%。

(七)脱贫攻坚扎实推进

强化脱贫攻坚政策保障。推进实施旅游扶贫、金融扶贫、边贸扶贫、易地扶贫搬迁等23个扶贫专项行动,落实"4321"干部精准帮扶机制,开展"百企联百村""万人帮万户"活动,实现帮扶对象全覆盖。2016年实现减贫2.14万户9万人,脱贫摘帽贫困村47个。加大扶贫资金投入。2016年累计投入财政专项扶贫资金9.53亿元,比2015年度增加3倍;同时统筹整合各类涉农资金投入14.37亿元,实施危房改造、农村基础设施、产业开发等项目1.15万个,进一步夯实脱贫基础。大力发展产业扶贫。2016年47个预脱贫村共成立合作社91个;组织引导6.31万贫困边民积极参与边境贸易,在4个边境县(市)成立了7个边贸合作社,组建了321个互助组,发展运输、加工等边贸产业,打造边境地区精准扶贫新亮点;投入资金1.28亿元,实施甘蔗"双高"带动脱贫,覆盖贫困人口10万人以上;创新旅游扶贫开发新模式,打造凭祥板小生态旅游区、龙州县彬桥乡"老地方"、大新县"明仕农家乐一条街"等一系列集农业观光、民俗体验、休闲度假于一体的乡村旅游示范区。积极培育新型经营主体。市级财政每年预算安排农民合作社专项扶持资金1000万元,县财政每年预算安排300万元以上,用于扶持和培育农民合作社等农村新型经营主体。积极推进扶贫小额信贷工作。共完成贫困户评级授信85797户,完成率100%;2016年完成发放扶贫小额贷款15.82亿元,扶持3.22万户贫困户生产增收。大力实施易地扶贫搬迁工程。全市33个项目点全部开工建设,累计完成投资6.47亿元,投资完成率65.6%;已竣工住房2174套,住房竣工率51.8%,搬迁入住5178人,搬迁率35.5%。

(八)社会民生进一步改善

社会民生领域投入力度加大。全市民生领域财政支出166.9亿元,占一般公共预算支出的81.5%,同比提高2.6个百分点。城乡居民收入稳步提高。2016年城镇居民人均可支配收入26605元,增长8%;农村居民人均可支配收入9801元,增长9.9%。积极扩大就业创业。2016年全市实现城镇新增就业15300人;失业人员实现再就业2350人;帮扶就业困难人员实现再就业560人;城镇登记失业率2.9%。积极搭建创业平台,大新县农民工创业园被认定为自治区农民工创业园建设试点项目,登记入驻创业园的15家中小微企业全部投产，提供就业岗位1000多个；认定创业孵化基地2个，农民工实训基地3个。社会保障覆盖面扩大。全市参加城镇企业职工基本养老、城镇基本医疗、失业、工伤、生育保险人数分别为160316人、465193人、78210人、115996人、99101人，分别完成全年任务的101.08%、103.38%、100.26%、100.87%、104.1%，新农合参保率达99.7%。保障性住房新开工建设11841套，基本建成5302套，实施农村危（旧）房改造11200户。教育普惠政策全面推进。积极推进教育"双百"工程，全市新开工教育项目318个，竣工项目214个；各类教育协调发展，学前三年毛入园率、九年义务教育巩固率、高中阶段教育毛入学率分别提高到85%、91%、85%；筹措资金为全市86所学校配备4645套学生用床，近万名学生告别了大通铺。卫生计生事业进一步发展。全市18家县级公立医院全面实施改革，全面实现药品零差率销售；基层医疗服务能力进一步夯实，全市人均基本公共卫生服务经费标准提高到45元；2016年区间（2015年10月至2016年9月）人口自然增长率6.41‰，比责任指标9‰低2.59个千分点。基层公共文化供给能力进一步增强。建设64个村级公共服务中心项目，新建9座乡镇广播电视无线发射转播站，放映公益电影9050场，全市博物馆、纪念馆共接待观众超19万人次，图书馆接待读者8万多人次。文化馆（站）免费开放服务演出180多场次，观众有19多万人次。

二 开放开发存在的问题和困难

（一）第一产业所占比重仍然过大

目前，崇左市第一产业占三大产业GDP中的结构比例仍为22%左右，且牧业规模化养殖程度比较低，牧业产值占农林牧渔业总产值比重偏小，同时牧业产值中生猪占比大，牛羊比重偏小，农业内部结构仍不太合理。这使得崇左全市总体经济增长压力较大。

（二）原料蔗产量提升慢这一制糖业发展瓶颈仍未得到有效解决

2016年全市甘蔗播种面积同比仅增长0.4%，产量同比仅增长1.5%。原料蔗产量直接影响制糖企业生产及下游的造纸、酒精、酵母等蔗糖循环经济产业链的发展。2016年制糖业增加值同比仅增长3.9%，未能达到全市行业平均水平。

（三）工业产业转型升级压力较大

由于全市工业总体规模较小，行业结构仍较单一，尤其是近几年缺乏新增大型企业拉动，全市战略性新兴产业仅两家，以航空航天、电子元件制造等为代表的高技术产业尚处空白。工业产业转型升级压力较大，需要的时间周期较长。

（四）固定资产投资增速呈"双下降"

一是工业投资下降，制造业增长缓慢。2016年全市工业投资增速低于全市投资增速21.4个百分点；工业投资占全市固定资产投资比重为25.6%，下拉全市投资增长0.4个百分点；二是民间投资下降。2016年民间投资增速比固定资产投资增速低16.6个百分点，民间投资领域相对狭窄，缺乏活力。

三 崇左市2017年开放开发态势及对策建议

（一）开放开发态势

2017年是崇左市实施"十三五"规划的第二年，也是崇左市

"做好两篇大文章"、打好"四大攻坚战"的第二个攻坚年。从国际、国内层面看，国际经济形势错综复杂，贸易保护主义不断抬头；国内经济下行压力仍然不容乐观，供给侧结构性改革压力依然较大，崇左市面临加快发展和结构转型的双重压力更大。但随着国际、国内各地参与"一带一路"建设的不断深入，党的十九大的顺利召开，自治区加快构建"四维支撑""四沿联动"开放发展新格局，崇左市因突出的发展战略地位，仍处于加快发展的战略机遇期。糖锰价格仍处于较高水平，重点工业园区建设全面加速，凭祥重点开发开放试验区全面加快建设，花山岩画申遗后全市旅游业将加快发展等重大利好，都是崇左市做好2017年开放开发工作的有利因素。因此，2017年，崇左市开放开发中依然是积极向好因素多，农业生产保持稳中有增的发展态势，工业经济筑底回升，固定资产投资加快增长，财政收入量质双升，消费持续升温，外贸进出口稳步回升，金融运行稳健，总体经济呈现回升步伐加快的良好态势。

（二）对策建议

1. 加快凭祥重点开发开放试验区建设，提升口岸经济发展水平

一是推进开发开放重点平台建设。加快推进凭祥重点开发开放试验区的规划建设，加强试验区规划与土地利用、城市建设等规划的衔接，加快推进试验区建设总体规划及重点专项规划编制，进一步强化规划的引导作用。加快凭祥综合保税区二期建设，争取龙州边境经济合作区获得国家批复，推动中泰产业园上升到两国政府层面。进一步完善和提升"广贸通"边境贸易综合服务平台建设。二是完善口岸基础设施。重点加快建设大新县硕龙口岸（升格）基础设施工程、凭祥市平而口岸管理和货物监管中心、宁明县板烂边民互市点、龙州县金龙横罗互市点、宁明爱店口岸隧道工程、凭祥市（中国）友谊关—（越南）友谊口岸国际货物运输专用通道等基础设施。三是推进口岸升级与扩大开放。争取自治区批准设立宁明旺英互市点，申报设立那花、布局互市区，设立开通横罗互市点；推进科甲口岸、平而关口岸、硕龙口岸升格为一类双边性口岸，将硕龙口岸扩大开放到岩应通道和德天通道；加快爱店口岸通过省级预验收进度，力争2017年底通过国家验收并正式开通，推动爱店－峙马口岸由双边性口岸扩大开放为国际性口岸。推进凭祥铁路口岸扩能改造，申请成为进境水果、进口冰鲜水产品、进口肉类指定口岸。四是做大口岸加工业。依托边民互市政策，充分利用越南等东盟国家进口农副产品、水产品和崇左市丰富的农产品资源，推动口岸加工业加快发展，重点加快建设广西凭祥鹏源农副产品加工基地、宁明县湘桂国际农机物流商贸城、广西东盟机电（汽车零部件）博览交易中心及商用汽车装试厂、龙州县民之天食品厂等项目，同时大力发展海产品加工、冷链物流等产业，培育发展保鲜、储运等配套产业。五是推进开发开放体制机制先行先试。深化开放合作体制机制改革，配合推进口岸"单一窗口"及"两国一检"建设，力争年内在友谊关口岸建成国际贸易"单一窗口"，进一步优化口岸通关效率。充分发挥试验区政策优势，重点在跨境劳务合作政策、凭祥边境经济合作区管理体制改革、边贸互市贸易政策、跨境人民币贷款业务等方面开展先行先试。

2. 做强做优文化旅游业，培育经济增长新一极

一是加快文化旅游业提档升级。加快推进以花山岩画为龙头的壮族文化建设，编制左江花山岩画文化景区旅游发展总体规划，推动花山岩画博物馆、花山演艺中心、花山壮族古村寨、五星级花山园林酒店建设，争取左江花山岩画文化景区创建国家5A级景区，推进左江花山岩画夜游和大型实景演出项目年内实现运营。推进国际旅游合作区建设，以建设崇左市边境旅游试验区为先导，推进中越德天—板约国际旅游合作区、中越友谊关—友谊国际旅游合作区、中越龙州—北坡国际红色旅游合作区、中越宁明爱店—禄评峙马国际旅游合作区建设。推进国家级旅游度假区建设，建设以明仕为核心的明仕国家级旅游度假区，引进民间资本投资建设3家接待容量为1500人以上的高端度假酒店，加大星级酒店和农家乐的建设力度，不断提高景区承载能力。二是加快一批重大旅游项目建设。积极推进文化旅游大发展三年行动计划，加快德天跨国瀑布景区创建国家5A级景区，龙州天琴谷文化旅游度假区（一期）、扶绥乐养城、龙州"发现·弄岗"生态旅游度假区、扶绥县渠旧风情古镇、大新县安平旅游区开发建设，加快左江斜塔旅游开发等重大项目建设。三是完善和提升文化旅游基础设施。完善旅游服务设施，特别是完善旅游交通标志牌和公共服务设施，打通服务游客"最后一公里"。加快旅游道路建设，重点加快旅游景区（景点）与干线公路之间的旅游道路建设，加快宁明花山岩画核心景区至花山温泉酒店、龙州左江景区至新旺、扶绥龙谷湾景区至产业园大道、鳄鱼源景区至渠黎干道等公路建设；推进"厕所革命"，完成A级景区、星级乡村旅游区以及城区旅游集散场所、车站码头、主要旅游交通节点等26座旅游厕所建设。四是加大旅游商品开发力度，结合各县（市、区）自身特色，开发出具有标志性、创新性、实用性、工艺性、观赏性且便于携带的旅游商品，延长崇左市旅游产业链，提升购物在旅游经济中的比重。

3. 加强基础设施建设，提升经济社会发展综合承载能力

一是加快综合交通体系建设。加快建设快速铁路、高速公路、通用机场、左江水运等一批重大交通基础设施，完善干线等级公路网，提升左江通航水平，打造陆海互联、内外贯通，有机衔接"一带一路"的交通体系。加快推进南宁至崇左客运专线，力争2017年实现开工建设，同时加快推进南宁至凭祥高速铁路前期工作。加快推进凭祥市边境贸易货物物流中心货物专用通道项目、崇左至水口高速公路、南宁新江经吴圩至崇左扶绥一级公路等重大项目建设。推进隆安至硕龙高速公路、崇左至爱店高等级公路、大新（德天）至宁明

（花山）公路、扶绥渠黎至渠旧（中泰产业园）一级公路、扶绥将军岭码头疏港大道等项目尽快开工建设。加快推进低等级农村公路、屯内道路硬化项目建设。二是完善水利基础设施体系。加快完善水利基础设施网络，加快推进水生态文明建设，加强水资源工程建设，重点加快左江治旱驮英水库及灌区工程建设进度；加快建设崇左市城区防洪排涝工程，大新县新茗水库，天等县念向、伏漫、那利水库联合水源工程，崇左市农村饮水安全巩固提升工程，"五小水利"工程。三是加快信息基础设施建设。完善无线宽带网络，提高全市网络覆盖率和传输能力。重点建设崇左市电子政务外网统一平台项目、崇左有线电视"进村入户"工程、智慧旅游项目等。四是提升能源基础设施水平。因地制宜发展生物质、光伏、风电及水电等可再生能源发电，加快建设天然气支线管道及县域支线同步配套建设，建设完善城市燃气管网工程。加快推进扶绥理昂生物质发电、天等牛头岭风电场、崇左罗白60mW农业光伏大棚一期工程等一批项目建设，力争实现并网发电。加快推进中电崇左2×60mW级燃气热电冷联产、广西扶绥琦泉2×40mW生物质发电、扶绥县光伏发电和生态农业示范区、燃气供气站等一批项目前期工作，力争实现开工建设。推进完善电网结构，加快110kV石林送变电工程及农村电网改造升级工程等一批项目建设，进一步提高电网供电能力、供电可靠性和供电质量。五是大力推进生态基础设施建设。深入实施农村垃圾治理两年攻坚行动，开工建设一批乡镇污水处理厂、农村生活垃圾乡镇片区处理中心、村级垃圾处理设施等项目。加快推进乡土特色示范村屯建设，推进"美丽乡村"升级版建设，全面完成265个自治区级示范村屯、3075个一般村屯项目绿化工作。

4. 推进产业转型升级，促进经济发展上台阶

一是加快传统产业转型升级。糖业方面，重点实施糖业"二次创业"，2017年完成40万亩蔗糖"双高"基地建设，推进食糖深加工、蔗渣造纸和发电、糖蜜生产化工产品等研究和开发，重点推进崇左东亚糖业公司蔗糖深加工扩建工程项目、崇左东亚糖业公司技改搬迁项目、湘桂公司年产20000吨活性干酵母建设工程项目、中粮崇左食糖仓储物流中心及广西休闲糖果休闲食品产业园系列项目建设。锰业方面，大力发展深加工，推进产品高端化、精品化、差异化发展，构建完整产业链和产业体系，重点推进大新布东生态锰深加工系列项目、新振锰业电解金属锰二期、中信大锰年产10000吨高纯硫酸锰、中信大锰镍钴锰酸锂三元材料、广西大锰锂离子动力电池生产线项目。二是加快新兴产业培育。依托资源和口岸等优势，大力开展招商引资，培育发展有色金属、农产品加工、林产品加工、新能源等特色新兴产业，重点加快推进南国铜业铜冶炼项目，中铝国盛稀土公司稀土金属材料项目，龙州氧化铝项目，中泰产业园坚果加工基地，龙赞东盟国际林业循环经济产业项目，扶绥正大绿色无公害饲料、鸡蛋生产项目等项目建设。加快发展红木产业，推进凭祥红木文化创意产业园规划建设，充分发挥凭祥红木企业"转贷通"资金池作用，解决融资难题。三是推动园区提质升级。加快中泰产业园、中国—东盟青年产业园及县级工业集中区等园区建设，完善园区基础设施；把建设标准厂房作为提升园区承载能力、加快产业转型升级的重要举措，加大力度建设62万平方米标准厂房，2017年完成30万平方米建设任务。推动凭祥边境经济合作区扩区调整，将边合区优惠政策辐射到宁明工业集中区，加快推进凭祥—宁明贸易加工区建设。四是大力发展现代服务业。加快建设凭祥综合保税区等4个自治区级服务业集聚区，推进中国乐养城、凭祥红木文博城等自治区服务业百项重点工程建设。大力发展跨境电子商务，推动凭祥市申报农村电商示范县（市），完成国际邮件监管分中心、保税商品展示店等项目建设。加快发展农村电子商务，拓宽农产品销售渠道。五是加快发展现代农业。积极推广"政府+制糖企业+种植公司+农户"等多种组合方式，整合更多实施主体共同参与建设，全面完成"双高"建设任务。加快现代特色农业（核心）示范区建设，抓好市、县、乡三级示范区建设。大力发展新型农业经营主体，积极培育农民合作社示范社。突出发展牛羊养殖规模化、标准化，大力发展现代特色优势养殖业，加大重大动物疫病防控力度。积极发展林业，重点实施植树造林、林下经济、森林旅游等重点任务，深化林业改革，加强林政资源管理。

5. 加快新型城镇化建设，提升县域经济发展水平

一是大力实施中心城区拓展提升工程。围绕山水园林城市的定位，加快崇左市城市总体规划修编；加快推进崇左大桥、市体育中心等重点城建项目。加快建设东盟大道、环城西路、龙峡山路东段延长线等城市路网，规划建设崇善大道、骆越大道、明仕大道等城市主干道，尽快形成城市环线和内外畅通的城市路网体系。二是狠抓市政基础设施建设。推进丽江水厂二期及配套管网工程、江南污水处理二期工程及管网配套二期工程等项目竣工使用，抓好城区天然气管道工程及亮化、美化、绿化等基础设施建设，启动崇左市汽车城、金凤湖畔商业街区、江南农贸市场升级改造，友谊立交周边拆小建大、升级改造工程项目。启动国家级园林城市创建，推进城市公园绿地建设，城市主要景观节点改造，兰怀山公园、龙峡山公园、市委党校后山公园建设。加大旧城区改造力度，实施太平古镇改造工程，建设左江崇左城区河段防洪综合治理工程，推进崇左市中心城区河湖水系连通工程、崇左市中泰产业园河湖水系连通工程，不断提升城区人居环境。充分利用好左江资源，加强左江崇左城区河段城市改造的水系建设。三是抓好县城和特色城镇建设。加快推进新一轮城镇规划修编，抓好凭祥市国家中小城市综合改革试点工作。大力推行政府购买棚户区改造服务，搭建"以购代建"房源信息管理系统，加强保障性住房建设，推进崇左市城区棚户区改造项目（一期）

建设，启动崇左市城区棚户区改造项目二期、三期建设，进一步化解房地产库存压力。加快推动产城融合发展，抓好列入自治区产城互动发展试点园区的龙州县工业区、扶绥空港经济区建设；加快凭祥—宁明贸易加工区建设，推进凭祥—宁明一体化进程。进一步加快特色城镇建设。

6. 扎实推进农村脱贫攻坚，提高农村地区生活水平

崇左市2017年计划实现12.33万人脱贫销号，110个贫困村脱贫出列。为此，一是加快贫困地区基础设施建设。集中资金投入预脱贫村项目建设，重点推进20户以上自然村（屯）的屯级道路建设，打通交通运输的"最后一公里"。加快实施贫困村饮水安全巩固提升工程，彻底解决贫困户饮水难问题。加快贫困户危旧房改造建设，重点解决危房户、无房户及人均面积不足13平方米贫困户住房问题。全面提升广播电视、宽带网络的覆盖率。重点解决预脱贫村户不通生活用电、饮水难、住房难、没有电视机等问题，着力改善贫困村生产生活条件，加快脱贫步伐。二是加大产业扶贫力度。大力扶持发展种养业，扶持每个乡镇发展1~3个农民合作社，并引导合作社发挥资本和资源聚集作用。狠抓边贸扶贫，落实边民小额贴息贷款等优惠政策，推动边民互市贸易改革，进一步引导贫困边民参与边境贸易。加快推进旅游扶贫，打造一系列集农业观光、民俗体验、休闲度假于一体的乡村旅游示范区。加强对贫困劳动力的就业服务，创造更多就业岗位，促进更多贫困劳动力就近就业；强化技能培训，帮助贫困劳动力掌握谋生技能，实现自主创业或外出务工。三是加快推进异地扶贫搬迁。继续抓好2016年在建的安置点，加快推进2017年异地扶贫搬迁27个安置点的前期工作。同时做好异地扶贫搬迁后续产业发展，确保贫困户搬得出、稳得住、能致富。四是进一步完善社会保障政策。落实低保兜底政策，将符合条件的建档立卡贫困户纳入低保范围，将无劳动能力和无法通过帮扶措施实现生产发展、增收脱贫的对

象纳入政策兜底范围，落实"两线"合一。大力实施教育扶贫，全面落实教育普惠政策、"雨露计划"扶贫补助政策，加大对贫困家庭学生的职业教育和本科学历教育资助力度。全面落实医疗救助政策，加大新农合、城镇医保征缴力度，对因病致贫、因病返贫人口分类进行全方位救助。五是稳步推进扶贫小额信贷投放。充分发挥财政扶贫资金的杠杆作用，撬动金融部门的资金支持，弥补财政扶贫资金不足问题，帮助贫困户落实扶贫贴息贷款，实现生产发展、稳定增收脱贫。

7. 坚持全面深化改革，不断增强发展动力活力

一是大力实施供给侧结构性改革。加快推进"三去一降一补"，着重在降成本方面发力，落实中央促进民间投资政策措施和自治区41条以及崇左市21条稳增长降成本政策措施，加快设立产业投资引导基金，推动企业降本增效，吸引和鼓励民间资本进入实体经济领域，激励企业扩大生产。二是加快推进行政审批制度改革。加大简政放权力度，再取消、下放、调整一批行政审批事项，清理规范行政审批前置中介服务事项，抓好"放管服"服务；完善权责清单制度体系建设，加快编制权力运行流程图并向社会公布。大力推进"一个窗口"受理、"一站式"审批改革。深化商事制度改革，推进"多证合一"改革和电子营业执照和企业注册全程电子化管理工作。三是积极推进国有企业改革。全面推进规范董事会建设，建立职业经理人制度，健全长效激励约束机制，形成以选聘制、任期制为主要方式的国有企业领导人员管理体制；大力发展新型混合所有制经济，引入非国有资本和股权投资基金参与国有企业改革和项目投资，鼓励国有资本投资非国有企业，允许混合所有制企业员工持股。四是深化城镇管理体制改革。推行全市住建系统权力清单制度，明确管理范围、权力清单、责任主体，在建筑市场监管、城市管理、房地产市场监管和质量安全监督等方面推进行政执法公示制度，推广随机抽查规范事中事

后监管。加快推进农村土地确权登记颁证工作。五是继续推进公务用车制度改革。进一步完善机关、参公事业单位公务用车服务平台相关管理制度，建立服务平台信息化管理系统，继续做好取消车辆的拍卖工作，按照自治区统一部署开展事业单位和国有企业公务用车制度改革。

8. 加强节能减排降碳和环境保护，营造山清水秀的自然生态

一是突出主体功能定位。进一步实施主体功能区规划，依法强化规划对项目空间布局的引领作用，优化生态、城镇、产业的空间布局，促进经济社会与资源环境协调发展。加大对花山风景名胜区、白头叶猴保护区、弄岗自然保护区、恩城自然保护区、左江母亲河等生态资源的保护和利用。二是紧抓节能减排降碳工作。紧紧围绕"十三五"节能降碳总目标和年度目标，严格实行能源消费总量控制和能源消费强度控制"双控"目标管理，建立健全目标责任评价、考核和奖惩制度，落实政府与企业责任，统筹推进各项节能减排降碳工作措施落实，确保完成自治区下达减排降碳目标任务。三是加快推进重点节能环保项目建设。加快17个镇级污水处理设施、各类工业园区污水处理设施、乡村垃圾处理设施项目建设进度。组织实施工业节能减排示范项目，重点实施节能技术改造、循环经济和清洁生产示范项目，加大锅炉改造、余热余压利用、能量系统优化、可再生能源利用和减少污染物排放为特征的清洁生产示范工程建设。积极实施综合利用为重点的循环经济示范项目，在企业、基地、产业园等层面加大推进循环经济的试点示范工作力度，重点加快实施凭祥边境经济合作区循环化改造，支持广西凭祥综合保税区申报国家、自治区园区循环化改造试点。四是抓紧重点耗能企业用能监管。加强重点用能企业尤其是列入国家"万家企业节能低碳行动"的29家企业的节能监督管理，落实能源管理负责人备案制、节能目标考核制、产品能耗限额制等一系列节能管理制度。按国家、自治区部署要求加快崇左市碳排放

权交易市场建设,推动低碳发展。

9. 推进基本公共服务均等化,切实保障和改善民生福祉

坚持保基本、补短板、兜底线,下大力气解决群众最关心、最直接、最现实的利益问题,努力提供多样化公共服务,推进基本公共服务均等化,促进社会和谐稳定。一是坚持教育优先发展。继续推进义务教育标准化建设和"改薄"工程,重点推进麦水桥中学、广西大学附中崇左校区、崇左北大附属实验学校、崇左市城区棚户区改造项目配套小学、崇左市高中扩建项目、广西民师院附属学校扩建项目等一批基础教育项目开工建设,不断提高教育服务水平。继续实施职业教育基础能力建设工程,加快推进广西东盟国际职业技术学院、广西城市职业学院崇左校区建设,努力构建具有崇左产业特色、与转变经济发展方式相适应的现代职业教育体系。加快农村学校教师周转宿舍建设项目。二是提高医疗卫生和健康服务水平。健全大病医疗保险制度,切实减轻群众看病负担。深入推进县级公立医院综合改革,启动城市公立医院综合改革,推进分级诊疗制度建设,巩固完善基本药物制度和基层运行新机制。加快市人民医院业务综合楼及全科医生培训基地、市中医壮医医院整体搬迁,市儿童医院、市妇幼保健院、市疾控中心业务综合楼及县级、乡镇等医疗卫生重点项目建设,积极开展广西民族医院医技综合楼、市妇产医院、市艾滋病防治中心、市中心血站、市卫生监督业务用房、市老年人康复护理医院、市120急救中心及县级公立医院业务用房等一批项目前期工作,进一步完善全市基层医疗卫生机构建设。坚持计划生育基本国策,依法组织实施全面两孩政策,促进人口均衡发展。三是不断完善社会保障体系。完善基层就业和社会保障服务设施,加强基层公共就业服务信息网络平台建设。推动医保付费方式改革,实现医疗保险省内异地就医即时结算。扩大基本医疗保险覆盖面,完善新农合制度,提高补助标准和核销比例,扩大重大疾病保障范围。四是促进就业稳定增长。深入实施高校毕业生创业引领和离校未就业毕业生就业促进计划，继续加强农村转移劳动力和城镇困难人员就业创业工作，加强劳动力培训就业工作，力争城镇新增就业人员 13000 人，失业人员实现再就业 2300 人，城镇登记失业率控制在 4.2% 以内；农村劳动力新增转移就业 30000 人。五是繁荣发展文化体育事业。继续加强花山岩画修复保护、连城要塞遗址和友谊关—龙州小连城遗址保护、太平府故城的保护修复，积极申报一批非物质文化遗产。实施广播电视节目无线台站覆盖工程，建设一批村级公共服务中心，推进公共文化场馆免费开放项目。挖掘深厚的民族文化资源，举办民俗表演、山歌歌会、舞龙舞狮等活动。加强全民健身场地建设，推进公共体育设施免费向社会开放。

B.13
玉林市2015~2016年开放开发进展及2017年发展态势

玉林市北部湾（广西）经济区规划建设管理委员会办公室

摘　要： 本报告在总结分析2015~2016年玉林市主动融入国家"一带一路"，自治区"双核驱动、三区统筹"发展格局，实施"东靠南下、通江达海"发展战略，大力推进"四大攻坚""五大战略"等开放开发工作的基础上，提出了玉林市开放开发工作中存在的问题，分析了2017年的发展态势，并提出了相应的对策建议。

关键词： 玉林市　产业转型　区域合作

2015年、2016年，玉林市认真贯彻落实中央、自治区的决策部署，坚持稳中求进工作总基调，牢固树立发展新理念，主动适应经济发展新常态，主动融入国家"一带一路"，自治区"双核驱动、三区统筹"发展格局，深入实施"东靠南下、通江达海"发展战略，大力推进"四大攻坚""五大战略"，全市开放开发工作取得新成效。

一　2015~2016年玉林市开放开发总体情况

2015年全市地区生产总值完成1146.13亿元，同比增长

8.0%；规模以上工业增加值完成464.2亿元，同比增长11.3%；固定资产投资完成1332.12亿元，同比增长18.5%；财政收入完成139.57亿元，同比增长8.9%；外贸进出口总额完成27.96亿美元，同比下降6.5%；社会消费品零售总额完成600.34亿元，同比增长10.0%。2015年，玉林市的开放开发还取得以下突出成效。

（一）2015年的主要突出成效

1. 加快龙潭产业园各项规划编制，规划体系基本完成

玉林市主动对接《广西北部湾经济区发展规划》等有关规划，推进了一系列规划的编制工作，明确玉林参与经济区开发建设，推进铁龙组团建设的发展目标、产业布局、用地布局、交通规划等内容。目前，完成了《广西北部湾经济区铁山港（龙潭）组团东岸地区概念性规划》、《博白县龙潭镇总体规划（2009—2030）》、《广西北部湾经济区玉林龙潭产业园总体规划》及规划环评、《龙潭进口再生资源加工园区控制性详细规划》及规划环评、《广西北部湾经济区玉林龙潭产业园一期控制性详细规划》、《广西北部湾经济区玉林龙潭产业园二期控制性详细规划》、《龙潭产业园北部城镇建设和商贸物流区控制性详细规划》、《玉林市龙潭河龙潭镇（区）防洪整治工程规划》、《玉林龙潭产业园产业错位发展规划》，供水水源规划、循环经济示范规划等已完成编制，目前，规划体系基本完成，实现规划全覆盖。

2. 加快基础设施建设，发展环境不断优化

积极争取广西北部湾经济区重大产业发展专项资金项目，"十二五"期间，共争取到自治区北部湾办下达的3.9亿元专项资金，支持龙潭产业园、中医药健康产业园、玉林市城市供水等基础设施项目建设。其中，龙潭产业园南北1号路、龙腾路、伟业水厂、垃圾处理厂、污水处理厂等项目已竣工投入使用，南大道、商务大道、南北2号路、南区配套路网正在加快建设，已形成"三纵五横"主干路网。再生资源加工利用园区配套路网、华电配套路网等一批项目正在开展前期工作。玉林中医药健康产业园安置区项目——市政道路工程（仁厚路）、玉林市郁江饮水管线及玉林市城北水厂扩建工程两个项目按计划稳步推进建设。

3. 加快产业发展，产业聚集效应初显

立足自身产业特点，围绕经济区产业定位和布局，积极发展与经济区其他城市优势互补的产业，产业错位发展取得初步成效。一是强企入园。已有入园企业28家、总投资118.6亿元，已有世界500强2家——中国华电集团、中国中钢集团，国内500强2家——宁波银亿集团和双胞胎集团。二是特色产业初步形成。依托银亿、中金、再生资源、华电等一批重大产业项目，以再生资源产业为主导的循环经济和以有色金属冶炼深加工产业为主导的特色经济发展格局已基本构建。以玉林中金金属科技公司和银亿科技矿冶公司为主体的冶金产业已建成投产，具备了年产50万吨镍铁和1万吨纯镍的生产能力。三是产业发展的资源优势正在形成。镍合金项目二期热轧项目实现竣工投产，冷轧项目开工建设，广西银亿公司的3万吨镍扩产项目积极推进了园区产业发展，有色金属冶炼及深加工产业链条得到有效延长，进一步增强可持续发展能力。同时，围绕做大做强有色金属、再生资源产业的目标，积极配套上下游产业项目，拉长产业链。2016年洽谈项目共13个，总投资35亿元。

4. 加强交通基础设施建设，通行能力有效提高

一是充分利用国家加快广西北部湾经济区开放开发的政策，加快推进直通北部湾经济区的陆路高速通道和出省出海等主干交通线建设。玉林至铁山港高速公路、玉林至铁山港铁路项目推进，并顺利建成通车，使玉林成为连接广西沿海城市、中国—东盟自贸区与泛珠三角区的重要节点，对加速玉林市物流业特别是港口物流起着至关重要的作用。二是加快建设铁山港东岸码头及配套路网项目，实现向沿海城市转变。铁山港东岸码头顺利于2015年10月30日开工建设。计划建设规模为2个10万吨级、10个5000吨级通用泊位，其中一期建设7个5000吨级通用泊位，二期建设2个10万吨级和3个5000吨级通用泊位。龙腾路二期工程推进顺利，项目全长11.7公里，其中博白龙潭段5.5公里、合浦白沙段6.2公里，分别在玉林和北海两地立项。目前，项目有序推进。

（二）2016年的主要突出成效

2016年全市地区生产总值完成1553.91亿元，同比增长8.0%；规模以上工业增加值完成470亿元，同比增长8.8%；工业增加值增速高于全区1.1个百分点，规模工业利润总额增长10.8%；固定资产投资完成1467.10亿元，增长10.1%；财政收入完成148.95亿元，同比增长6.7%；外贸进出口总额完成26.68亿美元，同比下降4.2%；社会消费品零售总额完成660.43亿元，增长10.0%。有12项主要经济指标增速高于全区平均水平。2016年，玉林市的开放开发还取得以下突出成效。

1. 基础设施不断完善，硬实力稳步提升

"修机场、建码头、接高铁"三件大事取得重大突破，完成黎湛铁路贵港至玉林段电气化改造，建成玉林火车站新站房，实现开通动车；开工建设玉林民用机场试验段工程、玉林至湛江高速公路、荔浦至玉林高速公路、松旺至铁山港东岸高速公路。园博园建成开放，成功承办第八届广西园林园艺博览会。被评为"宽带中国"示范城市。以广西北部湾经济区重大产业发展专项资金工作为主线，以北部湾经济区重点园区基础设施建设为抓手，不断完善全市园区路、水、电等基础设施，提升园区形象和承载力。一是围绕重大产业推进一批基础设施项目建设，服务产业发展。龙潭产业园南区棚户区改造项目（中金防护距离安置区建设项目）、龙港新区商贸物流中心配套路网工程均已动工建设；玉柴船用柴油机及新能源气体发动机项目配套道路及管网工程部分路段已完成部分雨污水管道建设；中医药健康产业园康园大道、仁厚路已开始绿化工作。二是优化园区配套设施，提升园区形象。龙潭产业园汽车客运总站、消防站、集散市场交易中心等项目正抓紧推进；中医药健康产业园3万吨/日供水工程已实现供水，日处理1万吨污水及配套管网工程正在加快推进项目前期工作；玉柴产业新城工业大道项目完成部分软弱地基处理及雨污管道的施工，完成入城企业（一期）高低压施工用电线路的安装和产业新城主供水管道安装工作，产业新城的水、电、路基础设施配套逐步完善。

2. 重大项目进展顺利，工作成效初步显现

大力推动重大项目建设，以项目建设推动园区发展，重大产业项目取得突破性进展。一是中金公司二期热轧项目。中金公司目前生产正常，日约生产不锈钢坯2800吨。二期热轧项目已于2016年7月中旬开工建设，与天津中重科技签订了新建900mm全连轧不锈钢带钢机、电、液总承包合同，生产线向拉长、延伸不锈钢产业链迈出了关键的一步。中金公司在"新三板"上市挂牌工作已将申报资料递交股转公司并得到正式受理。二是再生资源加工利用园区基础设施正在收尾、完善，即将封关运营。三是玉柴产业新城加快推进。一期2817亩土地已完成征地拆迁工作，落实17家意向配套企业，其中11家签订协议，确定第一批5家企业进入产业新城。四是规划建设中国—文莱（玉林）健康产业园。按照清真药品准则，建设生产清真药品、健康食品和保健品。已和文莱方签订了合作意向书，初步确定项目用地，已制定概念性规划。2016年6月，文莱首相府高层代表团一行到玉林进行了实地考察，并商定项目合作各项事宜，目前相关工作正在有序推进中。五是中国—东盟康美（玉林）中药产业园项目。总投资20亿元，计划用地475亩，其中一期用地208亩。项目总体建成投产后，年销售收入可达20亿元，创税1亿元。主体厂房已全面开工建设。六是康臣药业—玉药集团项目。项目总投资10亿元，建成投产后年销售收入可达30亿元，创税3亿元。

3. 促进产业转型升级，产业聚集效应初步显现

立足园区自身产业特点，围绕经济区产业定位和布局，积极发展与经济区其他城市优势互补的产业，依托银亿、中金、再生资源等一批重大产业项目，大力发展临海产业，产业发展的资源优势正在形成。一是银亿公司初步实现产业转型升级。银亿公司在镍价下跌的形势下，从新材料入手，在现有1万吨/年产能的基础上，投资2.3亿元新建电池级硫酸镍生产线，使总产量达到5万吨/年，从而成为我国最大的电池级结晶硫酸镍供应商，成功实现转型升级。银亿公司投资10.2亿元的含镍铬废料无害化处理及综合回收利用项目也在加快建设。熟化堆浸项目（主要生产氢氧化镍）、三元前驱体项目稳步推进。二是不锈钢产业初步形成。以中金公司和银亿公司为主体的冶金产业已建成投产，具备了年产50万吨镍铁和3万吨纯镍的生产能力。中金公司热轧项目建成后，将吸引和带动一批不锈钢制造企业入园，在园区形成从冶炼到不锈钢制品的完整产业链，工业总产值可达到500亿元。三是再生资源发展前景良好。入园企业PET纤维及深加工项目（一期）已建成试产；桂瑾轩再生资源拆解项目、年处理30万吨固体废物产业化建设项目已经试产，新能源动力系统及柴油动力系统再制造（一期）项目已取得阶段性成绩。总占地200余亩的再生资源交易集散中心项目正在平整土地。再生资源园区封关运行后，将吸引一批产业落户龙潭产业园，促进形成完善的再生资源产业链。四是玉柴重大产业项目转型升级加快。加大玉柴气体发动机基地二期项目、玉柴船用柴油机基地项目等重大项目的建设力度,在继续做强做大玉柴品牌的基础上,加大对船用发动机的品牌培育,使之逐步成为新品牌;玉柴新能源汽车项目正式取得新能源商用车整车生产资质,并完成生产线改造且验收通过;积极推进智能制造 2025 建设,建设实施"60 万台/年中重型发动机缸盖数字化铸造车间""大中型发动机缸体数字化铸造车间"两个国家级智能化专项;发动机军民融合重大技术产业化建设项目加快实施,确保产品实现量产并成功投放军品市场。五是"双创"活力不断增强,新增市场主体 2.7 万户,增长 16.6%。

4. 区域合作取得重大突破

(1) 自治区、玉林北海两市等跨域协调机制成功建立并有效运转。龙港新区"一港、一路"重大交通基础设施建设项目在自治区政府协调、两市政府共同努力及两园区属地政府的支持下统筹推进。龙腾路二期工程(白沙河至龙潭产业园公路)、铁山港东岸码头一期工程、二期工程开工建设。玉林会同北海成立了由市直相关部门领导组成的推进工作领导小组。龙港新区"3+1"(自治区、市级、园区 3 个层面和 1 家合资开发公司)组织领导协调工作机制趋于完善,形成了市级、园区级协调机制:一是玉林市汇同北海市形成了《玉林、北海两市推进龙港新区规划建设联席会议制度》,对联席会议主要职责、议事范围、组成单位、职责分工、工作程序、工作要求进行了明确并召开了玉林、北海两市两次联席会议;二是建立龙潭产业园、东港产业园两园区管委会工作会议制度;三是建立健全了玉林市信息报送制度,按照要求及时上报玉林市各项工作推进信息。

(2) 充分运用合作平台加强区域城市之间开放开发与合作。不断提升中小企业商机博览会(中国·玉林)的档次和格局,全方位加强经贸合作与交流，积极参与区域分工合作。通过创新运用南博会、玉博会等合作平台，加强与东盟各国及区内境外企业、社团、商会等组织的交流联系和洽谈合作。运用泛北论坛、浙商年会、美丽广西港澳行等活动载体，开展宣传推介和招商合作。吸引区外国内资金合作，共同推进玉林北部湾经济区开发。通过交流对接，共商合作领域，共享合作商机，实现互利共赢，共同发展。2016年底，在浙商杭州年会上就新能源、有色金属产业等与相关企业洽谈项目12个，项目投资金额29亿元。2016年10月，玉林市市长率队参加了北部湾经济合作组织第九次成员代表大会暨北部湾城市合作组织成立大会，玉林市正式成为北部湾城市合作组织成员。玉林市还与泛北城市之间就电视传媒、文体旅游、交通网络、科技金融、住房公积金等领域开展了广泛的交流与合作。

（3）加大基础设施建设规划力度，提高玉林对外开放开发水平。玉林民用机场获得国务院、中央军委批复立项，玉林民用机场试验段工程、铁山港东岸码头开工建设。玉林市第一个成功采用PPP模式运作的项目——玉林至湛江高速公路（广西段），总投资63亿元且已开工建设。玉林火车站新站正式投入使用。黎湛铁路电气化改造玉林段顺利推进，2016年底通动车；贵港至玉林高铁列入国家中长期铁路网规划中拓展区域连接线项目规划。与湛江市签订《玉林湛江共建九洲江流域粤桂合作示范区框架协议》，达成争取张家界—桂林—玉林—湛江—海口高速铁路（张海旅游高铁）纳入国家层面规划和重大项目计划的共识。

5. 人民生活更加殷实

2016年，全市财政民生支出251.7亿元，增长12.6%，占一般公共预算支出的79.1%。居民人均可支配收入20726元，增长9%。"六大脱贫攻坚工程"深入推进，实现10.2万贫困人口脱贫、111个贫困村出列、陆川县脱贫摘帽的目标。

二 玉林市2017年开放开发面临的形势及对策建议

（一）面临的形势

2016年，玉林市的产业结构已优化为17.9∶42.7∶39.4，新材料、新能源、生物医药等新兴产业增速高于规模以上工业增速，民间投资占固定资产投资比重提高到83%，服务业对经济增长的贡献率达39%。因此，玉林市的经济运行已呈现缓中趋稳、稳中向好态势。

2017年是玉林市认真贯彻落实习近平总书记系列重要讲话精神和治国理政新理念、五大发展理念、适应经济发展新常态，实施"十三五"规划新的一年，也是供给侧结构性改革的深化之年。党的十九大的胜利召开，也将为国际、国内带来新的发展动力和机遇。围绕自治区党委提出的营造"三大生态"、实现"两个建成"的目标要求，玉林市的供给侧结构改革、龙港新区建设步伐也进一步加快，产业集聚效应不断加强，基础设施更加完善，发展新动能加快形成。

（二）对策建议

1. 加快推进龙港新区建设

（1）结合龙港新区规划建设的新形势和新要求，加快推进一批龙港新区基础设施项目，特别是一港一路的建设。龙港新区商贸城2017年底主体建好，邻里中心等16个地方债券项目全面推进，园区整体形象全面提升；与北海铁山东港产业园加强对接，谋划双方在产业发展、基础设施建设、水电资源共享等方面的合作，共同推动龙港新区的建设。

（2）加大龙港新区产业供给侧改革。一是发展现代物流业，以港口为依托，积极发展现代港口物流产业以及相关配套服务产业。近期建设服务龙港新城大型临港工业的地区性重要港口，桂东南地区重要的出海口岸及战略资源进出口集散中转中心（即东岸码头）；远期该港区经跨海大桥，与铁山港西岸港口相通，经玉林至铁山港东岸铁路支线、规划干线公路与龙港新城贯通，实现东、西两岸融为一体。逐渐形成功能复合，满足生产、生活需求的新兴港区，以筑巢"引"凤、筑巢"留"凤、"筑港兴城"促进产业转型升级。二是发展海洋经济产业及先进制造业，承接铁山港西岸工业的下游产业，紧邻港口物流组团设置产业启动区，充分发挥与铁山港西岸便捷的交通和充足的原料进口渠道等优势，形成临港产业集群。三是发展循环经济及特色产业，重点发展冶金精深加工产业，以龙潭产业园现有产业为基础，并依托港口、进港大道建设形成以有色金属精深冶炼和再生资源产业为主导的产业集群。四是发展现代服务业，配套龙港新城的发展，形成具有行政、研发、商务、金融、居住、会展、体育、文化、交通节点等城市职能的城市中心，是龙港新城未来发展的重要城市支撑。

2. 加快"一港一路"立体交通网络、开放口岸等开放开发支撑体系建设

按照玉林市委、市政府"东靠南下、通江达海"战略，积极协调开展玉铁高速松旺至铁山港东岸支线、玉铁铁路沙河至铁山港东岸支线、松旺至龙潭一级路等重大基础设施项目建设。充分发挥玉林海关、检验检疫进驻再生资源监管区的优势，规划建设保税中心、内陆港。

3. 加大重大产业发展专项资金投入力度

着重抓好重大产业发展专项资金工作，跟踪落实2017年广西北部湾经济区重大产业发展专项资金，加快推进项目和开展前期工作,全力推进在建项目建设,按要求完成投资任务和完成资金拨付任务。

4. 大力延伸园区产业链

玉柴工业园围绕"做大做强玉柴,建设千亿玉柴"的目标,全力推动玉柴重大项目和玉柴产业新城的建设,重点推进玉柴气体发动机项目、船用柴油发动机项目,服务玉柴产业新城项目尽快落地开工建设。龙潭产业园重点推进再生资源项目"圈区管理"验收、银亿公司转型发展新能源材料、中金公司热轧项目建设,尽快形成园区特色产业,促进产业集聚发展。特别是推进中金公司热轧冷轧项目建设,力争2017年不锈钢深加工制品产值突破100亿元。健康产业园加快康美药业、康臣—玉药等10个中医药产业项目建设,力争2017年中药提取基地处理中药材能力40万吨以上。同时,重点推进中国—文莱(玉林)健康产业园建设,积极争取将"文莱—广西经济走廊"上升为"中国文莱(广西)—经济走廊"。

5. 完善园区基础设施配套

实行"筑巢引凤"和"引凤筑巢"并举,大力完善路、水、电等配套基础设施,不断提高园区承载能力,创造良好的投资环境,营造良好的发展氛围。进一步抓好标准厂房建设,提升标准厂房建设质量和利用效率。加快完善园区配套设施,重点建设新区安置小区、商业街区、学校、医院、酒店、商贸物流中心、集贸市场等,完善园区配套功能。

附 录

Appendix

B.14
2015年下半年及2016年大事记

梁丽敏[*]

2015年

7月

1日 广西南宁海关全面启动关区通关一体化、边民互市贸易海关通关作业无纸化两项改革,"关区通关一体化"改革项目推行后,打破了隶属关区间的篱笆。

15日 广西防城港市电子营业执照和登记全程电子化工作启动仪式举行,标志着广西电子营业执照及登记全程电子化试点工作正式开始

---

[*] 梁丽敏,广西北部湾发展研究院办公室硕士。

实行，企业经营者不用到登记窗口即可在网上完成营业执照的办理。

22日 4辆白色越野车从装载的集装箱内驶出，标志着广西钦州保税港区迎来了2015年首批进口汽车。

23日 国家科技部火炬中心发布全国115家国家级高新区（含苏州工业园）最新综合排名，广西南宁高新区跃升至第41名，比2014年前进7名，位于广西国家级高新区首位。

24日 载运164个标准箱的"新宏翔77"海上"穿梭巴士"由防城港口岸顺利启运，并于当日运抵钦州保税港，这标志着北部湾跨港口集装箱支线成功开辟。

29日 钦州港经济技术开发区举行年年丰粮油加工项目，新天德12万吨/年高浓度甲醛、3万吨/年吡啶及废气综合利用项目，玉柴6万吨/年MTBE原料预处理生产项目，钦州永盛石化仓储项目，华星10万吨/年干气制轻芳烃项目，天锰新材料生产项目六个重点项目举行集中签约仪式。

29日 广西北部湾股权交易所举行第六批企业集中挂牌仪式，9家桂企成功挂牌创新板。至此，北部湾股权交易所累计挂牌服务企业212家。

30日 随着广西南宁至菲律宾宿务直飞航线成功首航，广西实现了除文莱外的东盟国家航线全覆盖。

8月

1日 广西玉林龙潭产业园不锈钢深加工项目（中金二期）等11个项目开（竣）工仪式举行，标志着龙潭产业园迎来了开发建设的高峰期，也预示着龙潭产业园的承载力进一步加强。

3日 南宁造"超大规格铝合金锻坯的开发"项目顺利通过鉴定验收。该项目由广西南南铝加工有限公司承担并完成，整体技术达到国内领先、国际先进水平，项目生产的直径1320mm、重量超过20t

的超大规格硬铝合金铸锭填补了国内空白。

6日 广西钦州保税港区国际商品直销中心举行新入驻项目集中签约仪式。本次集中签约项目共有10个,涉及直销超市、国别(地区)馆、特色精品馆等多种经营模式。

8日 一条给火车东站南广场送电的10千伏的线路正式送电,标志着广西首条地下管廊电缆投入运行,开启了电缆入廊的序幕。

13日 湛江至贵州的直达特快集装箱海铁联运专列正式开通,这标志着湛江港"一带一路""东南亚—湛江—贵州"集装箱海铁联运专列正式开通。

14日 甘肃省农产品出口东盟市场服务平台正式在广西凭祥浦寨恒大国贸市场挂牌。

14日 由中国电子北海产业园和壹顾问、广西融资在线联合打造北部湾孵化器投融资服务平台正式揭牌,为促进北海电子信息产业跨越发展,促进科技与金融结合,为科技型中小企业打造出多层次融资渠道。

17日 中国城市竞争力研究会发布《2015中国城市分类优势排行榜》,钦州获评"2015中国最美丽城市"以及"2015中国十佳和谐发展城市排行榜",得到"南海之滨美"的赞誉。

17日 广西北投星联国际供应链管理有限公司携手南宁港开发投资有限公司、广西电子电器行业协会,在南宁共同签署《广西电子电器物流港项目战略合作协议》,这标志着广西电子电器行业进入行业资源聚合、产业集群融合新时期。

18日 "21世纪海上丝路·魅力北部湾"第七届广西魅力北部湾群众文化活动主题歌《相聚北部湾》完成录制。

18日 广西首批冰淇淋、雪糕产品共11.2吨成功出口越南,顺利进入越南胡志明市,这是广西首次出口冰淇淋系列产品。

18日 2015海外媒体聚焦广西"一带一路"建设大型采访报道

活动在广西南宁启动，来自全球20多个国家以及中国香港和台湾地区的50余家海外媒体代表赴钦州进行采访。

19日 广西南宁经济开发区辖区企业广西森合高新科技股份有限公司获批全国中小企业股份转让系统挂牌，这是该开发区成功培育的首家获批挂牌"新三板"企业。

20日 2015年国家农业综合开发现代农业园区试点项目落户钦北区，这是广西第二个国家级农业综合开发现代农业园区。

23日 玉林市兴业县的中广核葵阳风电场项目签约。

24日 凭祥市中越国际物流协会在中国—东盟自由贸易区凭祥物流园挂牌成立。

26日 武钢防城港钢铁项目建设迈出冷轧全线投产前的关键一步，2030冷轧连退机组一次通板试车取得圆满成功。

28日 由8个40英尺（1英尺等于0.3048米）集装箱富士康电子产品组成的79580次特需快速货物专列从广西南宁南站启程开往深圳平湖站。这是广西开行的首趟电子产品点对点特需快速货物专列，也是广西自5月以来开出的第5列点对点特需快速货物专列。

9月

1日 南宁城市形象宣传片《中国·南宁》（CHINA NANNING）登陆美国纽约时报广场"中国屏"，在"世界的十字路口"向国际社会展示南宁经济社会发展取得的巨大成就、充满生机活力的开放局面和生态宜居的良好城市形象。

1日 北海市政府与农行广西区分行在北海签订《关于服务北海实体经济打造海上丝路明珠全面战略合作备忘录》。双方约定未来3年，农行广西分行向北海提供总额不少于200亿元的意向信用额度。

2日 广西新闻办和香港《文汇报》共同组织的"美丽南方——2015海外华文媒体广西行"活动在南宁顺利结束。

3日 广西北部湾股权交易所迎来周年庆。

6日 一批价值8万美元的"全自动萃取仪"从香港运抵南宁国际机场,南宁检验检疫局直接接受企业报检,企业当场拿到了通关单。这是在广西检验检疫系统实施区域"通报、通检、通放"一体化新模式后签发的第一份证单,标志着广西北部湾经济带区域检验检疫一体化改革序幕正式揭开。

7日 《中国海关》杂志根据海关总署统计数据及其他相关数据,编制发布了"2014年中国外贸百强城市"名单,防城港市位列第81名。

7日 被誉为"友谊播种机"的"中国—东盟国际汽车拉力赛"在广西南宁发车。

9日 钦州市实施机动车驾驶证转入换证"同城化"服务,只要持有广西区内车管所核发的机动车驾驶证的居民,都能在钦州市轻松办理机动车驾驶证转入换证业务。

10日 东兴市"三证合一、一照一码"登记制度改革暨全程电子化登记管理工作正式启动。

12日 联想智能云终端笔记本电脑在北海工业园区广西三诺智慧产业园生产车间正式开线,首件产品成功下线。广西第一台自主产权、自主设计研发制造的笔记本电脑就此诞生。

13日 中国—东盟信息港论坛召开跨境电子商务发展讨论会及嘉宾对话。

16日 第八届中国—东盟智库战略对话论坛在南宁闭幕。来自中国和东盟成员国智库的嘉宾代表及专家学者围绕"'一带一路'与中国—东盟命运共同体建设"主题,进行广泛深入的对话交流和探讨协商,最终达成了中国—东盟智库《南宁共识》。

16日 第10届中国—东盟文化论坛在南宁开幕。

16日 第一届中国—东盟保险合作与发展论坛16日在广西南宁

举行。

16日 2015年中国—东盟环境合作论坛在南宁开幕。

17日 首届中国—东盟残疾人论坛在南宁举行。

17日 第12届中国—东盟博览会企业家交流会在南宁举行。本届交流会以"合作共赢,共建21世纪海上丝绸之路"为主题。

18日 第十二届中国—东盟博览会、中国—东盟商务与投资峰会开幕。博览会的主题是"共建21世纪海上丝绸之路——共创海洋合作美好蓝图",旨在推动共商共建,促进共赢共享,为中国—东盟合作及"一带一路"建设做出新的贡献。

18日 2015中国—东盟电子商务峰会在广西南宁开幕。本次峰会以"互联网+新战略,中国—东盟新经济"为主题,结合"中国—东盟互联网+新经济"、"中国—东盟跨境电商新基地"、"中国—东盟经贸信息港展望"和"中国—东盟创新创业新机遇"四大议题开展主题演讲及高端对话。

18日 以"团结、合作、共赢"为主题的海上丝绸之路华商经济论坛在南宁举行。

18日 以"共建21世纪海上丝绸之路——共创海洋合作美好蓝图"为主题的中国—东盟海洋合作成果展在第12届中国—东盟博览会上成功举办。

18日 以"合作共赢——共创中国东盟药品合作发展新局面"为主题的第三届中国—东盟药品合作发展高峰论坛在南宁召开。论坛突出"合作发展"的话题,目的在于打造一个合作交流的平台。

18日 第12届中国—东盟商务与投资峰会框架下的泰国副总理他那萨与中国企业CEO圆桌对话会在南宁召开。

18日 第12届中国—东盟博览会轻工展在南宁开展。

18日 由中国对外承包工程商会主办的2015中国—东盟基础设施合作论坛在南宁举行。其围绕"一带一路"带来新的合作机遇进行了全面交流。

18 日 崇左市与泰国两仪集团在南宁举行座谈会暨签约仪式,提出了合作建设中泰（崇左）产业园的建议。

18 日 南宁首家跨境电商体验中心签约落地。

18 日 2015中国—东盟职业教育联展暨论坛在南宁成功举行。

19 日 21世纪海上丝绸之路与推进国际产能和装备制造合作论坛在南宁举行。

19 日 第六届东盟与中日韩粮食安全合作战略圆桌会在南宁举行。

19 日 2015中国—东盟农资产业高峰会议在南宁举行，会议旨在进一步加强中国与东盟在农资和农产品贸易、农业信息交流、农业技术创新等方面的双边及多边合作，搭建新的交流合作平台。

19 日 以"加强矿业合作，促进海上丝绸之路经济发展"为主题的2015中国—东盟矿业合作论坛在南宁举办。

19 日 第七届中国—东盟金融合作与发展领袖论坛"黄金机遇合作共赢"分论坛在南宁举行。

19 日 中国—东盟跨境电商平台启动仪式在南宁举行。

19 日 中国特色产品跨国商贸对接会在南宁国际会展中心举行。

19 日 "丝路织梦·歌海扬帆"2015第十七届南宁国际民歌艺术节"绿城歌台"中心歌台在民歌湖拉开序幕，也意味着民歌节重头戏之一的"绿城歌台"系列广场群众文化全面开始。

19 日 广西壮族自治区金融办、中国建设银行广西区分行、建银国际（中国）有限公司、广西北部湾国际港务集团代表共同签署了《广西北部湾人民币国际投贷基金合作框架协议》，为广西发起设立本土首只跨境人民币基金奠定了基础。

19 日 中国东盟（凭祥）电商产业园揭牌，首批电商企业入园签约并正式运营。

20日 第十一届中小企业发展论坛在广西玉林举行。专家探讨"互联网+"浪潮下电子商务发展之道，为中小企业发展把脉献策。浙江工业大学中国中小企业研究院执行院长池仁勇发布《2015年中国中小企业发展报告》。

20日 2015中国—东盟市长论坛在南宁举行，来自中国和东盟的市长、专家学者、商协会、企业代表共商在中国—东盟合作框架下如何推进城市间合作。

20日 第二届中国—东盟杰出企业家论坛在南宁国际会展中心举行，来自中国与东盟各国企业界、商界、金融界代表，就"一带一路"背景下企业如何抓住机遇赢得商机进行交流与探讨。

21日 第十一届桂台经贸文化合作论坛21日在广西南宁开幕，论坛以"共享发展新机遇 共创合作双赢"为主题，同时举办桂台农业合作高峰恳谈会、渔业合作论坛等5场活动。

22日 "钦州港—丹戎帕拉帕斯港—新加坡直航集装箱班轮"首航仪式在钦州保税港区国际集装箱码头举行。

24日 总投资2亿元的惠科电子（北海）科技产业园（二期）暨北海口岸综合服务中心项目正式开工建设。项目建成后，为北海电子信息企业提供更为便捷的检验、检疫、报关平台服务。

26日 规划面积200多亩的钦州保税港区国际商品直销中心开业。

26日 第十一届泛珠三角区域省会城市市长联席会议在福州举行，将泛珠区域合作推向更深更广的领域。

28日 广西杭氧金川新锐气体有限公司生产的一批2.75吨液氩出口越南，这是防城港市首次出口液氩产品。

28日 中国南方航空公司广西分公司正式接管原隶属于南航湖南分公司管辖的北海营业部，意味着南航广西分公司开启了南宁、桂林、北海三基地运营的新格局。

29日 广西北部湾银行与柬埔寨加华银行签订《战略合作协议》。

29日 富仕通（钦州）科技产业园项目在钦州高新技术产业开发区投产。

29日 中广核风电有限公司兴业130兆瓦风电场项目在兴业县开工建设，这是目前广西最大的风电场项目。

10月

12日 玉林市全面推行"一照一码"企业营业执照。

12日 北海首次试行泛珠三角区域检验检疫通关一体化。

13日 14时17分，防城港核电站1号机组首次达到临界状态。

15日 广西北部湾银行获私募基金管理人资格。

16日 广西北海一批出口冻对虾仁凭北海检验检疫部门签发的电子通关单，直接从深圳口岸顺利报关出境。这是泛珠三角检验检疫通关一体化正式启动以来，北海首批以出口直放模式在深圳口岸出口的货物。

17日 南宁、成都、昆明铁路局正式启动西南区域一体化发展战略，打破局间界限，畅通西南区域物流通道。

19日 钦州检验检疫局为广西浦北华桁木业有限公司生产的一批木衣架签发无纸化通关单，在深圳口岸实施"出口直放"，顺利出口美国。这是钦州口岸首票无纸化通关货物，标志着电子通关迈进新纪元。

21日 中国—东盟海产品交易所正式对外公开挂牌交易。

22日 广西北部湾港口管理局正式成立，原北海、钦州、防城港3市政府承担的港口行政管理职责调整由该局承担。

25日 17时17分，中国广核集团（简称中广核）防城港核电站1号机组并网发电。

26 日 防城港口岸全面启用"无纸化报检管理系统"。

30 日 总投资 2 亿元的惠科电子（北海）科技产业园（二期）暨北海口岸综合服务中心项目正式开工建设。

30 日 桂台现代农业合作示范基地在凭祥挂牌。

30 日 北海市铁山港东岸码头项目正式开工。

11月

2 日 晚 10 时 50 分，随着春秋航空执飞的 9C8741 次空客 A320 飞机从北海机场起飞直飞曼谷，北海正式迎来首条国际航线。

6 日 防城港市携手阿里巴巴建全国首家进口货源 B2B 平台。

9 日 上午，崇左市左江航道断航近 20 年后再复航，实现集装箱班轮运输。

10 日 总投资达 7.6 亿元的北海首座 500 千伏变电站开工建设，输变电工程计划于 2017 年投产运行。

11 日 一艘满载千吨集装箱货物的航轮在中越边城广西崇左市起航，航行约 7 天抵达珠三角港群，这是西江上游左江流域开通的首条通达粤港澳的集装箱航线。中越边境内河开通至粤港澳集装箱定期班轮。

13 日 钦州市"数字钦州"地理空间框架建设项目顺利通过国家测绘地理信息局的组织验收。

17 日 南宁轨道交通 4 号线一期等 7 个项目入选第二批全国 PPP 示范项目。

17 日 第六届中国—东盟法律论坛暨"一带一路"法治论坛在重庆召开。

18 日 防城港市组团参加第五届 PNLG 大会，防城港等 6 个国内城市获得了由全球环境基金（GEF）/联合国开发计划署（UNDP）/东亚海计划伙伴关系组织（PEMSEA）共同授予的 ICM（海岸带综合管理）体系一级认证书。

19日 邕州海关驻邮政办事处X光机检查设备与南宁检验检疫局驻邮政工作现场查验室显示屏成功对接，达到同步传输进境邮件图像资料，这标志南宁关检正式启动对进境国际邮件的查验实施"一机两屏"工作模式。

19日 广西新农合跨市异地即时结报系统正式开通。同属"北部湾同城化"范围的钦州和南宁率先实现了试点范围内跨市异地结算。此后，纳入试点范围的北海、防城港等地也正加快相关系统建设。

19日 《广西北部湾经济区龙港新区总体规划》通过专家评审。

20日 中越边境广西段遗留雷场处置工作正式启动。

22日 南昆客专南宁至百色段启动满图试运行。

24日 全国检验检疫通关一体化于11月19日在江苏苏州正式启动，这意味着全国35个直属检验检疫局将打破区域界线，实现互联互通，营造更加便捷高效的通关环境。

25日 以"国际追逃追赃合作"为主题的第九届中国—东盟成员国总检察长会议在广西南宁举行。

28日 北海获评中国珠宝玉石首饰特色产业基地。

12月

1日 东兴口岸进口木薯淀粉首次突破百万吨。

1日 首届中国—东盟戏曲演唱会开幕。

2日 西南区域首个由铁路、港口联合成立的物流公司——广西港铁物流有限公司近日正式挂牌营运。

5日 龙源横县六景风电项目首台风力发电机顺利并网发电。这是南宁市辖区内首台并网发电的风机。

7日 广西电网公司建设的广西火电节能减排在线监测系统正式

通过能源、环保、电力试验、火电运行等专家组验收并正式投运,标志着广西火电节能减排管理装备了"火眼金睛"的现代化监测技术手段。

8日 北部湾银行与越南农行签订边贸协议。

10日 《广西北部湾经济区石化企业生产力布局规划及负面清单研究报告》通过专家评审。

10日 北海炼化石化码头工程通过交工验收。

10日 防城港检验检疫局联合东兴检验检疫局启动检验检疫区域一体化通关模式,对一批从防城港口岸入境、目的地为东兴的进口面包干实施"三通"(通报、通检、通放)。

11日 桂粤两省区在福州召开推进《珠江—西江经济带发展规划》实施联席会议第二次会议。

11日 第七届广西园林园艺博览会在崇左开幕。

16日 位于南宁市邕江上游的老口航运枢纽工程,第5台机组安装已接近尾声,年底可运行发电。该枢纽是国家"十二五"内河水运建设的重点工程。

16日 中国技术交易所与广西知识产权交易中心在南宁签署战略合作协议,共建中国技术交易所广西服务站暨技E网广西频道。

16日 国务院常务会议决定,对已列入国家相关规划、具备建设条件的广西防城港红沙核电二期工程"华龙一号"三代核电技术示范机组等项目予以核准。

17日 东兴口岸车检大厅正式启用。

18日 国家质检总局批准防城区为"防城金花茶国家级生态原产地产品保护示范区",批准桂人堂防城金花茶(花朵茶、叶茶、芽茶及金花茶浓缩饮料)为生态原产地保护产品。这标志着广西首家国家级生态原产地产品保护示范区正式诞生,防城生态原产地保护产品实现零的突破。

18日 巴马论坛——2015中国—东盟传统医药健康旅游国际论坛在广西南宁开幕。

20日 广西签发首批中韩、中澳原产地证书。

21日 广西东兴农村商业银行正式开业,由广西东兴国家重点开发开放试验区管委会牵头落实的沿边金融综合改革又获突破。

22日 广西合浦至湛江铁路广西段正式在合浦县廉州镇开工建设。继南广高铁后,广西将新添一条直通珠三角经济区的交通主动脉。

22日 南宁市网上审批大厅系统实现上线试运行。

22日 广西龙州中越水口—驮隆商品展销会暨中越跨境合作研讨会开幕。

23日 南宁市政府举行南宁市快速公交(BRT)试点工程PPP项目签约仪式。该项目是国内首个采用PPP模式实现投资建设运营一体化的BRT项目,也是广西第一个采用PPP模式投融资的城市公共交通基础设施项目。

23日 首辆越南运输公司直通车经友谊关口岸入境。

24日 中国广核集团防城港核电站新的机坑浇筑第一罐混凝土,标志防城港核电二期工程正式开工建设。

24日 玉林博白四方嶂风力发电工程项目正式开工。

25日 中国电子北部湾信息港项目正式开工,北海诚德不锈钢有限公司冷轧五连扎项目正式投产。两项目达产后,将实现产值250亿元。

28日 南宁市行政审批局正式挂牌成立,在广西率先完成市辖国家级开发区及市本级行政审批局组建工作。

28日 南宁互联网金融产业基地核心示范区在南宁东盟商务区揭牌,示范区将建设成为面向东盟、覆盖全区的互联网金融创新产业发展核心区域。

28日 广西首家民间融资登记服务机构——南宁市桂融汇民间融资登记服务中心正式成立。

29日 广西北部湾经济区产业基础设施投资（南宁）引导基金合作签约仪式在南宁经开区顺利举行。这标志着在自治区和南宁市政府的部署与支持下，"引导基金"由政府引导阶段正式转入市场化的实质运作阶段，这对广西积极探索产业投融资新模式，广泛聚集和引导社会资金投向北部湾经济区产业开发建设具有重大意义。

30日 广西投资项目在线并联审批监管平台正式运行。

30日 广西国际贸易"单一窗口"正式上线运行。广西成为西部地区首个建成"单一窗口"的省份，也是首个船舶申报环节直接与边检系统对接的省份，首个"单一窗口"申报环节整合集成集装箱物流数据的省份。

30日 百矿集团煤电铝一体化项目竣工投产，标志着百色市首个煤电铝项目的诞生。

2016年

1月

1日 西部地区首座核电站——防城港核电站1号机组正式投入商业运行。该机组是我国"十三五"规划实施后首台投入商业运行的核电机组，每天发电量达2400万千瓦时，可满足一座中等城市的电力需求。

1日 广西壮族自治区北部湾港口管理局统一征收北部湾港货物港务费。

3日 南宁市荣获"2015年度质量魅力城市"，这是南宁市首次获此殊荣。

3日 北部湾海洋经济研究院在钦州学院挂牌成立。

5日 北海出入境检验检疫局签发首份中澳自由贸易协定原产地证书。

6日 北海"海上丝路北海工艺美术博览园"正式揭幕并向社会开放。

6日 广西北部湾投资集团与远辰集团签订战略合作协议,双方决定出资25亿元人民币,建设中国首个跨境电子商务边贸城,构建中国面向东盟的进出口贸易业务产业链,培育打通商贸物流进出口通道,实现商流、信息流和资金流的融合。

7日 中石化在北部湾海域的"涠四井"顺利完成两层含油层测试,并试获高产油气流,日产油气超千吨。

9日 南宁市西津电子商务物流园项目举行开工仪式。该项目首期开工200亩,投资3亿元,是广西首家大型专业电商物流基地,园区集电子商务平台、物流收发货配套、货物存储及装卸、快递配套于一体,是一个超大型高新电商社区。

11日 国家海洋局正式下发通知,确定12个市(区)县为第二批国家级海洋生态文明建设示范区。北海市成为广西第一个,也是目前唯一的一个"国家级海洋生态文明建设示范区"。

11日 北海市出台《关于加强生态经济和生态产业发展的若干意见》。

12日 国家工信部网站公告国家信息消费示范城市名单,南宁市榜上有名,成为全国首批25个信息消费示范城市之一,是广西唯一入选的城市。

12日 中国—东盟职业教育研究中心在广西师范学院成立。

19日 广西沿海铁路黎塘至钦州段扩能改造工程上行联络线最后一次封锁施工安全正点完成,标志着黎钦段扩能改造工程正式开通运营。

19日 广西签出首份中国—冰岛自贸区原产地证书，这是自2014年7月1日起"中国—冰岛"自由贸易区实行双边互惠关税减免后，广西辖区签出的首份优惠原产地证书。

20日 广西电网公司"面向智能电网的无线电能传输关键技术研究"项目通过验收，宣告国内首条为电动汽车无线供电的车道建成。

21日 越南政府同意让广宁省组织在越南芒街与中国东兴两个城市之间通过芒街国际口岸进行汽车自驾游试验，试验期限为一年。

21日 由广西北部湾投资集团发起，联合上海东方汇富公司、交银国际信托公司组建成立的广西北部湾创新发展投资基金管理有限公司（简称北部湾创新基金）正式揭牌成立。

21日 位于钦州市钦南区大番坡镇的广西电网公司220千伏排岭变电站主变通过启动验收正式运行，标志着广西首座3C绿色220千伏变电站顺利投运。

22日 广西成为全国第一个国家储备林建设试点省区。

26日 由广西壮族自治区口岸办组织的广西国际贸易"单一窗口"一期应用系统培训会在钦州保税港区举办，标志着广西"单一窗口"一期在钦州保税港区正式落地。

27日 钦州市首座汽车加气站——钦州中燃金海湾加气站正式投入试运营，标志着油气两用车无法加气的历史结束。

27日 伊朗国航的集装箱船成功靠泊在广西钦州保税港区的3号泊位，标志着"厦门—大铲湾—钦州—新加坡—马来西亚巴生—阿联酋杰贝阿里—伊朗阿巴斯"航线正式开通。

27日 广西北部湾港口管理局防城港分局正式挂牌成立，标志防城港市人民政府承担的港口行政管理职责调整由自治区北部湾港口管理局承担，由该局实行统一规划、统一建设、统一管理、统一运营。

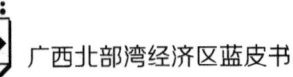

29日 钦州市正式被住房和城乡建设部命名为"国家园林城市"。

29日 南宁市获首批"国家生态园林城市"称号。

2月

1日 广西首张金税盘加密的电子发票开票仪式在南宁举行,广西正式步入"发票无纸化"的时代。

1日 北海金海湾红树林生态旅游区国家AAAA级旅游景区揭牌,这是北海市第一个以滨海湿地、生态科普、疍家民俗为主题的4A级景区。

2日 随着一辆辆崭新的红色大巴车从北海银滩景区东门停车场开出,"畅游北海"景区直通车正式开通运营。

17日 我国首个"入境固体废物鉴别查询数据库"在防城港检验检疫局官方网站正式上线使用。该数据库涵盖了近年来我国大部分进口金属矿和冶炼渣的鉴别特征数据,能为我国进口固体废物监管提供技术支持。

19日 中国最大的内燃机制造商广西玉柴机器股份有限公司与世界一流的发动机制造企业罗尔斯—罗伊斯动力系统有限公司旗下全资子公司德国MTU菲德列斯哈芬股份责任有限公司签署合资协议,在广西玉林投资组建高端发动机制造公司。

25日 富士康南宁科技园千亿元电子信息产业园投资协议在南宁签约。

26日 稀土高铁铝合金电缆产业集群项目落户中马钦州产业园区。

3月

1日 《广西海域使用管理条例》正式施行,该条例填补了广西海域立法上的一个空白,标志着广西壮族自治区海域使用管理工作将进入一个新阶段，对依法治海、管海、用海、兴海，促进广西壮族自治区海洋经济可持续发展产生深远影响。

1日 广西西江开发投资集团有限公司和华润水泥控股有限公司在南宁签署西江数字化物流平台战略合作框架协议。

2日 南宁高新区园区企业广西千年传说影视传媒股份有限公司，在全国中小企业股份转让系统成功挂牌，成为广西首家在"新三板"成功挂牌的动画制作企业。

6日 "北部湾港—缅甸—马来西亚"集装箱航线在钦州保税港区首航，这标志着北部湾港至东盟区域集装箱航线布局进一步完善。

6日 中马钦州产业园区稀土高铁铝合金国际产能合作基地协议在北京签订。

7日 4时30分，由中交四航局承建的广西北部湾港钦州码头接岸工程主体工程栈桥钢护筒沉桩施工顺利打下第一根桩，标志着广西北部湾港钦州码头接岸工程主体工程正式开工。

9日 《广西北部湾经济区重大产业发展专项资金管理办法》印发实施，《办法》对这笔钱谁能用、该怎么用等内容一一明确。

11日 南宁市高新区成广西首家国家级科技服务业区域试点单位。

11日 广西壮族自治区政府与国家质量监督检验检疫总局在北京签署共同探索建设中国—东盟边境贸易国检试验区合作备忘录。

13日 钦州市签发首份中国—新西兰优惠原产地证书，证书产品主要为针织衫等产品，涉及金额达78万元人民币。

15日 国务院印发《关于深化泛珠三角区域合作的指导意见》，推动泛珠三角区域合作向更高层次、更深领域、更广范围发展。泛珠三角区域包括福建、江西、湖南、广东、广西、海南、四川、贵州、云南九省份和香港、澳门特别行政区。

15日 武钢防城港钢铁基地2030毫米冷轧连退首卷高端成品下

线,标志冷轧生产线由机组调试正式转入生产模式。

16日 中马钦州产业园区管委会与马来西亚创新中心共同签署合作备忘录。

16日 以"共建21世纪海上丝绸之路,共筑更为紧密的中国—东盟命运共同体"为主题的第13届中国—东盟博览会高官会在南宁举行。

18日 北海市高新区获批为国家第二批科技服务业区域试点单位。

21日 2016年"全区国地税合作县级示范区"名单公布,北海市铁山港区成功入选,成为自治区15个国地税合作县级示范区之一。

22日 广西航港投资集团有限公司正式挂牌成立。该公司的成立,标志着南宁空港经济区正式进入大开发、大建设、大发展阶段。

22日 广西南宁经开区启动首个医疗健康产业孵化器,这是广西壮族自治区首个医疗健康产业孵化器。

24日 10时许,一艘来自澳大利亚的巴拿马籍超10万吨级巨轮载着11万吨煤炭,顺利靠泊在铁山港作业区2号泊位,刷新了北海有史以来靠泊吨位最大的船舶纪录。

24日 《南宁海关广州海关深化合作备忘录》在广州签署,明确粤桂合作特别试验区与广东自贸试验区南沙片区建立"区区合作",梧州港、贵港港与广州港实现"港港联运",南宁吴圩机场与广州白云机场的国际中转业务将"空空联运"。

26日 钦州市首家设在工业园区的服务中心——钦北区皇马工业园区服务中心启用。

30日 广西9家出口食品生产企业近日首批入驻出口食品企业内外销"同线同标同质"信息公共服务平台,这意味着消费者在家门口也能吃到与出口"同质"的食品。

28日 来自澳大利亚昆士兰港口的新加坡籍LNG运输船"万带

兰"（BW Pavilion Vanda）上午顺利靠泊 LNG 码头，这是广西乃至西南地区迎来的第一艘 LNG 船舶，也标志着广西第一个 LNG 项目开始正式投入使用，将为广西和西南地区能源结构调整和生态文明建设注入强大绿色动力。

28 日　广西仲礼瓷业集团董事长陈仲礼与马中关丹产业园有限公司董事张新杰签署入园协议，这是马中关丹产业园第二个入园项目。

29 日　《马中关丹产业园区概念性发展规划》与《马中关丹产业园区产业发展规划》顺利通过终期评审。

30 日　北海港铁山港西港区北暮作业区 9~10 号泊位工程获广西发改委核准。

30 日　广西北部湾港口管理局北海分局揭牌。

31 日　广西海洋局在北海市海洋局组织召开北海海洋产业科技园区申报国家海洋科技兴海产业示范基地方案评审会。同意北海海洋产业科技园区申报国家科技兴海产业示范基地。

4月

1 日　广西壮族自治区十二届人民政府第 70 次政府常务会议审议并原则通过《中国—马来西亚钦州产业园区条例（草案审查稿）》。

2 日　南宁地铁 1 号线东段进行空载试运行。

2 日　"钦州日"经贸文化交流活动暨经贸论坛在马来西亚关丹市举行。钦州市与关丹市正式签订国际友好城市框架协议、"两市双日"合作框架。

14 日　广西口岸首次从澳大利亚进口散装食用盐，在进行定点加工后，销往国内市场。

19 日　来自澳大利亚的"methane spirit"（甲烷精神）号海轮装载着约 16 万立方米 LNG 停靠在中国石化天然气分公司北海 LNG 接

收站码头，首船商业LNG的到港接卸，标志着西南地区首个LNG项目在广西北海正式进入商业运营。

19日 总投资7000万元的中国·东盟凭祥水果辐照检疫处理中心试运行。

20日 随着法国达飞轮船的集装箱船"金格来"轮成功靠泊广西北部湾港钦州港区3号泊位，标志着"钦州—岘港—归仁—关丹—巴生港—新加坡—胡志明—海防"集装箱班轮直航航线正式开通。

21日 南宁市获得"第十二届中国国际园林博览会"承办权。

22日 钦州石化园区的中国石油广西石化公司生产的3.9万吨车用柴油，顺利在钦州口岸装载油轮起航运往巴西。这是钦州口岸首次对巴西出口。

26日 桂台产业合作对接暨台湾名品采购洽谈会在台北举行。

29日 第九届广西（钦州）园林园艺博览会园博园开工，园区选址于钦州市城东新区。

5月

1日 广西与全国同步启动全面推开营改增试点工作。

4日 第十二届中国（南宁）国际园博会筹办工作正式启动。

8日 广西质量技术监督局在南宁市邕宁区举行中国—东盟检验检测认证高技术服务集聚区项目签约仪式。

9日 崇左市与广西大学在南宁举行深化战略合作协议签订仪式，双方共同签署协议书，就崇左市特色产业转型升级及新业态发展等方面加强合作。

9日 南宁市成为全国15个地下综合管廊试点城市之一。在3年试点期间，南宁市将获得12亿元的国家专项补贴资金，用于地下综合管廊的建设。

10日 21时31分，34504次列车满载着36辆2520吨铁矿石从防城港火车站顺利出发。这是南宁铁路局首次使用新型敞顶集装箱运输的货物列车。

15日 国家质检总局批复广西龙邦口岸、东兴口岸和钦州保税港区口岸为进境水果指定口岸。至此,广西进境水果指定口岸由原来的桂林两江机场、凭祥口岸和防城港口岸,一跃增加到6个。

16日 南宁经开区举行金融街产业集聚区入区企业签约仪式,10家金融总部类企业与经开区签订合作协议,15家企业与券商签订上市辅导协议。

16日 为期三天的第十六届国际传统药物学大会和第八届中国(玉林)中医药博览会在"中国南方药都"广西玉林市开幕。

16日 防城港市获列为全国开放型经济新体制综合试点区。

20日 南宁获批中国服务外包示范城市,南宁作为广西首个获此殊荣的城市,享受中央财政专项资金、技术先进型服务企业税收优惠等政策。

25日 东盟投资政策介绍会越南专场和泰国专场在广西南宁举行。这是东博会首次在会期外举办东盟国家投资政策介绍会。

26日 第九届泛北部湾经济合作论坛暨中国—中南经济走廊发展论坛在广西南宁开幕。论坛以"携手泛北合作,共建'一带一路'"为主题。论坛上发布了共建中国—中南半岛经济走廊倡议书。

26日 中国—东盟港口城市合作网络工作会议在南宁举行。会议讨论了《中国—东盟港口城市合作网络合作办法》《中国—东盟港口城市合作网络愿景与行动》,成立了合作网络中方秘书处,标志着这一国际组织进入正式运行新阶段。

27日 南宁市武鸣区正式挂牌成立,成为南宁市面积最大的城区。

27日 北部湾产权交易所集团在南宁正式揭牌成立,这标志着广西构筑全区统一产权市场体系,统筹建设面向东盟要素市场工作全面启动。

27日 中国—东盟港口物流信息中心在钦州正式启用。这套平台系统包括信息平台系统开发、信息平台硬件购置等。

6月

1日 广西实施CEPA新协议，计划在金融、旅游、商务、运输、信息、建筑与设计、科教文卫、法律会计、环保、加工贸易产业转移10个专业领域推动先行先试示范项目"试水"。

1日 广西签发首份"中国—韩国原产地证书"企业享受韩方关税优惠。

6日 由国内光电行业知名企业深圳星源公司投资兴建的北海星沅电子科技有限公司LCM生产项目，在北海工业园区正式投产。这标志着北海电子信息产业转型升级向上游核心部件产业基地迈进。

6日 中国—东盟港口物流信息中心在钦州保税港区行政大楼启用。该信息中心将实现中国、东盟及日韩物流企业、港航企业、商贸企业、政府部门及社会公众等口岸数据共享、联动协同工作，有利于实现物流信息化。

13日 深圳、广西出入境检验检疫局在南宁举行座谈会，双方签订《关于推进"一带一路"和区域通关一体化建设合作备忘录》。

15日 上午10时，从乌拉圭蒙得维的亚口岸启运、装载25.29吨冷冻牛肉的冷藏集装箱，抵达钦州保税港区口岸，并顺利通关。这是钦州保税港区首批进口肉类，标志着该港区进口肉类指定口岸正式开通运营。

16日 由瑞典和芬兰的合资企业斯道拉恩索集团投资的广西北海林浆纸一体化项目正式投产，这是北欧在中国的最大单体投资项目，项目总投资约190亿元。

16日 "北欧可持续发展投资在中国"企业高峰论坛在北海市

举办。

24日 武钢防城港钢铁基地2030冷轧项目首卷镀锌板平稳下线，标志着广西钢铁集团公司一号镀锌机组由冷联调进入热负荷联调。

28日 南宁市政府与中国中车股份有限公司签署战略合作协议。

7月

1日 1日广西沿海口岸取消原有作业模式，正式全面启用"单一窗口"办理相关业务，此举标志着广西国际贸易"单一窗口"从试用推广阶段进入成熟应用阶段。

4日 首家中规车全国总经销商落户钦州保税港区。

6日 由南宁富士康科技公司生产的IT产品搭乘南宁至成都X2814次直达专列，接续中欧班列前往荷兰鹿特丹。这是南宁乃至广西首批搭乘中欧班列出口的货物。

7日 北海—合肥—石家庄往返航线航班首航成功，北海机场再增加2个通航城市。这也是北海机场开航以来首次开通安徽省内航线。

10日 钦州首个水果进口合作项目在泰国签约。

11日 南宁制糖机械设备经南宁检验检疫局检验合格，顺利出口到苏丹。这标志着南宁市制造业企业成功开拓非洲市场。

12日 广西新媒体中心举行开工仪式。该项目开工，标志着中国—东盟信息港核心基地建设全面加快推进。

15日 广西防城港核电2号机组凌晨1时30分首次并网发电，标志着中国西部首座核电站一期工程即将全面建成。至此，中国广核集团管理的具备发电能力的核电机组已达17台，总装机容量达到1817万千瓦。

23 日 第八届广西园林园艺博览会在玉林开幕。

24 日 南宁·中关村双创示范基地正式运营。

27 日 广西首个跨区域众创联盟在南宁市成立，将为全区各地创新创业企业提供覆盖创业全元素的深度服务。

28 日 中马钦州产业园区燕窝加工贸易基地项目正式开工建设。该项目是园区推进国际产能合作、为"一带一路"先行探索和积极实践的示范性项目。

8月

1 日 钦州保税港区举行直升机起降点启用暨引航服务飞行演示仪式，这标志着钦州保税港区开启了航空业务。

1 日 广西首个服务东盟跨境货物运输的铁路无轨火车站——东盟海陆铁联运跨境物流"无轨站"，28日在中越边境城市东兴挂牌运营。

2 日 广西郁江老口航运枢纽4号机组连续72小时试运行圆满成功，通过专家组验收，4号机组正式并网运行。至此，老口航运枢纽工程水电站正式全面投产，实现5台机组全部并网发电目标。

3 日 南宁市邕宁区举行阿里巴巴农村电子商务合作签约仪式，标志着阿里巴巴农村淘宝项目正式落户邕宁区。

10 日 中越首条边民自助查验通道在崇左市边防支队浦寨边境检查站正式启用。

11 日 南宁—斯里巴加湾的国际航线正式开通。至此，南宁机场与全部东盟国家实现了通航，期盼已久的"东盟国家通"空中网络格局就此形成。

11 日 国家质检总局正式批复《中国—东盟边境贸易国检试验区建设工作方案》，全国检验检疫系统第一个国检试验区在广西筹建。

12日 国务院正式批复同意设立广西凭祥重点开发开放试验区。这是我国推进"一带一路"建设、加快广西沿边开发开放步伐、完善全方位对外开放格局的重要举措。

12日 广西—香港现代农业投资合作交流会在香港举行，达成多个意向合作项目，意向金额数十亿元。

13日 国务院就广西龙州县水口口岸扩大开放做出批复。同意位于中国和越南边境的广西龙州水口口岸扩大开放，口岸性质为国际性常年开放公路客货运输口岸。

15日 两岸科技产业快车服务中心举行揭牌仪式，正式入驻南宁高新区广告产业园，深圳台商与南宁市、高新区之间的合作开启了新篇章。

16日 南宁综合保税区（一期）顺利通过预验收。一期建设面积0.897平方公里，包括保税物流区、出口加工区、监管作业区3个功能区；二期建设面积1.473平方公里，功能设计以保税物流用地为主。

19日 广西东兴建立中越边境首个跨国医疗救助通道，"1369生命直通车"揭牌。

19日 文莱—广西经济走廊联合工作委员会第一次会议在南宁举行。会议审议通过了文莱—广西经济走廊联合工作委员会架构和职责，通报了文莱—广西经济走廊建设进展情况，研究确定了下一步工作重点。

21日 广西石墨烯研究院在南宁正式揭牌成立，同时15吨石墨烯三维构造粉体材料制备中试线顺利建成，这标志着广西石墨烯产业和技术发展迈出了重要的一步。

22日 国家质检总局批复同意在水口口岸立项建设进境水果指定口岸。

23日 玉林至湛江高速公路（广西段）项目建设开工仪式在陆

川温泉镇举行。该项目主线全长 74.861 公里，项目总投资 68.5 亿元。

25 日 广西北部湾航空首架空客 A320 飞机成功首航，结束了广西本土航空公司没有"大飞机"的历史，填补了广西民航发展的空白，标志着广西民航、广西本土航空公司实力进一步壮大。

25 日 广西政府与浪潮集团在南宁签署《推进中国—东盟信息港建设战略合作框架协议》。

26 日 钦州市政府正式印发《钦州汽车产业总体发展规划（2016-2020）》。

26 日 凭祥综合保税区二期工程开工建设，标志着凭祥综合保税区步入加快开发开放发展、扩容提量、提质增效的新阶段。

28 日 中国—东盟华为云计算及大数据中心项目落地广西钦州市。项目将分三期建设，总建筑面积约 6 万平方米，其中一期建筑面积 1.3 万平方米，共设 1000 个机柜。

29 日 国务院正式批准凭祥市友谊关口岸开展口岸签证业务。该工作实施后将有利于口岸简化通关手续，提高通关效率。

9月

2 日 广西首家国家级湿地公园北海滨海国家湿地公园挂牌。该公园与银滩毗邻，北至鲤鱼地水库，西接银滩白虎头，东抵大冠沙。公园总面积 2009.8 公顷，其中湿地总面积 1827 公顷，占总面积的 90.9%。

2 日 "广西 CEPA 项目绿色通道"在自治区政务服务中心开通挂牌，对 CEPA 框架下港澳投资项目行政审批大开绿灯，以便港澳投资者在广西开展投资业务更为便利和快速。

4 日 南宁经开区首个电商快递枢纽基地——南宁空港物流园电商快递枢纽基地一期项目"五通一平"（即通水、通电、通路、通信、通排水、平整土地）在南宁空港经济区破土动工，预计于2018年建成。

6日 全国第一个国检试验区——凭祥（卡凤）国检试验区已通过广西预验收并上报国家质检总局，筹建完成正式启动。

7日 主题为"凝聚'一带一路'共识 促进媒体深度合作"的中国—东盟广播影视合作圆桌会议在南宁举行。

8日 2016中国—东盟矿业合作论坛在广西南宁开幕。本届论坛将以"信息共享，合作共赢"为主题。

8日 第九届中国—东盟智库战略对话论坛在广西南宁市举行。

10日 南昆客专百色至昆明段开始联调联试。

10日 以"绿色发展与城市可持续转型"为主题的2016年中国—东盟环境合作论坛在南宁举行。

10日 "2016中国—东盟农资产业高峰论坛"在广西南宁举行。

10日 中国—东盟动植物疫病疫情联防联控大数据平台在第五届中国—东盟质检部长会议（SPS合作）上正式启动。

10日 以"交流与共享——艺术教育合作与发展"为主题的第11届中国—东盟文化论坛在广西南宁开幕。

10日 以"推进中国—东盟SPS（卫生与植物卫生协议）互联互通 打造质量安全命运共同体"为主题的第五届中国—东盟质检部长会议（SPS合作）在南宁召开。

10日 以"社会工作与扶贫济困"为主题的首届中国—东盟社会工作论坛在广西南宁举办。

11日 以"共建21世纪海上丝绸之路，共筑更紧密的中国—东盟命运共同体"的主题的第13届中国—东盟博览会和商务与投资峰会在南宁国际会展中心隆重开幕。

11日 2016中国—东盟电力合作与发展论坛在广西南宁召开。论坛以"发展清洁电力，共促经济发展"为主题。

11日 以"维护森林生态安全 提高国民绿色福祉"主题的2016年中国—东盟林业合作论坛在广西南宁开幕。

11日 首届中国—东盟气象合作论坛在南宁举行。论坛的主题为"区域气象灾害监测与共同防御"。

11日 第二届中国—东盟信息港论坛南宁开幕。论坛的主题为"中国—东盟信息港——共建·共享·共赢"。

11日 2016中国—东盟电子商务峰会在南宁开幕。峰会以"'互联网+'引领未来、中国—东盟跨境合作"为主题。

11日 第二届21世纪海上丝绸之路与推进国际产能和装备制造合作论坛在南宁举行。

11日 中国—东盟钢铁产业发展峰会暨第九届中国钢铁高峰论坛在南宁举行。

11日 第13届中国—东盟商务与投资峰会框架下的中国—东盟商界领袖论坛在南宁举行。论坛以"中国—东盟产能合作"为主题。

12日 广西北海市正式启动"六证合一、一照一码"登记制度改革。

12日 Google AdWords广西体验中心在南宁高新区启动,这意味着该中心正式落户南宁·中关村双创示范基地,这也是谷歌在广西成立的首家Google AdWords体验中心。

12日 首届"中国—东盟农产品及食品安全论坛"在广西南宁举办。

12日 以"丝路导航 合作共享"为主题的2016中国—东盟卫星导航合作论坛在广西南宁成功举行。

12日 首届中越跨境经济合作论坛在南宁举行。

12日 第一届中国—柬埔寨投资合作高峰论坛在南宁举行。

12日 中国—东盟统计论坛在广西南宁成功举办,与会代表共同见证了《中国—东盟统计年鉴（2016）》的出版。

12日 主题为"中国—东盟金融双向开放"的第8届中国—东盟金融合作与发展领袖论坛在南宁召开。

12日 "中国—东盟资本市场双向开放"论坛在南宁举行。

12日 钦州保税港区冷链物流产业推介会在南宁国际会展中心举行。

13日 第五届中国—东盟物流合作论坛在南宁举行，论坛以"创网上思路，促东盟互联"为主题。

13日 广西崇左市人民政府与中粮屯河股份有限公司在南宁签订协议，在中泰（崇左）产业园港口物流区合作共建崇左食糖仓储物流中心项目，并全力打造成为中国（国际）糖业标杆项目。

14日 第13届中国—东盟博览会、中国—东盟商务与投资峰会闭幕。本届东博会和商务与投资峰会以"共建21世纪海上丝绸之路，共筑更紧密的中国—东盟命运共同体"为主题。

13日 首届世界桂商发展大会在南宁召开。

19日 中国保监会和自治区政府在南宁举办第2届中国—东盟保险合作与发展论坛。论坛以"开拓创新，探索中国与东盟保险监管合作新思路"为主题。

20日 中国—柬埔寨技术转移中心网站、中国—老挝技术转移中心网站、中国—缅甸技术转移中心网站正式开通。

20日 黎湛铁路电气化改造工程外部电源配套工程（同心—吹塘牵110千伏线路）顺利投运，提前实现黎湛线首条线路通电。

21日 全球首款基于酷睿i平台笔记本在北海量产。

25日 国家发改委主任办公会同意批复贵阳至南宁高速铁路项目可行性研究报告。

27日 以"'21世纪海上丝绸之路'与中国—东盟城市共同体建设"为主题的2016中国—东盟市长论坛在南宁召开。

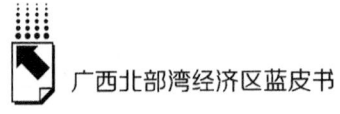

10月

10日 中国电子检验检疫（e-CIQ）主干系统将在当地上线试运行，这标志着"互联网+质检"大数据时代在广西全面开启。

12日 中马钦州产业园区智慧园区及公共信息服务平台正式上线试运行。

14日 2016年泛珠三角区域合作行政首长联席会议在江西南昌市召开。围绕"设立泛珠区域合作发展基金"、"融入'一带一路'建设"、"共同推进泛珠三角区域现代化综合交通网络建设"和"创新驱动与产业合作"等议题进行了讨论。

18日 中马钦州产业园区综合配套设施建设项目一期工程施工合同在西安签订。

19日 上海宝冶集团中标马来西亚马中关丹产业园350万吨钢铁项目2×1080立方米高炉标段、2×100吨转炉及连铸标段、4×600吨石灰窑标段三个标段施工总承包工程。

18日 由海关总署、国家发改委、财政部、商务部等组织的联合验收组，对南宁综合保税区（一期）进行了正式验收评审。

19日 凭祥综合保税区的检验检疫人员对辖区出口秘鲁的活性干酵母签发了中国—秘鲁自由贸易区优惠原产地证书。这是检验检疫部门在凭祥综合保税签发的首份中国—秘鲁自由贸易区优惠原产地证书。

20日 《北部湾经济区重大人才项目专项资金管理暂行办法》出台，引进领军型人才办企业最高可获补助100万元/人。

22日 19时，防城港火车站每周固定两列点对点开往东北方向的冷链列车正式开通。

26日 "2016中国国际铝业周"在南宁开幕。

27日 由国家卫生计生委、国家中医药管理局和广西壮族自治区人民政府共同主办的首届中国—东盟卫生合作论坛开幕式暨全体会议在南宁举行,会议通过了《中国—东盟卫生合作与发展南宁宣言》。

27日 北部湾经济合作组织第九次成员大会暨北部湾城市合作组织成立大会在广东湛江市举行,北海与七市共同签订五项合作框架协议。

28日 中国—东盟建筑空间设计教育高峰论坛举行。

28日 "汉代海上丝绸之路考古与汉文化国际学术研讨会"在北海举行。

29日 10时整,5辆中国自驾游车往越南芒街方向开出,5辆越南车辆驶向中国东兴,中越(东兴-芒街)跨境自驾游试行开通。

30日 15点20分,GX8823航班顺利抵达天津,北部湾航空南宁—凯里—天津航线顺利首航,这一航线的开通结束了凯里至天津空中连接的空白。

11月

2日 《南宁市口岸发展"十三五"规划》印发实施,南宁市将打造成为连接东盟的核心纽带、区域性国际物流中心、西南中南地区的核心口岸。

2日 广西北部湾航空"中国绿城南宁"号飞机在南宁吴圩国际机场成功首航。此架冠名飞机机型为A320客机,航班号GX8863,执飞南宁—合肥—青岛航线。

2日 中广核防城港核电一期工程全面建成,两台机组已正式投入商业运营。这是我国西部首座核电站也是少数民族地区首座核电站。

3日 北海港口岸扩大对外开放检验检疫设施通过质检总局预审工作组预审。

4日 第六届中国(南宁)国际茶产业博览会暨紫砂、陶瓷、茶具用品展在南宁国际会展中心开幕。

5日 广西跨境食品食材批发中心试业。

8日 第二批国家全域旅游示范区创建名单公布,广西9个市县区上榜,其中钦州市钦南区榜上有名。

15日 北海创建国家珍珠养殖综合标准化示范区通过考核。标准化珍珠养殖核心示范基地成珠率由2013年18%提高到2016年32%,商品珠率达83%。

15日 防城港市将通过推进跨境劳务合作改革,加快边民互市贸易转型升级改革试点,探索推进国际投资合作新方式、建立跨境金融合作常态化机制等"先行先试"举措,加速与东盟国家开展全方位合作。

16日 北部湾国际海洋旅游服务基地项目在北海国际客运港奠基,标志着这一入选国家旅游局"2016全国优选旅游项目名录"的重点项目正式启动建设。

17日 广西市场主体信用信息公示系统正式上线使用。

17日 "情系广西"——粤港澳百名企业家、媒体旅游扶贫采风活动在广西南宁启动。

20日 由中马钦州产业园区主办的中国—东盟教育装备产业发展论坛在南宁举行,为加快推进中国—东盟教育装备产业发展提供重要遵循。

21日 马中关丹产业园350万吨联合钢铁项目高炉工程开工,项目主体工程施工全面启动。

22日 2016跨国公司暨世界500强八桂行投资合作圆桌会议在广西南宁举行。

28日 曼谷—北海—哈尔滨航线正式复航。

29日 以"丝路经济与桂台合作"为主题的第十二届桂台经贸文化合作论坛在南宁开幕。

12月

2日 9时36分,防城港站发往上海的首趟海鲜产品冷链专列,标志着该冷链专列正式开通。

6日 第四届中国—东盟药品合作发展高峰论坛暨西太平洋地区草药协调论坛在南宁举办。

8日 南宁机场恢复南宁—香港航线飞行,每周二、四、五、六各飞行1班往返航班。

10日 首届中国—东盟沉香品鉴会在凭祥市召开,与此同时,广西沉香协会也正式成立。

11日 (中国)友谊关—(越南)友谊口岸国际货物运输专用通道试运行,中越贸易再次"提速"。

18日 中国·东盟城市足球邀请赛在广西南宁拉开战幕。

19日 南宁创客城近日喜获"桂台青年创业就业示范基地"称号,成为广西首家桂台青年创业就业示范基地。

20日 合(浦)湛(江)铁路广东段正式开工建设,项目总工期4年半,计划2021年全线建成通车。

21日 中国—东盟检验检测认证高技术服务集聚区一期项目建设动员大会和工作座谈会在南宁市邕宁区举行,集聚区一期正式开工建设。

22日 广西电子信息产品质检中心正式挂牌。广西电子信息产品质检中心目前是广西唯一的电子信息产品检验检测中心,填补了广西电子信息产品检验市场的空白。

23日 由广西财经学院、泰国暹罗大学联合主办的第三届中泰论坛在南宁召开。此次论坛以大数据与"一带一路"为主题,就大数据如何参与"一带一路"建设,尤其是大数据在空间、社会、经济、管理等领域的应用展开深入探讨。

23 日 广西左江花山岩画文化景区获批国家 AAAA 级旅游景区。

25 日 中越北仑河公路二桥（中方侧）通过交工验收。中越北仑河二桥口岸功能为全功能定位，各自国家口岸管理部门要将北仑河二桥口岸以货物、车辆、人员通行的全功能定位进行管理开放。

26 日 广西北部湾经济区图书馆服务联盟正式启动，南宁市、北海市 17 家公共图书馆从此实现了读者证借阅一卡通、文献资源通借通还功能，这在广西尚属首例。

26 日 广西全区经济工作会议在南宁举行。

27 日 松旺至铁山港东岸高速公路在合浦县白沙镇鸡公埇开工建设。该项目估算总投资为 17.28 亿元人民币，计划建设工期 3 年。

28 日 南宁伶俐通用机场项目开工仪式在青秀区伶俐镇举行。

28 日 中国（南宁）国际园林博览会园博园奠基。

28 日 南宁轨道交通 1 号线全线开通试运营，这是南宁市首条建成通车的地铁线路，也是全国少数民族自治区第一条开通试运营的地铁。

28 日 广西全区参与"一带一路"建设工作会议在南宁召开，传达学习中央推进"一带一路"建设工作座谈会精神，部署广西参与"一带一路"建设工作。

28 日 南宁市通过交通运输部互联互通数据测试，正式接入全国交通一卡通互联互通，至此，南宁、钦州、北海、防城港四市基本实现了公交车、地铁等公共交通工具全国交通一卡通互联互通。

28 日 云南至广西铁路百色至昆明段开通运营，这标志着南宁至昆明、昆明至广州快速铁路通道全线开通运营。

30 日 由中铁七局武汉公司承建的玉林站站改项目正式完工，并在玉林站组织召开了开行玉林至南宁动车现场会，实现了玉林市 2016 年年底通行动车目标。

31 日 中电防城港电厂二期扩建工程 4 号机组 168 小时试运行圆满完成，正式投入商业运行。

B.15 2015年北部湾经济区经济运行情况

广西壮族自治区北部湾经济区和东盟开放合作办公室

2015年广西北部湾经济区经济运行指标见表1。

表1 2015年广西北部湾经济区经济运行指标

总指标	分指标	广西	六市合计	四市合计	南宁市	经济区四市 北海市	经济区六市 防城港市	钦州市	玉林市	崇左市
地区生产总值	总量(亿元)	16803.00	7996.27	5867.32	3410.09	892.08	620.72	944.42	1446.13	682.82
	在全区排位	—	—	—	1	8	11	7	4	10
	增速(%)	8.1	9.0	9.1	8.6	11.4	10.2	8.4	8.9	8.0
	在全区排位	—	—	—	4	1	2	5	3	8
财政收入	总量(亿元)	2332.96	1163.06	948.34	572.48	142.99	70.64	162.23	139.57	75.15
	在全区排位	—	—	—	1	5	11	4	6	9
	增速(%)	7.9	9.8	10.6	8.7	12.2	8.1	17.3	8.9	2.7
	在全区排位	—	—	—	7	3	8	1	6	11

续表

总指标	分指标	广西	六市合计	四市合计	经济区四市		经济区六市			
					南宁市	北海市	防城港市	钦州市	玉林市	崇左市
公共财政预算收入	总量（亿元）	1515.08	594.33	447.06	297.05	447.61	52.05	50.34	97.16	50.12
	在全区排位	—	—	—	1	10	7	8	4	9
	增速（%）	6.5	7.6	7.7	8.1	0.8	14.5	5.7	9.4	3.6
	在全区排位	—	—	—	7	13	3	8	5	10
规模以上工业增加值	增速（%）	7.9	10.2	10.2	8.3	14.7	14.3	5.7	11.3	7.7
	在全区排位	—	—	—	5	1	2	10	3	7
固定资产投资	总量（亿元）	15654.95	7647.19	5623.51	3366.89	920.37	526.15	810.10	1332.12	691.57
	在全区排位	—	—	—	1	7	12	8	4	9
	增速（%）	17.8	18.0	16.9	16.6	17.1	10.0	22.9	18.5	26.1
	在全区排位	—	—	—	9	8	13	3	6	1
社会消费品零售总额	总量（亿元）	6348.06	3143.92	2424.19	1786.68	202.99	101.03	333.50	600.34	119.39
	在全区排位	—	—	—	1	10	14	7	4	13
	增速（%）	10.0	10.2	10.3	10.5	9.2	10.2	10.0	10.0	10.1
	在全区排位	—	—	—	2	11	3	6	6	4
外贸进出口总额	总量（亿美元）	3190.31	2781.66	1498.56	364.46	236.40	536.12	361.58	27.96	1255.14
	在全区排位	—	—	—	3	5	2	4	10	1
	增速（%）	28.1	32.0	27.6	23.3	10.0	59.6	10.3	-6.5	39.0
	在全区排位	—	—	—	4	6	2	5	10	3

续表

总指标	分指标	广西	六市合计	四市合计	经济区六市					玉林市	崇左市
					南宁市	北海市	防城港市	钦州市			
出口额	总量（亿美元）	1739.86	1522.19	617.89	202.48	118.08	143.60	153.73	20.39	883.90
	在全区排位	—	—	—	2	5	4	3	10	1
	增长（%）	16.4	15.9	27.6	26.0	9.7	55.3	24.5	3.0	9.1
	在全区排位	—	—	—	4	6	2	5	9	7
外商直接投资额（万美元）	实际利用外资额	172208	95630	84835	31014	18611	2860	32350	3422	7373
	增长（%）	72	40.31	44.13	23.31	24.9	22.69	96.81	15.22	16.5
广西北部湾港吞吐量	吞吐量（万吨）	—	—	20482.04	—	2468.23	11503.58	6510.25	—	—
	在全区排位	—	—	—	—	—	—	—	—	—
	增长（%）	—	—	1.45	—	8.47	0.02	1.52	—	—
	在全区排位	—	—	—	—	—	—	—	—	—
	集装箱（万TEU）	—	—	141.5163	—	—	—	—	—	—
	增长（%）	—	—	26.35	—	—	—	—	—	—

2015年北部湾经济区主要经济指标及排位见表2。

表2　2015年北部湾经济区主要经济指标及排位

地区	GDP			
	1~12月累计总量(亿元)	在全区排位	1~12月累计同比增长(%)	在全区排位
全区合计	16803.12	—	8.1	—
四市合计	5867.32	—	9.1	—
六市合计	7996.27	—	9.0	—
南宁市	3410.09	1	8.6	4
北海市	892.08	8	11.4	1
防城港市	620.72	11	10.2	2
钦州市	944.42	7	8.4	5
玉林市	1446.13	4	8.9	3
崇左市	682.82	10	8.0	8

地区	财政收入			
	1~12月累计总量(亿元)	在全区排位	1~12月累计同比增长(%)	在全区排位
全区合计	2332.96	—	7.9	—
四市合计	948.34	—	10.6	—
六市合计	1163.06	—	9.8	—
南宁市	572.48	1	8.7	7
北海市	142.99	5	12.2	3
防城港市	70.64	11	8.1	8
钦州市	162.23	4	17.3	1
玉林市	139.57	6	8.9	6
崇左市	75.15	9	2.7	11

地区	公共财政预算收入			
	1~12月累计总量(亿元)	在全区排位	1~12月累计同比增长(%)	在全区排位
全区合计	1515.08	—	6.5	—
四市合计	447.06	—	7.7	—
六市合计	594.33	—	7.6	—
南宁市	297.05	1	8.1	7
北海市	47.61	10	0.8	13
防城港市	52.05	7	14.5	3
钦州市	50.34	8	5.7	8
玉林市	97.16	4	9.4	5
崇左市	50.12	9	3.6	10

地区	规模以上工业增加值			
	12月同比增长(%)	在全区排位	1~12月累计同比增长(%)	在全区排位
全区合计	8.5	—	7.9	—
四市合计	—	—	10.2	—
六市合计	—	—	10.2	—
南宁市	6.7	9	8.3	5
北海市	4.9	12	14.7	1
防城港市	13.7	2	14.3	2
钦州市	9.0	6	5.7	10
玉林市	11.0	5	11.3	3
崇左市	5.3	11	7.7	7

地区	固定资产投资			
	1~12月累计总量(亿元)	在全区排位	1~12月累计同比增长(%)	在全区排位
全区合计	15654.95	—	17.8	—
四市合计	5623.51	—	16.9	—
六市合计	7647.19	—	18.0	—
南宁市	3366.89	1	16.6	9
北海市	920.37	7	17.1	8
防城港市	526.15	12	10.0	13
钦州市	810.10	8	22.9	3
玉林市	1332.12	4	18.5	6
崇左市	691.57	9	26.1	1

地区	社会消费品零售总额			
	1~12月累计总量(亿元)	在全区排位	1~12月累计同比增长(%)	在全区排位
全区合计	6348.06	—	10.0	—
四市合计	2424.19	—	10.3	—
六市合计	3143.92	—	10.2	—
南宁市	1786.68	1	10.5	2
北海市	202.99	10	9.2	11
防城港市	101.03	14	10.2	3
钦州市	333.50	7	10.0	6
玉林市	600.34	4	10.0	6
崇左市	119.39	13	10.1	4

地区	进出口总额			
	1~12月累计总量(亿美元)	在全区排位	1~12月累计同比增长(%)	在全区排位
全区合计	3190.31	—	28.1	—
四市合计	1498.56	—	27.6	—
六市合计	2781.66	—	32.0	—
南宁市	364.46	3	23.3	4
北海市	236.40	5	10.0	6
防城港市	536.12	2	59.6	2
钦州市	361.58	4	10.3	5
玉林市	27.96	10	-6.5	10
崇左市	1255.14	1	39.0	3

地区	出口总额			
	1~12月累计总量(亿美元)	在全区排位	1~12月累计同比增长(%)	在全区排位
全区合计	1739.86	—	16.4	—
四市合计	617.89	—	27.6	—
六市合计	1522.19	—	15.9	—
南宁市	202.48	2	26.0	4
北海市	118.08	5	9.7	6
防城港市	143.60	4	55.3	2
钦州市	153.73	3	24.5	5
玉林市	20.39	10	3.0	9
崇左市	883.90	1	9.1	7

地区	外商直接投资			
	1~12月累计总量（亿美元）	在全区排位	1~12月实际利用外资额（万美元）	在全区排位
全区合计	142	2.9	172208	72.00
四市合计	96	15.22	85735	45.67
六市合计	106	20.0	95630	40.31
南宁市	69	16.95	31014	23.13
北海市	11	22.22	18611	24.9
防城港市	4	100	2860	22.69
钦州市	12	20	32350	96.81
玉林市	4	-42.86	3422	15.22
崇左市	6	20	7373	16.5

地区	广西北部湾港口吞吐量			
	1~12月累计总量（万吨）	在经济区排位	1~12月累计同比增长（%）	在经济区排位
广西北部湾港	20482.04		1.45	
北海港	2468.25	3	8.47	1
防城港	11503.58	1	0.02	3
钦州港	6510.23	2	1.52	2
其中：集装箱（万TEU）	141.5163		26.35	

2015年广西五个经济区主要经济指标对比见表3。

表3 2015年广西五个经济区主要经济指标对比

单位：亿元，%

地区	全区	增速	北部湾经济区四市	增速	北部湾经济区六市	增速	桂西资源富集区	增速	西江经济带	增速	珠江—西江经济带七市	增速
GDP	16803.12	8.1	5867.32	9.1	7996.27	9.0	2281.21	7.0	8657.30	7.6	9873.36	7.7
财政收入	2332.96	7.9	948.34	10.6	1163.06	9.8	245.80	3.9	986.22	6.4	1352.46	6.4
公共财政预算收入	1515.08	6.5	447.06	7.7	594.33	7.6	154.55	3.6	572.56	7.0	732.05	5.8
规模以上工业增加值	—	7.9	—	10.2	—	10.2	—	6.9	—	7.0	—	6.7
固定资产投资	15654.95	17.8	5623.51	16.9	7647.19	18.0	2109.31	18.0	8030.18	17.9	9315.31	17.2
社会消费品零售总额	6348.06	10.0	2424.19	10.3	3143.92	10.2	583.95	9.5	3342.44	9.9	3970.46	10.1
进出口总额	3190.31	28.1	1498.56	27.6	2781.66	32.0	1380.59	41.3	311.16	−8.4	1940.29	30.7
出口总额	1739.86	16.4	617.89	27.6	1522.19	15.9	955.66	13.3	166.31	−0.2	1247.28	13.6

注：桂西资源富集区三市——河池、百色、崇左；西江经济带七市——梧州、玉林、贵港、贺州、柳州、来宾、桂林；珠江—西江经济带七市——南宁、贵港、梧州、百色、柳州、来宾、崇左。

2015年广西北部湾经济区14个重点产业园区发展情况见表4。

表4 2015年广西北部湾经济区14个重点产业园区发展情况

单位：亿元

园区	主要产业	产值（含贸易额）
广西-东盟经济技术开发区	食品、轻纺	226.75
南宁六景工业园区	化工、浆纸、农产品加工	182.03
南宁高新技术产业开发区	生物工程及制药、电子信息及动漫产业、汽车零部件及机电	1000.84
南宁经济技术开发区	机电制造业、食品加工业、IT信息业、生物医药业	622.28
北海工业园区	电子信息、生物制药、机械制造、食品加工、新能源新材料	629.44
北海铁山港(临海)工业区	石化、冶炼	629.28
防城港大西南临港工业区	磷酸、钢结构及机械装备	730.62
防城港企沙工业区	钢铁、冶金、核电	177.51
钦州石化产业园	石油化工、化工新材料、无机化工、生物化工	488.30
钦州港综合物流加工区	汽车制造、装备制造、海洋工程	
中马钦州产业园区	综合制造业、信息技术产业、现代服务业	14.80
广西钦州保税港区	整车进口；报税仓储；对外贸易，包括国际转口贸易；国际采购、分销和配送、国际中转；检测和售后服务维修；商品展示；研发、加工、制造；港口作业	708.50
玉林龙潭产业园	有色金属冶炼、再生资源加工利用	125.08
广西凭祥综合保税区	机电、电子信息、新型节能材料及环保产业为主的加工业；以仓储、运输、中转、配送为主的物流业；以国际采购、国际中转、国际贸易为主的贸易业；以商务、金融、会展等为主的配套服务业；适合综合保税区发展的其他现代产业	1194.37
合计	—	6729.81（其中贸易额为1902.87亿元）

资料来源：根据重点产业园区统计数据得出。

B.16 2016年北部湾经济区经济运行情况

广西壮族自治区北部湾经济区和东盟开放合作办公室

2016年广西北部湾经济区经济运行指标见表1。

表1 2016年广西北部湾经济区经济运行指标

总指标		分指标	广西	六市合计	四市合计	经济区四市				经济区六市	
						南宁市	北海市	防城港市	钦州市	玉林市	崇左市
地区生产总值		总量(亿元)	18245.07	8808.95	6488.83	3703.39	1007.28	676.12	1102.05	1553.91	766.20
		在全区排位	—	—	—	1	8	11	7	4	10
		增长(%)	7.3	7.9	7.8	7.0	8.6	9.1	9.0	8.0	8.2
		在全区排位	—	—	—	11	4	1	2	7	5
财政收入		总量(亿元)	2454.05	1217.02	1009.87	613.87	166.31	75.61	154.08	148.95	58.20
		在全区排位	—	—	—	1	4	10	5	6	12
		增长(%)	5.2	4.6	6.5	7.2	16.3	7.0	-5.0	6.7	-22.6
		在全区排位	—	—	—	7	1	8	13	10	14

续表

总指标	分指标	广西	六市合计	四市合计	经济区四市				经济区六市		崇左市
					南宁市	北海市	防城港市	钦州市	玉林市		
公共财政预算收入	总量(亿元)	1556.24	613.57	468.01	312.79	50.07	55.65	49.50	104.81		40.76
	在全区排位	—	—	—	1	8	7	9	4		11
	增长(%)	2.7	3.2	4.7	5.3	5.2	6.9	-1.7	7.9		-18.7
	在全区排位	—	—	—	9	10	7	13	6		14
规模以上工业增加值	总量(亿元)	—	—	—	—	—	—	—	—		—
	增长(%)	7.5	8.3	8.4	5.7	10.3	12.4	10.4	8.8		7.1
	在全区排位	—	—	—	12	4	1	3	7		9
固定资产投资	总量(亿元)	17652.95	8685.37	6386.86	3824.73	1011.10	600.14	950.89	1467.10		831.41
	在全区排位	—	—	—	1	7	12	8	4		10
	增长(%)	12.8	13.6	13.6	13.6	9.9	14.1	17.4	10.1		20.2
	在全区排位	—	—	—	7	10	5	3	9		2
社会消费品零售总额	总量(亿元)	7027.31	3482.99	2691.21	1980.36	225.34	111.89	373.63	660.43		131.34
	在全区排位	—	—	—	1	10	14	7	4		13
	增长(%)	10.7	10.8	11.0	10.8	11.0	10.8	12.0	10.0		10.0
	在全区排位	—	—	—	6	4	6	1	10		10

续表

2016年北部湾经济区经济运行情况

总指标	分指标	广西	六市合计	四市合计	南宁市	北海市	防城港市	钦州市	玉林市	崇左市
外贸进出口总额	总量(亿美元)	3170.42	2749.40	1491.99	416.23	204.75	578.91	292.10	26.68	1230.73
	在全区排位	—	—	—	3	5	2	4	10	1
	增长(%)	-0.5	-1.0	-0.1	14.2	-13.3	8.4	-18.7	-4.2	-1.9
	在全区排位	—	—	—	3	10	4	11	8	6
出口	总量(亿美元)	1523.83	1280.74	539.37	211.13	110.27	111.79	106.17	22.15	719.22
	在全区排位	—	—	—	2	4	3	5	10	1
	增长(%)	-12.4	-15.9	-12.7	4.3	-6.6	-22.2	-30.9	8.6	-18.6
	在全区排位	—	—	—	5	8	13	14	4	12
外商直接投资额	实际利用外资额(万美元)	88845	62396	58019	15959	21000	8981	12079	2593	1784
	增长(%)	-48.41	-34.75	-31.61	-48.54	12.84	214.02	-62.66	-24.23	-75.8
广西北部湾港吞吐量	吞吐量(万吨)	20387.16		2749.66	—	10684	6953.5	—	—	—
	在全区排位	—		2	—	1	3	—	—	—
	增长(%)	-0.46		11.40	—	-7.12	6.81	—	—	—
	在全区排位	—		1	—	3	2	—	—	—
	集装箱(万TEU)	251.47								
	增长(%)	23.40								

2016年北部湾经济区主要经济指标及排位见表2。

表2 2016年北部湾经济区主要经济指标及排位

地区	GDP			
	1~12月累计总量（亿元）	在全区排位	1~12月累计同比增长（%）	在全区排位
全区合计	18245.07	—	7.3	—
四市合计	6488.83	—	7.8	—
六市合计	8808.95	—	7.9	—
南宁市	3703.39	1	7.0	11
北海市	1007.28	8	8.6	4
防城港市	676.12	11	9.1	1
钦州市	1102.05	7	9.0	2
玉林市	1553.91	4	8.0	7
崇左市	766.20	10	8.2	5

地区	财政收入			
	1~12月累计总量（亿元）	在全区排位	1~12月累计同比增长（%）	在全区排位
全区合计	2454.05	—	5.2	—
四市合计	1009.87	—	6.5	—
六市合计	1217.02	—	4.6	—
南宁市	613.87	1	7.2	7
北海市	166.31	4	16.3	1
防城港市	75.61	10	7.0	8
钦州市	154.08	5	-5.0	13
玉林市	148.95	6	6.7	10
崇左市	58.20	12	-22.6	14

地区	公共财政预算收入			
	1~12月累计总量(亿元)	在全区排位	1~12月累计同比增长(%)	在全区排位
全区合计	1556.24	—	2.7	—
四市合计	468.01	—	4.7	—
六市合计	613.57	—	3.2	—
南宁市	312.79	1	5.3	9
北海市	50.07	8	5.2	10
防城港市	55.65	7	6.9	7
钦州市	49.50	9	-1.7	13
玉林市	104.81	4	7.9	6
崇左市	40.76	11	-18.7	14

地区	规模以上工业增加值			
	12月同比增长(%)	在全区排位	1~12月累计同比增长(%)	在全区排位
全区合计	3.5	—	7.5	—
四市合计	—	—	8.4	—
六市合计	—	—	8.3	—
南宁市	4.9	8	5.7	12
北海市	15.6	1	10.3	4
防城港市	9.9	4	12.4	1
钦州市	-5.5	12	10.4	3
玉林市	10.7	3	8.8	7
崇左市	-2.4	10	7.1	9

地区	固定资产投资			
	1～12月累计总量(亿元)	在全区排位	1～12月累计同比增长(%)	在全区排位
全区合计	17652.95	—	12.8	—
四市合计	6386.86	—	13.6	—
六市合计	8685.37	—	13.6	—
南宁市	3824.73	1	13.6	7
北海市	1011.10	7	9.9	10
防城港市	600.14	12	14.4	5
钦州市	950.89	8	17.4	3
玉林市	1467.10	4	10.1	9
崇左市	831.41	10	20.2	2

地区	社会消费品零售总额			
	1～12月累计总量(亿元)	在全区排位	1～12月累计同比增长(%)	在全区排位
全区合计	7027.31	—	10.7	—
四市合计	2691.21	—	11.0	—
六市合计	3482.99	—	10.8	—
南宁市	1980.36	1	10.8	6
北海市	225.34	10	11.0	4
防城港市	111.89	14	10.8	6
钦州市	373.63	7	12.0	1
玉林市	660.43	4	10.0	10
崇左市	131.34	13	10.0	10

地区	进出口总额			
	1~12月累计总量（亿美元）	在全区排位	1~12月累计同比增长（%）	在全区排位
全区合计	3170.42	—	-0.5	—
四市合计	1491.99	—	-0.1	—
六市合计	2749.40	—	-1.0	—
南宁市	416.23	3	14.2	3
北海市	204.75	5	-13.3	10
防城港市	578.91	2	8.4	4
钦州市	292.10	4	-18.7	11
玉林市	26.68	10	-4.2	8
崇左市	1230.73	1	-1.9	6

地区	出口总额			
	1~12月累计总量（亿美元）	在全区排位	1~12月累计同比增长（%）	在全区排位
全区合计	1523.83	—	-12.4	—
四市合计	539.37	—	-12.7	—
六市合计	1280.74	—	-15.9	—
南宁市	211.13	2	4.3	5
北海市	110.27	4	-6.6	8
防城港市	111.79	3	-22.2	13
钦州市	106.17	5	-30.9	14
玉林市	22.15	10	8.6	4
崇左市	719.22	1	-18.6	12

地区	外商直接投资			
	1~12月累计总量(亿美元)	在全区排位	1~12月累计同比增长(%)	在全区排位
全区合计	139	-2.11	88845	-48.41
四市合计	68	-29.17	58019	-31.61
六市合计	81	-23.85	62396	-34.75
南宁市	49	-28.99	15959	-48.54
北海市	8	-27.27	21000	12.84
防城港市	2	-50	8981	214.02
钦州市	9	-25	12079	-62.66
玉林市	8	100	2593	-24.23
崇左市	5	-16.7	1784	-75.8

地区	广西北部湾港口吞吐量			
	1~12月累计总量(万吨)	在经济区排位	1~12月累计同比增长(%)	在经济区排位
广西北部湾港	20387.16	—	-0.46	—
北海港	2749.66	3	11.40	
防城港	10684	1	-7.12	
钦州港	5953.5	2	6.81	
其中:集装箱(万TEU)	179.48	—	23.40	—

2016年广西五个经济区主要经济指标对比见表3。

表3 2016年广西五个经济区主要经济指标对比

单位：亿元，%

地区	全区	增速	北部湾经济区四市	增速	北部湾经济区六市	增速	桂西资源富集区	增速	西江经济带	增速	珠江—西江经济带七市	增速
GDP	18245.07	7.3	6488.83	7.8	8808.95	7.9	2537.69	7.6	9348347	7.3	10784.35	7.3
财政收入	2454.04	5.2	1009.87	6.5	1217.02	4.6	243.66	-0.9	1049.91	6.5	1421.59	5.1
一般公共预算收入	1556.24	2.7	468.01	4.7	613.57	3.2	153.60	-0.6	615.26	7.5	765.75	4.6
规模以上工业增加值	—	7.5	—	8.4	—	8.3	—	7.4	—	7.2	—	7.0
固定资产投资	17652.95	12.8	6386.86	13.6	8685.37	13.6	2296.83	8.9	8969.27	11.7	10437.26	12.0
社会消费品零售总额	7027.31	10.7	2691.21	11.0	3482.99	10.8	646.15	10.7	3689.95	10.4	4390.62	10.6
进出口总额	3170.42	-0.5	1491.99	-0.1	2749.40	-1.0	1389.91	0.5	291.52	-6.2	1985.66	2.3
出口总额	1523.83	-12.4	539.37	-12.7	1280.74	-15.9	820.17	-14.2	164.29	-0.9	1115.24	-10.6

注：桂西资源富集区三市——河池、百色、崇左；西江经济带七市——梧州、贵港、柳州、贺州、玉林、来宾、桂林；珠江—西江经济带七市——南宁、贵港、梧州、百色、来宾、柳州、崇左。

2016年广西北部湾经济区14个重点产业园区发展情况见表4。

表4　2016年广西北部湾经济区14个重点产业园区发展情况

单位：亿元

园区	主要产业	产值（含贸易额）
广西-东盟经济技术开发区	食品、轻纺	279.51
南宁六景工业园区	化工、浆纸、农产品加工	174.56
南宁高新技术产业开发区	生物工程及制药、电子信息及动漫产业、汽车零部件及机电	912.83
南宁经济技术开发区	机电制造业、食品加工业、IT信息业、生物医药业	724.91
北海工业园区	电子信息、生物制药、机械制造、食品加工、新能源新材料	750.12
北海铁山港（临海）工业区	石化、冶炼	731.31
防城港大西南临港工业区	磷酸、钢结构及机械装备	816.88
防城港企沙工业区	钢铁、冶金、核电	222.33
钦州石化产业园	石油化工、化工新材料、无机化工、生物化工	456.7
钦州港综合物流加工区	汽车制造、装备制造、海洋工程	30
中马钦州产业园区	综合制造业、信息技术产业、现代服务业	20.8
广西钦州保税港区	整车进口；报税仓储；对外贸易，包括国际转口贸易；国际采购、分销和配送、国际中转；检测和售后服务维修；商品展示；研发、加工、制造；港口作业	774.14
玉林龙潭产业园	有色金属冶炼、再生资源加工利用	150.03
广西凭祥综合保税区	机电、电子信息、新型节能材料及环保产业为主的加工业；以仓储、运输、中转、配送为主的物流业；以国际采购、国际转口、国际贸易为主的贸易业；以商务、金融、会展等为主的配套服务业；适合综合保税区发展的其他现代产业	1196
合计		7240.12（其中贸易额为1970.14亿元）

资料来源：根据重点产业园区统计数据得出。

B.17 后　记

2015年、2016年两年，广西北部湾经济区的开放开发工作取得了新的成绩，迈上了新的台阶。随着"十二五"的圆满收官、"十三五"的良好开局及"一带一路"建设的推进，广西北部湾经济区迎来了与东盟深化合作和开放发展的新机遇。经济区积极参与"一带一路"建设，通过贯彻落实中央供给侧结构性调整的要求，着力打造经济区千亿元产业，提高北部湾港口开放开发水平、经济区同城化发展水平、基础设施网络化和通关便利化，推进"两国双园"建设等，努力写好广西北部湾经济区升级版的新篇章。

为了总结广西北部湾经济区2015年、2016年两年开放开发的成效和经验，做好新时期的开放开发工作，《广西北部湾经济区开放开发报告（2016~2017）》编委会组织有关部门和研究机构专家，主要对2015年、2016年这两年广西北部湾经济区的开放开发和经济发展方面进行全面总结概括和研究分析，围绕北部湾经济区升级发展，从重点行业，重点园区，参与"一带一路"建设，北部湾经济区城镇化质量提升，经济区各市的开放开发成效、特点等方面，全面分析了北部湾经济区面临的"新常态"，在对经济区2017年发展态势进行预判后，提出了2017年如何打造北部湾经济区开放开发"六个升级版"的对策建议。本书的出版，将对如何进一步推动广西北部湾经济区在"十三五"的开放开发和实现中央对广西北部湾经济区在参与"一带一路"建设中新定位发挥重要的资政作用。

《广西北部湾经济区开放开发报告（2016~2017）》会集了广西

北部湾经济区和东盟开放合作办公室、广西北部湾发展研究院、广西社会科学院、自治区相关部门及经济区各市研究专家、学者、实际工作者的最新研究成果。以翔实的资料数据、客观的动态分析、宏观的前瞻预测以及理论与实践相结合的科学方法，多角度回顾分析了广西北部湾经济区2015年、2016年以来的开放发展情况，对2017年或更长一个时期经济区的开放开发工作提出相关建议，为政府决策和年度计划的制订提供了有价值的参考，广大读者亦能从中获得丰富的信息和知识。

本书由吕余生主编和最终统稿，蒋斌为副主编，进行统稿，广西北部湾经济区和东盟开放合作办公室、广西社会科学院有关编辑人员负责了书稿的具体文章编辑和校对工作。

本书在编撰过程中得到了广西北部湾经济区和东盟开放合作办公室、广西北部湾发展研究院、广西社会科学院，南宁市、北海市、钦州市、防城港市、崇左市、玉林市的领导、有关工作人员和社会科学文献出版社经济与管理分社的指导、支持与帮助。在此，一并致谢！

由于资料收集难度较大，编辑水平有限，难免有疏漏和不足之处，欢迎广大读者批评指正。

编者

2017年8月

社会科学文献出版社　皮书系列

✤ 皮书起源 ✤

"皮书"起源于十七、十八世纪的英国，主要指官方或社会组织正式发表的重要文件或报告，多以"白皮书"命名。在中国，"皮书"这一概念被社会广泛接受，并被成功运作、发展成为一种全新的出版形态，则源于中国社会科学院社会科学文献出版社。

✤ 皮书定义 ✤

皮书是对中国与世界发展状况和热点问题进行年度监测，以专业的角度、专家的视野和实证研究方法，针对某一领域或区域现状与发展态势展开分析和预测，具备原创性、实证性、专业性、连续性、前沿性、时效性等特点的公开出版物，由一系列权威研究报告组成。

✤ 皮书作者 ✤

皮书系列的作者以中国社会科学院、著名高校、地方社会科学院的研究人员为主，多为国内一流研究机构的权威专家学者，他们的看法和观点代表了学界对中国与世界的现实和未来最高水平的解读与分析。

✤ 皮书荣誉 ✤

皮书系列已成为社会科学文献出版社的著名图书品牌和中国社会科学院的知名学术品牌。2016年，皮书系列正式列入"十三五"国家重点出版规划项目；2013~2018年，重点皮书列入中国社会科学院承担的国家哲学社会科学创新工程项目；2018年，59种院外皮书使用"中国社会科学院创新工程学术出版项目"标识。

权威报告·一手数据·特色资源

皮书数据库
ANNUAL REPORT(YEARBOOK) DATABASE

当代中国经济与社会发展高端智库平台

所获荣誉

- 2016年，入选"'十三五'国家重点电子出版物出版规划骨干工程"
- 2015年，荣获"搜索中国正能量 点赞2015""创新中国科技创新奖"
- 2013年，荣获"中国出版政府奖·网络出版物奖"提名奖
- 连续多年荣获中国数字出版博览会"数字出版·优秀品牌"奖

成为会员

通过网址www.pishu.com.cn或使用手机扫描二维码进入皮书数据库网站，进行手机号码验证或邮箱验证即可成为皮书数据库会员（建议通过手机号码快速验证注册）。

会员福利

- 使用手机号码首次注册的会员，账号自动充值100元体验金，可直接购买和查看数据库内容（仅限使用手机号码快速注册）。
- 已注册用户购书后可免费获赠100元皮书数据库充值卡。刮开充值卡涂层获取充值密码，登录并进入"会员中心"—"在线充值"—"充值卡充值"，充值成功后即可购买和查看数据库内容。

卡号：274617446945
密码：

数据库服务热线：400-008-6695
数据库服务QQ：2475522410
数据库服务邮箱：database@ssap.cn
图书销售热线：010-59367070/7028
图书服务QQ：1265056568
图书服务邮箱：duzhe@ssap.cn

S 基本子库
SUB DATABASE

中国社会发展数据库（下设 12 个子库）

全面整合国内外中国社会发展研究成果，汇聚独家统计数据、深度分析报告，涉及社会、人口、政治、教育、法律等 12 个领域，为了解中国社会发展动态、跟踪社会核心热点、分析社会发展趋势提供一站式资源搜索和数据分析与挖掘服务。

中国经济发展数据库（下设 12 个子库）

基于"皮书系列"中涉及中国经济发展的研究资料构建，内容涵盖宏观经济、农业经济、工业经济、产业经济等 12 个重点经济领域，为实时掌控经济运行态势、把握经济发展规律、洞察经济形势、进行经济决策提供参考和依据。

中国行业发展数据库（下设 17 个子库）

以中国国民经济行业分类为依据，覆盖金融业、旅游、医疗卫生、交通运输、能源矿产等 100 多个行业，跟踪分析国民经济相关行业市场运行状况和政策导向，汇集行业发展前沿资讯，为投资、从业及各种经济决策提供理论基础和实践指导。

中国区域发展数据库（下设 6 个子库）

对中国特定区域内的经济、社会、文化等领域现状与发展情况进行深度分析和预测，研究层级至县及县以下行政区，涉及地区、区域经济体、城市、农村等不同维度。为地方经济社会宏观态势研究、发展经验研究、案例分析提供数据服务。

中国文化传媒数据库（下设 18 个子库）

汇聚文化传媒领域专家观点、热点资讯，梳理国内外中国文化发展相关学术研究成果、一手统计数据，涵盖文化产业、新闻传播、电影娱乐、文学艺术、群众文化等 18 个重点研究领域。为文化传媒研究提供相关数据、研究报告和综合分析服务。

世界经济与国际关系数据库（下设 6 个子库）

立足"皮书系列"世界经济、国际关系相关学术资源，整合世界经济、国际政治、世界文化与科技、全球性问题、国际组织与国际法、区域研究 6 大领域研究成果，为世界经济与国际关系研究提供全方位数据分析，为决策和形势研判提供参考。

法律声明

"皮书系列"（含蓝皮书、绿皮书、黄皮书）之品牌由社会科学文献出版社最早使用并持续至今，现已被中国图书市场所熟知。"皮书系列"的相关商标已在中华人民共和国国家工商行政管理总局商标局注册，如LOGO（ ）、皮书、Pishu、经济蓝皮书、社会蓝皮书等。"皮书系列"图书的注册商标专用权及封面设计、版式设计的著作权均为社会科学文献出版社所有。未经社会科学文献出版社书面授权许可，任何使用与"皮书系列"图书注册商标、封面设计、版式设计相同或者近似的文字、图形或其组合的行为均系侵权行为。

经作者授权，本书的专有出版权及信息网络传播权等为社会科学文献出版社享有。未经社会科学文献出版社书面授权许可，任何就本书内容的复制、发行或以数字形式进行网络传播的行为均系侵权行为。

社会科学文献出版社将通过法律途径追究上述侵权行为的法律责任，维护自身合法权益。

欢迎社会各界人士对侵犯社会科学文献出版社上述权利的侵权行为进行举报。电话：010-59367121，电子邮箱：fawubu@ssap.cn。

社会科学文献出版社